Dietmar Bittrich, Jahrgang 1958, lebt in Hamburg. Er gewann den Hamburger Satirepreis und den Preis des Hamburger Senats. Im Rowohlt Taschenbuch Verlag erschien von ihm u. a. der Bestseller «Alle Orte, die man knicken kann». Seit 2012 gibt er die erfolgreiche Weihnachtsanthologie mit Geschichten rund um die bucklige Verwandtschaft heraus.

Dietmar Bittrich (Hg.)

Deine Mutter braucht mehr Punsch!

Immer wieder Weihnachten mit der bucklichen Verwandtschaft

Rowohlt Taschenbuch Verlag

Originalausgabe
Veröffentlicht im Rowohlt Taschenbuch Verlag,
Hamburg, Oktober 2023
Copyright © 2023 by Rowohlt Verlag GmbH, Hamburg
Covergestaltung zero-media.net, München
Coverabbildung Patrick Wirbeleit
Satz aus der Adriane Text
bei Pinkuin Satz und Datentechnik, Berlin
Druck und Bindung CPI books GmbH, Leck
ISBN 978-3-499-01305-8

Die Rowohlt Verlage haben sich zu einer nachhaltigen Buch-
produktion verpflichtet. Gemeinsam mit unseren Partnern
und Lieferanten setzen wir uns für eine klimaneutrale Buch-
produktion ein, die den Erwerb von Klimazertifikaten zur
Kompensation des CO_2-Ausstoßes einschließt.
www.klimaneutralerverlag.de

Inhalt

Marie Stadler

Der Streik der Frauen

Schnappatmung klingt – wenn man genau hinhört und in Weihnachtsstimmung ist – ein bisschen wie der Anfang von Jingle Bells. Wie die gegeneinanderschlagenden Glocken an einem Pferdeschlitten, in dem sich grenzdebil grinsende Menschen den Allerwertesten abfrieren und darauf warten, dass gesungen wird.

Auch ich gerate ins Frösteln beim Anblick der halb nackten Dame, die mich von dem riesigen Plakat am Ortseingang von Heiligenstadt anstarrt. Von diesem Plakat aus hat uns alle seit ungefähr zwei Jahrzehnten Jürgen angestarrt. Uns alle, die wir hier in Heiligenstadt wohnen. Jürgen besitzt hier einen Elektrofachhandel, in dem es nicht mehr Auswahl gibt als in jedem x-beliebigen Keller, aber immerhin, Jürgen betreibt das einzige Geschäft in diesem Kaff, das sich insgeheim für seinen urbanen Namen schämt. Und deshalb war es auch vollkommen okay, jahrzehntelang angestarrt zu werden und veraltete Technik zu überhöhten Preisen zu kaufen.

Jetzt ist Jürgens von Regenwasser und Wind lädierte Visage weg. Ersetzt durch ein weihnachtlich lächelndes Callgirl, das an einer Banane lutscht. Daneben Santa – oder zumindest eine dreißigjährige, brusthaarfreie Brad-Pitt-von-früher-Santa-Version mit Sonnenbrille, Bad-Boy-Charme und sonnengebräuntem Teint. Sonnengebräunt, und das an jedem Zentimeter seines Körpers, so als läge der Nordpol am Strand der Karibik.

Und da steht also diese Dame im Schnee, in rot-weiß-plüschiger Unterwäsche, mit dellenfreien Oberschenkeln und High Heels, nuckelt an einer Banane, während sie den ebenfalls spärlich bekleideten Santa anschmachtet, und hält mit der anderen Hand einen Kochlöffel in der Hand. Darunter steht in leuchtend roten Buchstaben: «Auch Mutti wünscht sich an Weihnachten nicht nur Arbeit! Tolle Geschenke für SIE bei Klopfhaus Küchenatelier in Weindorf.»

Während ich darüber grübele, ob es tatsächlich irgendeine Marketingabteilung geben könnte, die ein solches Ungetüm abgesegnet, bleibt hinter mir ein weiteres Auto stehen. Ich höre eine zuknallende Autotür, dann Martas Stimme.

«Oh. Mein... Was ist das?!»

Sie legt den Kopf schief, als würde das irgendetwas an dem Bild ändern, das sich uns hier auf dieser drei mal vier Meter großen Leinwand bietet.

«Ähm, Werbung für Küchenatelier Klopfhaus in Weindorf», murmle ich, auch wenn ich weiß, dass ihre Frage keine Antwort verlangte.

Kurz herrscht Stille, dann fasst sich Marta wieder.

«Glaubst du, der Major weiß davon?»

Der Major ist der Bürgermeister unserer genau 357 Menschen umfassenden Gemeinde mitten im Nirgendwo nahe Weindorf. Ich glaube, er heißt mit Vornamen Thomas, aber jeder hier nennt ihn nur «der Major». Mit Artikel. Und das mindestens schon ebenso lange, wie Jürgen diese Werbefläche gemietet hat. Hatte. Denn jetzt scheint es aus zu sein mit Jürgen, zumindest werbetechnisch.

Ein paar Minuten später sind wir schon fünf Frauen vor dem Plakat, und meine Zehen drohen schwarzblau gefroren abzufallen wie ein halb geschmolzenes Eis vom Stiel. Ich kann mich trotzdem nicht von dem Anblick lösen.

«Was findet ihr am schlimmsten?», frage ich die anderen. «Santas sexy Banane, die dellenfreie Alte oder den Gedanken, wir könnten uns an Weihnachten ernsthaft über Küchengeräte freuen?»

«Und zwar, weil wir alle Arbeit ALLEINE machen?», ergänzt Brigitte, die 1968 noch nicht alt genug war, um Krawall zu machen und Joints zu rauchen, aber wenigstens schon gelebt hat. Ihr verbitterter Unterton verrät, dass sie zu Hause tatsächlich alles alleine macht. Die anderen stehen weiter wie angewurzelt da und pusten mit tief in den Jackentaschen versenkten Händen wütende Atemwolken in die Luft.

Tanja, die Erzieherin, bricht das Schweigen. «Santa scheint ein Riesenarschloch zu sein. Der kann mich mal kreuzweise, dieser sexistische Perversling!»

Dabei verzieht sie ihre Miene und gräbt ihren Stiefel tief in den harten Wintermatsch unter uns.

«Vielleicht ist auch nur der Marketingmensch vom Küchenatelier ein Perversling?», wagt Silke einen friedfertigen Vorstoß.

«Möglich!» Tanja kaut auf ihrer Unterlippe. «Jedenfalls muss Jürgen wieder her. Dieses Drecksplakat bleibt keinen Tag länger. Lasst uns direkt zum Major fahren. Die sind doch verrückt geworden!»

Wir stapfen zu unseren Autos und fahren in Kolonne zum Rathaus. Na gut, es ist kein echtes Rathaus. Wir nennen das Zuhause des Majors Rathaus, aber es ist eine Dreizimmerwohnung, in dem nur der Major und vorne im Flur eine Sekretärin arbeiten.

«Na, Else?», fragt Brigitte, als wir das Rathaus betreten. «Alles klärchen?»

Else sieht von ihrem Bildschirm auf und schaut mit offenem Mund zu, wie wir – mittlerweile zu siebt – ins Innere strömen.

«Ach herrje! Wer heiratet denn?», fragt sie und blättert hektisch in ihrem Notizbuch.

«Keine Hochzeit!», poltert Tanja und stellt sich wie Jeanne d'Arc persönlich vor Elses Schreibtisch auf. «Es geht um Santas Banane.»

Hinter Tanja fängt Mila an zu kichern und kassiert einen Blick des Todes von uns anderen.

«Santas Banane?», stammelt Else. «Ich dachte, Santa bringt eher Nüsse?» Im selben Moment kommt der Major aus seinem Zimmer und bleibt beim Anblick unserer Gruppe erstaunt stehen.

«Heiratet heute irgend...»

Tanja, die Erzieherin, lässt ihn nicht aussprechen. «Nein, hier gibt's keine scheiß Hochzeit!»

Und ich beginne zu verstehen, warum unsere Kinder immer so üble Wörter aus der Kita mitbrachten. Die anderen Kinder waren nicht das Problem.

Es dauert, bis der Major unser Anliegen versteht, oder sagen wir: zur Kenntnis nimmt. Die geballte Ladung Östrogen in Kombination mit Tanjas losem Mundwerk lässt ihm auch wenig Wahl. Sein Gesichtsausdruck bleibt ratlos, aber davon lassen wir uns nicht beirren in unseren Wutreden über Sexismus in der Werbung, die Ungleichverteilung von häuslicher und unbezahlter Arbeit zu Weihnachten und überhaupt ... darüber, dass das Patriarchat allein schuld daran ist, dass Jürgen seinen Job als Aushängeschild von Heiligenstadt verloren hat.

Marie Stadler

«Echt mal, Major – Jürgen!», quietscht Brigitte, als würde sie vom Messias persönlich sprechen, der ausgerechnet zu Weihnachten von einem Flittchen entthront wurde.

«Jürgen wollte die Preiserhöhung nicht mitgehen», erklärt der Major leicht zerknirscht. «Wir bekommen jetzt das Fünffache, weil wir die Werbefläche über einen externen Vermarkter vermieten, und wir müssen den Strom für die Weihnachtsbeleuchtung zahlen können.»

Dabei wischt er mit der einen Hand über die andere, als ob er Geldscheine aus dem Fenster schmeißen würde.

«Du bekommst gleich das Fünffache an Stress, Mister!», nuschelt Marta, die mit dem Bruder des Majors verheiratet ist, während Tanja sich unsanft in die erste Reihe vorarbeitet, offenbar fest entschlossen, Martas Drohungen gleich in die Tat umzusetzen.

«Also, jedenfalls, wenn dieses Ding da jetzt nicht wegkommt, dann sind wir raus an Weihnachten. Ohne Jürgen gibt's bei uns keinen Braten, keinen Adventskalender für die Kleinen, keinen Kranz, keinen Basar, keine Weihnachtsfeier in der Kita und schon gar keinen Familiengottesdienst!» Sie bebt. «Ernsthaft, Major, ich scheiß auf das Küchenatelier! Ich scheiß auf Santas Banane, und auf seine Nüsse scheiß ich auch!» Dabei sieht sie Else strafend an, die erschrocken zu Boden blickt. «Wir streiken. Alle. Alle Frauen von Heiligenstadt. Dann könnt ihr Kerle ja mal sehen, wie es ist, wenn Mutti sich mit Bananen vergnügt, anstatt die Arbeit an Weihnachten zu machen!»

Ich sehe mich um. Rundherum nur erschrockene Gesichter. Hat Tanja gerade ernsthaft mit einem Streik aller Frauen gedroht, ohne die Belegschaft, beziehungsweise in diesem Fall die Frauen, einmal gefragt zu haben? Und hat sie damit wirklich gemeint, dass hier, im idyllischsten

Fachwerkörtchen der Umgebung, das Weihnachtsfest einfach ausfallen soll? Die schönste Zeit des Jahres, in der es bei uns glitzert, leuchtet, singt und vor Vorfreude nur so vibriert? Kann sie das machen? Einfach so? Und wollen wir das? Santas Banane hin oder her …

Trotz lodert auf in den Augen des Majors, und die Stimmung kippt. «Aha!», presst er mit fast geschlossenen Lippen hervor und winkt Else unwirsch zu sich.

«Else!», befiehlt er mehr, als zu bitten. «Else, berufen Sie den Rat ein. Wir müssen reden!»

Und dann gibt er uns zu verstehen, dass wir das Rathaus verlassen sollen. Und zwar schleunigst. Er habe zu tun.

Als wir draußen stehen, fortgejagt aus dem Zentrum der Macht, fängt Mila schon wieder zu kichern an.

«Dem hast du es aber gezeigt!», gluckst sie und stupst Tanja mit dem Ellenbogen in die Rippen. «Das ziehen die nie durch mit dem Plakat!» Sie hebt die Faust, wie sie es für notwendig hält bei einem Kampf für Geschlechtergerechtigkeit.

Und dann herrscht betretenes Schweigen.

«Bin ich zu weit gegangen?», fragt Tanja zerknirscht, und alle außer Mila nicken heftig.

«Ihr müsst mich doch aufhalten, Mädels!», fügt Tanja kleinlaut hinzu und sieht echt klein und gar nicht mehr laut aus, wie sie da steht und über sich selbst nachdenkt.

«Ach was, Kopf hoch, Tanja!», tröste ich halbherzig. «Die Drohung war gut! Die werden das Plakat abhängen, Jürgen wieder zu Ehren kommen lassen, und dann haben wir denen gezeigt, wo der Hammer hängt. Das war … gut. Wirklich. Ich glaube, das war gut!»

Die anderen nicken.

Marie Stadler

Eine Woche später stehen wir wieder vor dem Rathaus. Nicht zu fünft, nicht zu sechst, sondern alle Frauen des Ortes. Santas Banane glänzt weiter neben dem Ortsschild, und auch wenn keine von uns wirklich hinter Tanjas Streikidee stand, sind wir uns einig über den Ehrenkodex in Heiligenstadt: «Wenn's unheilig wird, halten wir zusammen!»

Das ist gar nicht so schwer, wenn man, wie die meisten von uns, von Geburt an in diesem Ort wohnt. Schwer ist nur das Aushalten. Die Ratssitzung ist zu einer Comedyveranstaltung geworden, in der die Männer sich von Herzen über den «Mädelsaufstand» amüsiert haben. Die wenigen Frauen im Rat haben schnell ihre Sitze verlassen und sind ins Publikum gewechselt, das aus aufgebrachten Dorfbewohnerinnen bestand. Vielleicht wäre an diesem Punkt noch ein Kompromiss möglich gewesen. Zumindest, wenn nicht Piet, Martas Mann, mitten in der Sitzung einen Lachkrampf bekommen und behauptet hätte, dass wir es eh nicht schaffen würden, alle Frauen zu einem Streik zu bewegen und das Ganze auch noch durchzuhalten.

Und so stehen wir also heute, einen Tag vor Nikolaus, auf der Straße. Tanja und Birgit schenken Glühwein aus an alle, die einigermaßen nach mindestens sechzehn und weiblich aussehen, und aus einem riesigen Blaster tönt Weihnachtsmusik.

«Ich fange an, es zu genießen», lacht Silke, und man sieht ihren Wangen an, dass der Glühwein in ihren Händen nicht der erste ist.

«Was machst du normalerweise am Abend vor Nikolaus?», fragt sie mich, holt aus ihrem Rucksack sechzig kleine Stoffsäckchen und legt sie vor uns, während ich daran denke, wie ich normalerweise am 5. Dezember die kleinen Stiefel fülle.

«Bedien dich!», raunt Silke. «Bis zur Sechs hab ich schon alles gegessen, aber du darfst auch die anderen nehmen.»

«Und deine Kinder?», frage ich mit einem Anflug eines schlechten Gewissens. Erstens, weil ich den armen Kindern ihren Adventskalender nicht wegfuttern will, und zweitens, weil ich die Kalender für unsere Kinder mit den Worten «Ich darf das eigentlich nicht!» noch schnell heimlich an meinen Mann Mirco weitergegeben habe, damit er behaupten kann, er habe ihn selbst gefüllt. Im Stillen huldige ich ehrfürchtig Silke, die es offensichtlich eiskalt durchgezogen hat, und nehme den roten Sack mit der 16, weil er sich verdächtig nach diesem Bueno-Nilpferd anfühlt, das so gut nach Haselnuss schmeckt.

«Bingo!», freue ich mich und stopfe mir das Nilpferd komplett in den Mund, der schon samtig ist vom Glühwein.

«Ist schon toll, so ohne Extraaufgaben im Dezember», befinde ich und schaue Piet und Mirco kauend dabei zu, wie sie in Schubkarren Tannengrün aus dem Wald zur Schule schieben.

«Wenn ihr glaubt, dass wir ohne euch keine Weihnachtsfeier hinkriegen, habt ihr euch geschnitten!», ruft Piet rüber. Wir prosten ihm fröhlich zu.

«Wir kommen gerne!», ruft Tanja und lacht laut.

Harald Juhnke hatte recht, als er sagte, Glück sei, keine Termine und leicht einen sitzen zu haben.

«Die Jungs sind so zickig und angespannt dieses Jahr!», seufzt die Lehrerin meiner Kinder und prostet mir zu.

Und da merke ich, dass ich mich dieses Jahr so richtig auf Heiligabend freue. Freuen im Sinne von Freuen ohne To-do-Liste. Und ich frage mich, wann ich diesen Zustand je hatte nach meinem fünfundzwanzigsten Geburtstag. Die letzten Weihnachtsfeste bin ich zickig und angespannt gewesen. Das merke ich erst jetzt so richtig.

An Heiligabend wache ich erst um zehn Uhr auf und lausche ins ruhige Haus. Es herrscht eine gespenstische Stille, ein ziemlich lautes Nichts. So ein Nichts, das dir stumm zuruft, dass du kein einziges Geschenk besorgt, kein Geschenkpapier im Haus und keine Ahnung vom Weihnachtsmenü hast. Ein Nichts, das sich wie ein Mantel aus Blei auf dein Herz legt und die Panik in dir hochkriechen lässt.

Ob Männer diese Stille je bemerkt haben, wenn sie jedes Jahr an Heiligabend im gleichen Zustand der Ahnungslosigkeit aufgewacht sind? Ob sie auch diesen Kloß im Hals hatten und sich wie Menschen fühlten, die ihre Kinder im Stich lassen?

In der Küche werfe ich einen Blick in den Kühlschrank. Da liegt ... äh, ja, nicht viel. Ich spüre, wie diese kleine Panik wieder hochkommt, die sich seit dem Tag unseres Streikbeginns immer wieder mit der Euphorie um den größten Platz in meiner Gefühlswelt streitet.

Es ist gut, dass wir Frauen uns mit den Kindern am Waldrand verabredet haben. Ein Ausflug auf den verschneiten Hügel, «damit die Männer in Ruhe alles vorbereiten können».

Aber wo sind die Kinder? Ich höre einen glücklichen Schrei aus dem Garten und laufe ans Fenster. Mirco rennt mit dem Schlitten im Schlepptau über den Schnee. Auf dem Schlitten sitzen drei fröhlich kreischende Kinder. Zumindest kurz, bis sie mit dem riesigen Schneemann zusammenstoßen und Gesicht voran ins weiße Glück purzeln.

Du meine Güte, wie lange sind die da schon draußen? Und wer um alles in der Welt soll sich um die Weihnachtsgans kümmern, den Baum schmücken, die Päckchen … apropos Baum, wo ist der Baum? Ich krieg 'ne Krise! Alle Fragen, alle Zweifel schlucke ich runter, als ich mir wenig später die durchnässten, frierenden Kinder samt Schlitten schnappe und loslaufe zum Hügel des Protests.

«Kommt ihr um 17 Uhr an die Kirche?», ruft Mirco mir nach, und ich frage mich, ob ich einen solchen Satz jemals aus seinem Mund gehört habe.

«Klar, bis später!», rufe ich zurück und fühle mich wie ein Kapitän, der vorzeitig sein sinkendes Schiff verlässt.

Punkt 17 Uhr stehe ich mit Tanja, Marta, Else, Silke und all den anderen Frauen, sehr vielen matschschneeverdreckten Kindern und einem Schlitten vor der kleinen Kirche. Der riesige Baum steht auf dem Vorhof und leuchtet prächtig. Darunter stehen alle Männer der Stadt, als Chor formiert in anzüglichen Santa-Kostümen. Aus der ersten Reihe schälen sich Elton John und Ed Sheeran, stimmen ein Weihnachtslied an und kommen mit sexy Augenaufschlag auf mich zu. Im gleichen Moment schreit jemand nach mir und rüttelt an meinen Schultern.

«Mama! Mama! Es war ein Kinder Bueno im Adventskalender! Und heute Abend ist Weihnachten!»

Ich öffne schlaftrunken die Augen und schaue in drei strahlende Gesichter mit schokoverschmierten Mündern, bemerke, dass meine Haare schweißnass über meiner Stirn kleben und dass ich mein Kissen fest umklammere, als wollte ich mit dem Kissen meinen Traum festhalten.

«Nicht wahr, oder?», stöhne ich und will einfach wieder zurück zu Elton und Ed. Aber da rennt meine Brut schon schreiend vor Glück die Treppe runter, und ich fühle neben mir den warmen Atem meines Mannes.

«Schatz?», frage ich mit einem Anflug von Hysterie.

Er brummt.

«Hast du Geschenke besorgt?»

Sein vollkommen irritiertes Gesicht sagt alles.

«Hängt Jürgen etwa noch an der Plakatwand?», frage ich und erinnere mich im selben Moment daran, dass ich sein riesiges Gesicht gestern noch gesehen habe, als ich von den letzten Weihnachtseinkäufen zurückkam. Weihnachtseinkäufe, die natürlich ich erledigt habe. Verdammt!

«Was ist los mit dir?», fragt Mirco, schmiegt sich an mich und streicht mir meine Haare liebevoll aus der Stirn.

«Ach, gar nichts», sage ich und versuche, mir meine Enttäuschung nicht anmerken zu lassen. «Ich hatte nur einen sehr schönen Traum.»

«Von mir?», fragt er und hebt die Augenbrauen.

«Allerdings!», sage ich. «Und du warst fast so sexy wie der Weihnachtsmann, Elton und Ed!»

Ich ignoriere Mircos «Hä?», schäle mich mühselig aus dem Bett und lausche in unser Haus. Das Nichts ist weg. Verbannt durch noch immer nicht ganz abgearbeitete To-do-Listen, die mich auf höchster, nur für Frauen hörbarer Frequenz anschreien. Ich stöhne leise.

«Alles gut, ich nehm dir heute die Kinder ab, damit du in Ruhe alles erledigen kannst!», beruhigt Mirco mich gönnerhaft. Kurz steigt Wut in mir auf, aber dann wird sie abgelöst durch einen Lachanfall.

«DU nimmst MIR die Kinder ab? Auf gar keinen Fall!», gluckse ich und danke Santa, Ed und Elton in Gedanken für die Offenbarung. «ICH nehme die Kinder dieses Jahr. Die To-do-Liste für heute hängt unten am Kühlschrank. Viel Spaß damit.»

Und ich weiß auch, ohne mich umzublicken, wie Mirco aus der Wäsche guckt.

«Ich bin dann um 17 Uhr an der Kirche! Und vergiss nicht, die Gans rechtzeitig in den Ofen zu packen!», rufe ich schnell und renne beschwingt wie noch nie am Heiligen Morgen die Treppe runter, um das nicht diskutieren zu müssen.

«Kinder! Wo seid ihr? Wollt ihr raus in den Schnee?»

Ich wirbele die Kleinen in der Luft herum und freue mich wie eine Königin auf den tollen Tag.

«Musst du gar nichts vorbereiten?», fragt meine Tochter besorgt.

«Das macht Papa in diesem Jahr. Mama frühstückt nur noch kurz eine leckere Banane, und dann geht's looooooos!»

Daniel Bielenstein

Das Schweige-Retreat

«Daniel», sagt meine Frau am Glühweinstand. «Ich habe eine geniale Idee, wie wir Weihnachten endlich mal friedlich verbringen können!»

Ich sehe sie an. Sie hat sehr rote Wangen. Glühwein *mit Schuss* hat es in sich. Manchmal ist Whisky drin, mal Rum, mal Armagnac, neuerdings auch Gin und manchmal alles zusammen.

«Das friedlichste Weihnachten überhaupt!», glüht sie.

Das ist unmöglich. Der große Weihnachtsstreit gehört so unvermeidlich zum Fest wie der Baum, der Braten und die bunten Teller. Ulrike und ich haben ihn seit Jahren zu umgehen versucht. Wir sind über die Festtage in Urlaub gefahren – hat nichts genützt. Wir haben auf Geschenke verzichtet – hat nichts genützt. Wir haben statt eines guten Weines Baldriantee getrunken – hat nichts genützt. Wir haben Freunde eingeladen und mit ihnen gemeinsam gefeiert – egal, was wir tun, spätestens an Heiligabend fliegen die Fetzen.

«Daniel!» Sie neigt sich über den Tisch und flüstert: «Es ist ganz einfach: Wir werden schweigen!»

Oder war der Schuss im Glühwein diesmal Cannabis-Öl?

«Schweigen?», frage ich. «Wie in *Schweigen der Lämmer*?»

«So ähnlich. Wir legen für die Weihnachtstage ein Schweigegelübde ab. Wenigstens für Heiligabend und den ersten Weihnachtstag. Wie in einem Kloster.»

«Wir haben Kinder, die nicht mal fünf Minuten die

Klappe halten können. Wie soll es da für zwei Tage funktionieren?»

«Wir könnten es ihnen wenigstens vorschlagen, oder?»

Man muss wissen, dass Ulrike einmal im Jahr zu einem sogenannten Retreat fährt. Das ist Englisch und heißt Rückzug, ist also im Prinzip dasselbe, was ich mit meinen alten Studienfreunden mache, wenn wir uns zu unserer alljährlichen Weinwanderung treffen. Wir ziehen uns aus der Welt zurück und konzentrieren uns ganz auf eine Sache. In unserem Falle Rotwein. Dazu reden wir jede Menge Unsinn, aber anschließend sind wir gelöst und ganz in unserer Mitte.

Bei Ulrike ist es eine Spur aufwendiger. Sie fährt in ein Seminarhaus auf dem Land, wo sie unter Anleitung einer Lehrerin oder eines Meisters Yoga, Tai-Chi oder Zen-Meditation macht. Sie genießt es, und wenn sie zurückkommt, ist sie für einen halben Tag sehr entspannt, was mich natürlich freut.

Dieses Jahr ist sie zum ersten Mal auf einem Vipassana-Schweige-Retreat gewesen. Vipassana ist indisch und heißt so viel wie Achtsamkeit. Man richtet seine Aufmerksamkeit auf seinen Körper und seinen Geist, und natürlich geht das besser, wenn man dabei nicht redet. Darum wird während des Retreats eisern geschwiegen.

Ihr Vorschlag läuft also darauf hinaus, dass wir eine Art Vipassana-Weihnachten feiern.

Und warum eigentlich nicht? Die Vorstellung, die Weihnachtstage über einfach einmal auf mich selbst achten zu können, ist verlockend. Vielleicht hat sie recht, und wir sollten es wirklich versuchen!

Als wir vollgepackt mit Tüten, Taschen und Kartons auf dem Nachhauseweg sind, erkläre ich ihr, dass ich einverstanden bin. Ja, wir werden schweigende Weihnachten verbringen. Und wir werden die Kinder davon überzeugen, dass es einen Versuch wert ist.

Überraschenderweise reagieren die Kids anders, als ich es erwartet habe.

Besonders Kathi, unsere fünfzehnjährige Tochter.

Ich war davon überzeugt, dass sie eine zweitägige Wort-Diät rundheraus ablehnen würde. Kathi macht nämlich den ganzen Tag nichts anderes, als zu reden. Dabei spielt es keine Rolle, ob jemand in ihrer Nähe ist oder nicht, denn wenn niemand da ist, hat sie Knöpfe im Ohr und redet ebenfalls. Sie redet beim Fahrradfahren, beim Joggen, beim Fernsehen, beim Schularbeitenmachen, sogar beim Zähneputzen, beim Schwimmen und im Zweifel sogar beim Tauchen.

Diesen Redefluss zu unterbrechen, scheint mir ein Vorhaben zu sein, gegen das der Drei-Schluchten-Staudamm in China, der ja immerhin die Wassermassen des Jangtsekiang aufhält, eine Kleinigkeit ist.

Weit gefehlt. Als wir ihr von unserem Schweige-Plan erzählen, zuckt Kathi nur mit den Schultern: «Bin dabei. Reden erzeugt sowieso nur CO_2. Schweigen wir also.»

Bei Joshua, unserem Sohn, halte ich die Sache zunächst für unkomplizierter. Er hat ohnehin seit Längerem aufgehört zu sprechen – jedenfalls mit uns, seinen Eltern. Das ist nur zu verständlich, weil für einen Sechzehnjährigen die eigenen Eltern die peinlichsten Lebewesen der Welt sind. Man sollte sie keinesfalls durch Zugewandtheit oder gar ein Gespräch aufwerten. Joshua ist daher schon seit einiger Zeit dazu übergegangen, mit mir und Ulrike, wenn überhaupt, dann nur noch mittels Ein-Wort-Sätzen zu sprechen. Auf die Fragen, wann er nach Hause kommt, ob er seine Hausaufgaben erledigt hat oder ob er nicht doch lieber etwas mehr frühstücken wolle, sagt er meistens:

«Spät.»

«Nixauf.»

«Kotz.»

Von da zum totalen Schweigen ist nur ein kurzer Weg. Sollte für ihn also eine Kleinigkeit sein. Als ich und Ulrike ihm den Plan erklären, sagt er aber zu unserer Überraschung: «Nicht reden? An Weihnachten? Was ist denn das schon wieder für ein Schwachsinn? Vergesst es! Ich rede, so viel ich will.»

Das waren die längsten, zusammenhängenden Sätze, die wir seit Langem von ihm gehört haben. Eigentlich ein Grund zur Freude. Nur nicht in diesem Fall.

Ulrike versucht es mit Argumenten. «Aber sieh doch mal, Joshi! Wir zanken uns jedes Jahr. Wenn wir einfach mal die Tage in Stille verbringen, wird es bestimmt ein wunderschönes Fest.»

«Kotz.»

«Du machst also nicht mit?»

«Hunpro.» (Das ist die Ein-Wort-Variante von hundert Prozent).

Mir fällt zum Glück ein, dass man Sechzehnjährige mittels Bestechung von so gut wie allem überzeugen kann. Meinen Vorschlag unterbreite ich ihm ebenfalls mit einem Einwort-Satz: «Playstation?»

«Zu Weihnachten?»

«Hunpro.»

«Deal!»

Ich sehe Ulrike triumphierend an. Na also, läuft doch. Die Playstation hatten wir sowieso schon besorgt.

Damit ist es beschlossen. Wir werden vom Mittag des

Heiligen Abends bis zum Morgen des zweiten Weihnachtstages – wir wollen es ja nicht übertreiben – ein familiäres Schweige-Retreat abhalten.

Unser Plan entfaltet schon an den Tagen davor eine überraschende Wirkung. Auch bei mir. Zum ersten Mal seit Langem bin ich wegen des Weihnachtsfestes so aufgeregt wie zu meinen Kindertagen. Die Vorstellung, dass in unsern vier Wänden bald eine himmlische Ruhe einkehrt, ist einfach überwältigend. Ich freue mich darauf!

Bei Kathi und Ulrike hingegen ist es offenbar so, dass sie in Vorbereitung auf das Schweigen eine Art verbale Entschlackungskur durchführen – sprich, sie reden mehr oder weniger ununterbrochen, vermutlich um all die Wörter vorab auszuscheiden, die sie an Weihnachten nicht mehr loswerden können. Ich nehme es gelassen hin. Ich weiß ja, dass spätestens am 24. Dezember eine Zeit der vollkommenen Ruhe beginnen wird.

Dann ist es so weit. Wir erwachen am Morgen des Heiligen Abends. Bis zum Nachmittag verläuft alles normal. Wir erledigen letzte Einkäufe und treffen Vorbereitungen: Geschenke einpacken, Kochen, Aufräumen, Dekorieren. Kathi und Joshua ermahnen wir noch einmal und erklären ihnen, dass wir es mit dem Schweige-Plan wirklich ernst meinen. Ab fünfzehn Uhr wird in unserer Wohnung kein Wort mehr fallen, egal ob freundlich oder giftig. Es wird mucksmäuschenstill sein.

«Check», sagt daraufhin Joshua.

Und Kathi: «Ihr müsst mir das nicht sagen, schließlich finde ich die Vorstellung großartig zu schweigen, weil auf der Welt sowieso viel zu viel geredet wird, und dann ja meistens auch noch so belangloses Zeug, das echt keiner hören will, aber es hält die Leute nicht davon ab, dennoch viel zu viel zu reden, aber so sind die Menschen, jedenfalls habe ich Anna-Lena und Merle, ihr wisst schon, die aus meiner Klasse, davon erzählt, und sie finden die Idee krass genial und wollen auch an Weihnachten schweigen, und das meinen sie auch superernst, darum haben wir uns versprochen, heute Abend zu telefonieren, aber natürlich sagen wir am Telefon nichts, weil wir es ja geschworen haben, und ich frage mich, ob Telefonate, bei denen man nichts sagt, eigentlich kostenlos sind, aber andererseits ist mir das auch egal, weil ich ja eine Flatrate habe.»

«Okay, Schatz. Es wird nicht einfach. Aber wir werden es schaffen», sage ich.

Pünktlich um fünfzehn Uhr läute ich in einer feierlichen Handlung unsere Weihnachtsglocke, und es beginnt die Zeit der großen Stille. Um den Schwur noch einmal zu bekräftigen, machen wir alle dieselbe Geste: Wir ziehen uns pantomimisch Daumen und Zeigefinger über die Lippen, als würden wir unsichtbare Reißverschlüsse schließen.

Die ersten ein oder zwei Stunden verlaufen problemlos. Dem einen oder anderen schlüpft zwar ein Wort über die Lippen, aber die strengen Blicke der anderen sorgen für sofortige Ruhe. Außerdem gehen wir uns ohnehin weitgehend aus dem Weg. Ulrike liest ein Buch, ich bin in der Küche mit Kochen beschäftigt, die Kids hängen in ihren Zimmern herum.

Als wir plötzlich Joshis Stimme aus seinem Zimmer hören, rennen wir drei anderen herbei und reißen seine Tür auf. Es stellt sich heraus, dass er ein Video von sich selbst auf dem Handy abspielt – um uns auf die Probe zu stellen.

Wir sehen uns an und müssen alle lachen – und da Lachen kein Reden ist, ist es natürlich erlaubt.

Kritisch wird es, als es ans Tischdecken geht. Normalerweise ist das der Zeitpunkt, zu dem der große Familienstreit in die erste Runde geht. Schließlich ist Tischdecken eine Tätigkeit, die aus der Sicht von Teenagern eine Form der Zwangsarbeit ist und gegen ihre Menschenwürde verstößt. Dass man sich vielleicht einmal Mühe geben sollte, wenn man hinterher etwas geschenkt haben möchte, kommt in derselben Logik nicht vor.

So ist es sonst.

Heute ist alles anders. Stumme Blicke zum Geschirrschrank, ein schweigendes Hoch- und Runterwippen von tiefen und flachen Tellern, Nicken, Kopfschütteln und zur Not ein wenig Zeichensprache – ich glaube, in einem tibetanischen Schweigekloster geht es geschwätziger zu!

Dass bei all den stillen Gesten auch mal ein kleiner Stinkefinger oder ein angedeutetes Tippen an die Schläfe dabei ist, jedenfalls bei Kathi und Joshua, trübt die Stimmung in keiner Weise.

Anschließend schreiten wir zur Bescherung, und auch die entpuppt sich als Moment des Friedens und der Harmonie. Jeder packt stumm seine Geschenke aus – und wie üblich gibt es Jubelschreie oder auch Ankündigungen, bei nächster Gelegenheit alles umzutauschen. Aber sie erfolgen als stumme Pantomime – ungefähr so, als würden wir Charade spielen. Ein großer Spaß.

Noch besser wird es, als in den Wohnungen rundherum der festliche Streit ausbricht. Von überallher hören wir Geschrei und Tränen, Schimpfworte und Scheidungsanträge.

Gemeinsam lauschen wir dem Theater und brechen in ein verschwörerisches Lachen aus. So viel Familienharmonie haben wir seit Langem nicht erlebt.

Der Höhepunkt erfolgt am frühen Abend. Wir versammeln uns am Esstisch und zelebrieren unser weihnachtliches Raclette-Ritual. Immer noch fällt kein einziges Wort.

Das Irritierende daran ist, dass es in allen zurückliegenden Jahren genauso still war. Nur hat es bisher immer daran gelegen, dass wir uns zuvor so heftig gestritten hatten, dass wir nie wieder miteinander sprechen wollten.

Auch diesmal sagen wir nichts. Nur sind wir dabei prächtig gelaunt. Ulrikes Plan ist wirklich genial!

Zum ersten Mal verstehe ich den Sinn des alten Liedes *Stille Nacht, heilige Nacht*. Ich habe immer gedacht, es sei eine Aufzählung – still und heilig. Aber so ist es nicht. Es ist ein Wenn-dann-Satz! Wenn-still-dann-auch-heilig. Offenbar sind wir einer Art Weihnachts-Geheimnis auf die Spur gekommen.

Ein wenig kritisch wird es, als Kathi am Esstisch ihr Handy hervorkramt und zu tippen beginnt. Das geht natürlich gar nicht. Nur weil wir schwiegen, heißt das ja nicht, dass die sonstigen Regeln aufgehoben sind, und zu denen gehört, dass am Esstisch Handys strikt verboten sind.

Aber was soll ich tun? Ich kann Kathi ja schlecht ausschimpfen. Geht nicht. Weil Schimpfen nun einmal auch eine Form des Redens ist. Meine stummen Gesten ignoriert sie.

Mir bleibt nichts anderes übrig, als mein eigenes Handy zu holen und ihr per WhatsApp mitzuteilen, dass sie doch bitte schön ihr Handy weglegen soll.

In dem Augenblick trifft bei mir die WhatsApp ein, wegen der sie ihr Handy geholt hat. In der bittet sie darum, noch einen Kartoffelkloß und Soße haben zu können.

Ich lache auf, und kurz darauf haben wir alle unsere Handys in der Hand und schicken uns gegenseitig Textnachrichten.

Daniel Bielenstein

Das ist nicht wirklich im Sinne eines Vipassana-Retreats, aber das stört uns nicht. So einträchtig wie an diesem Abend sind wir lange nicht gewesen, ob nun Weihnachten ist oder nicht.

Als ich um Mitternacht mit Ulrike im Bett liege, reden wir ebenfalls nicht. Auch das ist nichts Ungewöhnliches, schließlich ist Weihnachten anstrengend, und wir sind total erledigt. Ich bedeute ihr mit stummen Gesten, dass ich ihre Schweige-Idee einfach großartig finde, worauf sie mir mit ebenso stummen Gesten zu verstehen gibt, dass ich die Klappe halten soll. Ihr sei nach etwas anderem zumute, bei dem man sowieso nicht redet.

Unsere neue Familieneintracht setzt sich am nächsten Morgen beim späten Frühstück fort. Kein Gemoser, wer den Tisch deckt, kein Zank um das letzte Brötchen.

Ist das das Geheimnis des Glücks? Einfach nichts zu sagen?

Ich versuche, meiner Familie gerade vorzuschlagen, ob wir das Schweige-Retreat nicht einfach bis Silvester ausdehnen wollen, als es überraschend an der Tür klingelt.

Ulrike und ich sehen uns fragend an. Wer könnte das sein? Beide zucken wir ratlos mit den Schultern. Wir sehen die Kinder an, die ebenso ratlos die Stirn runzeln.

Es klingelt erneut, und zwar mit Nachdruck, und in diesem Moment wird es mir klar. Es sind Hannelore und Helmut, meine Schwiegereltern!

Wir haben durch unsere Schweige-Planung glatt vergessen, dass sie am Mittag des ersten Weihnachtstags zu Besuch kommen. Immer. Alle Jahre wieder.

Ich sehe in Ulrikes Richtung und verwandele mich pantomimisch erst in Godzilla, dann in Frankensteins Monster, woraufhin ihr ebenfalls klar wird, wer vor der Tür steht.

Was sollen wir tun? Das Schweigegelübde aufheben und doch wieder sprechen? Und damit alle Hoffnungen auf ein friedliches Weihnachtsfest beerdigen?

Ich schüttele stumm, aber vehement den Kopf. Ulrike sieht mich fragend an. Ich gebe ihr zu verstehen, dass sie mich einfach einmal machen lassen soll.

Ich öffne die Wohnungstür und blicke in die angesäuerten Gesichter von Helmut und Hannelore. Ich bin mir nicht sicher, ob sie verärgert sind, weil sie so lange vor der Tür stehen mussten oder weil ich vor rund zwanzig Jahren ihre Tochter geheiratet habe.

«Was ist hier denn los? Ich dachte schon, ihr wollt uns nicht reinlassen», poltert Hannelore los.

Ich breite in einer stummen Geste die Arme aus und heiße sie wortlos willkommen.

Helmut mustert mich kopfschüttelnd. «Was denn, Daniel? Hat es dir die Sprache verschlagen?»

Ich schüttele wortlos den Kopf und bitte sie mit einem Wink, in die Wohnung einzutreten.

Die beiden rühren sich keinen Millimeter von der Stelle. «Willst du denn gar nichts sagen?», fragt Hannelore.

Ich schüttele stumm den Kopf.

«Bist du krank?»

Kopfschütteln.

«Habt ihr euch gestritten?»

Kopfschütteln.

«Sind Terroristen in der Wohnung, die euch bedrohen?»

Jetzt hätte ich beinahe gesagt: «Bisher nicht. Aber wenn ihr drin seid ...» Im letzten Moment reiße ich mich zusammen, schüttele wiederum nur still den Kopf.

«Was in Herrschaftszeiten ist denn nur los? Warum sagst du nichts?»

Daniel Bielenstein

Ich überlege gerade, wie ich den beiden unser Gelübde begreiflich machen könnte, als Ulrike im Flur auftaucht. Sie hält einen großen, eilig mit Edding beschrifteten Zettel in der Hand. *Hallo Mama! Hallo Papa! Fröhliche Weihnachten! Wir schweigen dieses Jahr an Weihnachten. Ihr könnt gerne hereinkommen, aber dann dürft ihr auch nichts sagen!*

Helmut verzieht das Gesicht. «Wie? Wir sollen nichts sagen?»

«Was ist denn das schon wieder für ein Unsinn?», schiebt Hannelore hinterher.

Ulrike hält einen zweiten Zettel in die Höhe. Auf dem steht: *Psst!*

Natürlich hält auch das meine Schwiegereltern nicht davon ab, die Wohnung zu betreten und weiter vor sich hinzuzetern. Kathi und Joshua kommen aus dem Wohnzimmer und umarmen die beiden – ebenfalls ohne ein Wort zu sagen. Ich bin stolz auf meine Kinder.

Meine Schwiegereltern wechseln befremdete Blicke, und Hannelore sagt: «Was denn? Die Kinder machen bei dem Unsinn auch noch mit? Ja, seid ihr denn alle verrückt geworden?»

Ulrike, Kathi und Joshua und ich schütteln einträchtig den Kopf. Nein, wir sind nicht verrückt geworden. Im Gegenteil, so unverrückt wie im Moment waren wir lange nicht mehr.

Kurz darauf werde ich Zeuge des nächsten wahren Weihnachtswunders. Ich sitze mit meiner Familie und meinen Schwiegereltern im Wohnzimmer, wir trinken Kaffee, essen Stollen, und ich fühle mich richtig wohl. Weil niemand etwas sagt. Nicht mal Hannelore. Zwar stößt sie in der ersten Zeit noch wie eine defekte Dampfwalze einzelne Worte des Missmuts aus. Nach und nach aber verstummt auch sie.

Außerdem führt die Wortlosigkeit dazu, dass die beiden schon nach rund einer Stunde wieder aufbrechen.

Am liebsten hätte ich in dem Moment, in dem die Tür ins Schloss fällt, laut herausgeschrien.

Aber das tue ich natürlich nicht.

Stattdessen lächele ich einfach nur, und zwar in aller Stille.

Vielleicht sollten wir das mit dem Schweigen wirklich öfter machen, denke ich, und nicht nur an Weihnachten. Sondern zum Beispiel immer, wenn meine Schwiegereltern kommen. Oder mein Schwager und seine Frau. Auch ein Gespräch mit dem für mich zuständigen Finanzbeamten stelle ich mir erholsam vor, wenn dabei nicht gesprochen wird. Selbst Menschen wie Donald Trump oder Kim Jong-un könnte ich vermutlich ertragen, wenn sie einfach nichts sagen würden. Vielleicht wäre die ganze Welt ein friedlicherer Ort, wenn die Menschen mal kollektiv schweigen würden. Es muss ja nicht für immer sein. Ein oder zwei Tage reichen im Zweifel vollkommen aus.

Stefanie von Wietersheim

Tante Walburga

Meine Tante Walburga kam in jenem Jahr das erste Mal an Weihnachten zu uns. Ich frohlockte kein bisschen, als sie zwei Monate vor Heiligabend anrief und sagte: «Ich dachte mir, dieses Jahr verbringe ich die Weihnachtstage bei euch. Es ist schon dreißig Jahre her, dass ich in Paris war – und ich kann euch die Kinder abnehmen!»

Ich blickte in den Spiegel im Entree unserer kleinen Wohnung in der Nähe des Canal Saint-Martin, die ich wegen ihrer alten rosafarbenen Marmorkamine liebte, sah mich blass werden und dachte: Wie überlebe ich das?

Wir hatten uns auf ein ruhiges Fest in der neuen Heimat gefreut. Das Leben im 10. Arrondissement war schön, hatte jedoch einen Nachteil: Alle Freunde, Verwandten und dahergelaufenen Bekannten wollten unsere kleine Wohnung als Bed & Breakfast nutzen. Geld für eine Bahnkarte hatten sie alle, ein Budget für ein Hotel anscheinend nicht. Es gab ja uns, die sich als Stadtführer, Rotkreuzstation, Dolmetscher und Köche eigneten. Doch an Weihnachten hatte sich bisher niemand getraut.

Nichts gegen Walburga. Die Tante war eine der vielen Cousinen meines Vaters, gesegnet mit einer lauten Stimme, einem goldenen Herzen und der Energie eines Generals. Trotz eines steifen Beines (Kinderlähmung!) und eines medizinischen Korsetts hatte diese massiv gebaute Dame die Welt bereist, als Krankengymnastin die Pferdetherapie mitentwickelt und in Bach-Chören gesungen. Ihre Generalsgene erlaubten ihr das Überleben in jeder Situation. Sie trat tatsächlichen oder gefühlten Einbrechern an der Tür ihrer kleinen Eigentumswohnung mit der eisernen Beinschiene in den Schritt. Sie warf Tomaten in den Wasserkocher, um sie zu enthäuten (weshalb ihr Darjeeling immer nach Griechenland schmeckte). Sie schenkte ihren Nichten und Neffen zu Weihnachten jedes Jahr die Herrenhuter Losungen und nordete sie mit Sätzen ein wie: «Ist mein Arm denn zu kurz, dass er nicht erlösen kann? Oder habe ich keine Kraft zu erretten?» Und sie konnte rabiat sein: Damit ich endlich meine Doktorarbeit beenden konnte – Herrgott, das kann doch nicht so schwer sein! –, hatte sie mich zwei Monate in ihrem Gästezimmer eingesperrt, mit Computer und Aktenstapeln, und mich nur einmal am Tag rausgelassen.

Wie sollten wir Weihnachten mit zwei kleinen Kindern in einer kleinen Wohnung samt der raumgreifenden Walburga überleben? Und was konnten wir anderes sagen als: «Natürlich kommst du nach Paris, wir freuen uns»?

Und so kam Tante Walburga am 20. Dezember an der Gare de l'Est an, mit einem riesigen Rucksack («Obacht! Da sind die Weißwürste drin!»), einem Stock, dem sie einen Namen gegeben hatte («Das ist Otto»), und einem Rollkoffer mit braunen Extrariemen. Sie verströmte einschüchternden Unternehmungsgeist und den Duft von Kölnisch Wasser. Die massige alte Dame im Lodenmantel mit ihrer sperrigen Ausrüstung durch die Metrosperren und Treppen zu bugsieren, war kein leichtes Unterfangen. Denn sie humpelte nicht nur, sie sah und hörte auch sehr schlecht. Sie sprach laut Deutsch und outete sich damit als perfektes Opfer für Taschendiebe. «Nein, kein Taxi! Kinder! Lasst uns Metro fahren, nur so erlebt man wirklich eine Stadt!»

Zwischen Menschenmengen eingequetscht Metro zu

fahren, fand sie nach acht Stunden im Zug überaus herrlich. Sie lobte den «Jingle Bells» singenden Senegalesen auf dem Bahnsteig, freute sich über den staubig-süßlichen Geruch in den unterirdischen Gängen, über das Piepen der Metrotüren und die mobilen Maronenverkäufer. Als wir verschwitzt aus dem Untergrund kamen und in unsere Straße einbogen, freute sie sich vor allem auf unsere Kinder, Eugénie und Benedict, die sie seit ihrer Taufe nicht gesehen hatte. Walburga hatte zu ihrem großen Kummer nie Kinder gehabt, nur zwei mittlerweile verstorbene Ehemänner, über die sie fast so liebevoll sprach wie über ihre toten Hunde. Natürlich hatten wir den fünf und drei Jahre alten Kindern eingeschärft, höflich und nett zur Tante zu sein, die so eine weite Reise auf sich genommen hatte, nur um mit uns Weihnachten zu feiern.

Eugénie öffnete die Tür. Das kleine blonde Kind mit kornblumenblauen Kulleraugen stand in einem roten Samtkleid mit einer blinkenden Girlande um den Hals im Flur, blickte Walburga an, sagte «Bonjour Tante» und erklärte: «J'ai une guirlande qui clignote.» Sie hatte eine Girlande, die blinkt.

«Super!», sagte Tante Walburga, die kein Wort Französisch verstand, weil sie in ihrer Jugend nur Englisch und Russisch gelernt hatte. Sie setzte sich erschöpft auf den Stuhl vor dem Spiegel. Die Beinschiene schepperte. Benedict zuckte zusammen.

«Ich heiße Ö-Genie», sagte unsere Tochter.

«Gefällt mir sehr, dein Name. Zeigst du mir, wo ich mir die Hände waschen kann?» Walburga zog ihre Wanderschuhe aus, nahm das blinkende Kind an die Hand und verschwand mit ihm im Bad. Fortan waren die beiden unzertrennlich.

Für Benedict war die dicke Tante eine große und zugleich furchterregende Attraktion. Er fand es rätselhaft, dass sie nicht nur ein Eisenbein hatte, sondern dass wir Eltern ihr erlaubten, im Haus zu rauchen. Er taufte sie «Tante Walliwurst» – denn als Walburga mit der blinkenden Eugénie im Schlepptau vom Händewaschen wieder aufgetaucht war, machte sie ihren Rucksack auf, förderte zwei Dutzend eingeschweißte Weißwürste zutage und drückte sie ihm in die Hand. Benedict kannte keine Weißwürste. Und Würste zum Frühstück – wie Tante Walburga sie gleich am nächsten Morgen mit Händlmaier-Senf auf den Tisch brachte – fand der kleine Croissantesser abstoßend. Eugénie konnte Walburgas Wurstgeschenk nicht aus der Fassung bringen. Die Tante ließ sich von der Großnichte die Blinkegirlande ums geschiente Bein wickeln und ging damit zu ihrem Amüsement den halben Tag in der Wohnung umher.

Mit ihrer Faszination für blinkende Weihnachtsbäume hatte uns Eugénie wochenlang zur Verzweiflung getrieben. Für uns deutsche Eltern war Weihnachtsdekoration die heilige Trias aus handgemachten Erzgebirgs-Engeln, einem selbst gebundenen Adventskranz und einem echten Weihnachtsbaum mit echten Kerzen. Doch Nachbarn und Händler lebten sich in Elektro-Orgien aus: An den Fassaden von Supermärkten, Schönheitsstudios und Boulangerien hingen rote und goldene Plastikschleifen. Restauranteingänge blinkten blau, weiß und rot, Lametta hier, Lametta da. Unsere französischen Freunde stellten ihre Plastikbäume schon Anfang Dezember in die Wohnung. Es herrschte Disco-Feeling. Wer glaubt, dass man für Glamour-Weihnachten nach New York fliegen muss, war nie im Dezember in Paris. Die Grande Nation ist supergroß in Bling-Bling-Orgien: Leuchtende Glitzerdekore in Weinglasform schmücken die Bäume der Champs-Élysées, Chanel lässt riesige Perlenketten an den Fassaden anbringen, und in den Supermärkten zieren Goldpapiere die Berge an Gänseleberpasteten, echten Fischskulpturen und Champagnerflaschen. Kein Wunder, dass unsere in Paris geborene Tochter keine Beziehung zur innigen deutschen In-die-Kerzen-schau-Tradition hatte. Selbst das vor sich hin paffende Räuchermännchen – Höhepunkt meiner Adventszeit in Kindertagen – fand sie langweilig. «Je veux une guirlande qui clignote.» Sie wollte eine Girlande, die blinkt.

Da Tante Walburga mit ihrer Beinschiene nicht wirklich Paris-mobil war, blieben wir tagsüber zu Hause und redeten über unsere gemeinsamen ungeratenen, wohlgeratenen und wunderlichen Familienmitglieder. An den Abenden streiften wir zu fünft durch die Lichterstadt. Mein Mann stellte die Tante einfach auf seine *Trottinette*, einen Stadtroller, und schob sie vor sich her. Eugénie lief, Blinkegirlande um den Mantelkragen geschlungen, vorweg, der stille Benedict an der Hand seiner erschöpften Mutter hinterher. Runter über die beleuchtete Place de la République, auf der sonst immer Demos stattfanden, weiter zur Bastille, rein ins Marais-Viertel, schließlich runter an die Seine.

Tante Walburga bremste vor den Eingängen aller besser aussehenden Restaurants, studierte die Speisekarten der Feiertagsmenüs in den Vitrinen und bat uns zu übersetzen: *Oursins en fin velouté, œuf de caille, caviar et jus de coques* – Seeigel in feiner Cremesuppe, Wachtelei, Kaviar und Schalensud. Oder, ihr Liebling: *Ravioles de foie gras de canard, crème foisonnée truffée*, also Ravioli mit Entenstopfleber, Trüffelsahne oder *Homard bleu rôti, écrasé de potimarron aux zestes d'orange, jus coquillage* – gegrillter Blauer Hummer,

Kürbisstampf mit Orangenschalen, Muschelsud. «Kinder, das klingt ja wie ein Gedicht!», sagte sie und sprach die französischen Namen nach. Sie war musikalisch und hatte den Sound des Speisekarten-Französisch bald drauf.

Bei aller kindlichen Begeisterung für die glitzernde Festtagsstadt und die kulinarischen Herrlichkeiten sah sich Walburga aber als Familienbeauftragte für deutsche Weihnachten. Sie gab den Kindern ihre Nagelschere, schnitt Sterne aus Goldpapier aus und klebte sie an die Fenster zur Straße, aus denen man ein okzitanisches Restaurant, einen schrottigen Waschsalon und einen afrikanischen Friseur sah – alle mit Blinkegirlanden in den Vitrinen. Die Tante sang «Ich steh an deiner Krippen hier» zu unserer weihnachtlichen Boom-Box-Playlist und erklärte den Kindern, was ein guter Choral ist und warum die Aufnahme von Helmuth Rilling anders klang als die von Jordi Savall. «Benedict, frag deine Mutter, ob sie den Klavierauszug des Weihnachtsoratoriums hat!», befahl sie dem verdutzten kleinen Jungen. Zu meiner Ehrenrettung hatte ich noch eine zerfledderte grüne Ausgabe aus Studentenzeiten, die sie dann beim Hören vor sich hin murmelnd kommentierte.

Im Gegensatz zu unseren zahlreichen früheren Besuchern ermüdete die Stadt Tante Walburga nicht das kleinste bisschen. Im Gegenteil. Ihre Energie wurde von den Eindrücken von Tag zu Tag angefacht. «Was meint ihr? Soll ich mal zu diesem afrikanischen Friseur unten gehen?», fragte sie die Kinder, nachdem sie die Flechtkünste im Salon Fée Maraboutée bewundert hatte. «Du hast zu wenig Haare für Zöpfe!», sagte Eugénie sachlich und betrachtete den schütteren weißen Pagenkopf, den Walburga jeden Morgen mit

Stefanie von Wietersheim

einer großen Flasche Elnett-Haarspray befestigte. «Aber ich kann dir Haarspangen reinmachen.»

Nun wurde das Warten auf Weihnachten für die Kinder dadurch erleichtert, dass Eugénie ihrer Großtante blaue Plastikspangen mit Gänseblümchen ins Haar steckte. Sie buken Bratäpfel zusammen. Verzehrten ohne Limit Walburgas mitgebrachte Kekse. Und nahmen in der rosafarbenen Sitzbadewanne zusammen ein Schaumbad.

Zum Glück musste ich in den Vorweihnachtstagen wenig kochen. Denn mein Mann kehrte mit Fresskörben aus dem Büro heim, die den Angestellten von der Geschäftsleitung, von der Arbeitnehmervertretung und von Geschäftspartnern überreicht worden waren. In unserer Ehe war er noch nie so begeistert begrüßt worden. Jubelnd stürmten wir zur Tür, sobald wir seine Schritte hörten. Die Geschenkkörbe – gleich, ob von Arbeitgebern oder Arbeitnehmern finanziert – enthielten Wildpasteten in goldenen Dosen, Fischsuppen in riesigen Gläsern, bunte Macarons in kleinen Hutschachteln, Biscuits roses de Reims, Schokoladentrüffel, Käse in Kiefernholzschachteln, Rotwein und Champagner. Abend für Abend schlachteten wir diese Naturalien – und holten mit übrig gebliebenen Restaurant-Cheques (ebenfalls eine Wohltat der Firma) beim Feinkosthändler Lachstatar und Lauch in Vinaigrette, Paris-Brest-Küchlein und Brot mit getrockneten Früchten.

Jeden Morgen dachte ich beim Anziehen meiner neuen schwarzen Schlaghose, dass es gut gewesen war, vor Tante Walburgas Ankunft dreimal die Woche zur Wassergymnastik ins Schwimmbad zu gehen, in dem der Trainer uns mit Schaumstoffnudeln akrobatische Kunststücke machen ließ. Denn diese Weihnachtskost setzte in Rekordtempo an.

Sosehr der Berg an Köstlichkeiten von Tag zu Tag

wuchs – der Weihnachtsbaum wurde klein. Sehr klein. Groß durfte er nicht sein, da er im Wohnzimmer neben das grüne Klappsofa passen musste, auf dem Walburga nächtigte. Im Gegensatz zu den riesigen Bäumen meiner Kindertage war er enttäuschend schnell und ohne Dramen aufgestellt. Als er am Abend des 23. Dezember mit roten Wachskerzen, Glaskugeln und Strohsternen geschmückt war, sagte die Tante: «Oh, wie praktisch! Dann kann ich meine Zigaretten ab morgen direkt an den Kerzen anzünden!»

Mein Mann und ich wechselten Blicke. Die halb blinde Walburga mit 35 brennenden Kerzen und brennender Zigarette im Bett – und bald auch im brennenden Haus? Die Feuerwehr hatte ihre Wache gleich am Ende der Straße. Und wir hatten uns gerade einen Feuerlöscher, einen *Extincteur d'incendie*, zugelegt. «Tör» nannte ihn Benedict und drückte so oft wie möglich daran herum, wenn wir nicht aufpassten. Leer war Tör hoffentlich noch nicht.

Am Morgen des 24. Dezember bekam mein Mann unerträgliche Rückenschmerzen. Tantenstress. Noch hatte ich den Esstisch nicht mit dem Meissener und dem alten Silber gedeckt, auf das sich Walburga gefreut hatte – es waren Erbstücke aus ihrer Familie. Jetzt befahl sie: «Wolldecke her, Oskar, du legst dich auf den Tisch, und ich schaue mir an, was los ist.»

Wenig später lag ihr widerstrebender, halb nackter 1,90 Meter großer Neffe auf dem ovalen Esstisch und wurde von der Tante mit einem Nudelholz traktiert. «Das wird die Verspannungen lösen!» Eugénie stand blinkend daneben und staunte. Benedict heulte laut, weil er dachte, die Tante würde Papa zu Weihnachten klopfen wie der Fleischer nebenan die Koteletts.

Stefanie von Wietersheim

Nachdem die Tante ihrem Patienten und sich selber nach der Behandlung einen Toast mit Hasenpastete plus Glühwein gegönnt hatte, schafften wir es gerade noch mit der Metro zu unserer Kirchengemeinde. An diesem Tag durften die Kinder die Glocken läuten, mit einem echten Seil, das auf dem Dachboden des alten Gebäudes hing. «Ding-Dong, Ding-Dong», klang es tief dröhnend vom alten Turm, auf den mein Mann mit den Kindern geklettert war, während Walburga die Plätze im Kirchenschiff hütete. Die Kirche war halb voll mit deutschen Expatriates in feinen Kleidern, Franzosen in blauen Wollpullovern und Touristen mit Rucksäcken. Eine zusammengewürfelte Kongregation für den gütigen, steinalten Pfarrer, während draußen das Leben tobte – in Frankreich ist der 24. Dezember ein Arbeitstag.

Ich war dazu abgeordnet worden, Weihnachtslieder auf der Querflöte zu spielen und die Gläubigen und Nichtgläubigen zum Singen zu motivieren, da die Orgel kaputt war. «Stefanie va faire chanter la salle», so die Ansage des Geistlichen; ich sollte den Saal zum Singen bringen. Als ich beim Eingangslied vor dem Altar die ersten Töne anstimmte, stand mein Mann in der zweiten Reihe plötzlich auf und eilte überstürzt aus der Kirche. Die Kinder schauten sichtlich erstaunt, aber ich sah, wie Tante Walburga sie beruhigte, und setzte mich nach meinem Einsatz in die Bank zurück. Als er jedoch nach zehn Minuten noch nicht wieder zurück war, schickte ich Eugénie hinaus, um nachzusehen, was mit Papa war. Rücken? Wenig später kehrte sie zurück und verkündete für die benachbarten Reihen gut hörbar: «Papa kotzt auf die Gräber!» Ich eilte hinaus, und tatsächlich: Er stand kreidebleich am Rand des historischen Friedhofs. «Die Hasenpastete!» Noch ein Anfall, dann wagte er sich zurück in die Kirche, überstand den

Rest der Liturgie, wir eilten heim und schickten ihn mit Wärmepflaster und Wärmflasche ins Bett.

Nun feierten wir anderen fröhlich Weihnachten zwischen leuchtendem Tannenbaum und Walburgas Bett. Die Kinder saßen in ihren Samtkleidern auf der Daunendecke wie in einem Vogelnest, und Tante Walburgas Busen wogte unter der weißen Seidenbluse, während sie solistisch «Stille Nacht, Heilige Nacht» sang. Wir öffneten die Geschenke: den blinkenden Babar-Elefanten für Benedict, Bilderbücher für Eugénie, ein Seidentuch und Tee für die Tante. Helmuth Rillings Aufnahme des Weihnachtsoratoriums dröhnte aus der Boom-Box, ich brachte ein Tablett mit Austern auf Eis ans Weihnachtsbett, servierte Käse aus dem Fresspaket, wir stießen an. Wozu braucht man einen Esstisch, wenn man bei Christbaumkerzenschein im Besucherbett speisen kann?

Und so ging es weiter. Der kranke Hausherr verschlief den Abend. Tante Walburga schlürfte den Taittinger-Champagner und sang immer mutiger Bach-Choräle, bis Benedict bemerkte: «Der Baum brennt.» Tatsächlich! Ein Zweig in der dritten Reihe unter der Baumspitze hatte Feuer gefangen, trotz vorsichtig gesteckter Kerzenhalter. Gelb und schnell züngelten die Flammen. Ich musste den Feuerlöscher holen! Vor allem musste ich rauskriegen, wie man ihn in Betrieb setzte! Doch da hatte Tante Walburga das bodentiefe Fenster zum Innenhof schon geöffnet, seelenruhig das dünne Stämmchen des Baumes gegriffen und ihn zum Fenster getragen. In diesem Moment warf sie den Kokelnden kurzerhand in den Innenhof.

«Genauso hat es meine Mutter anno einundfünfzig gemacht, als unser Baum brannte. Damals lag draußen Schnee.» Sie goss sich Champagner nach.

Stefanie von Wietersheim

Es lag kein Schnee in Paris. Ich schnappte mir den schweren Feuerlöscher, schleppte ihn die Treppen hinunter in den Hof, um einen ausufernden Brand zu verhindern. Da lag das armselige Bäumchen auf dem Beton, mit angeknacksten Ästen, zerschmetterten Kugeln, gecrashten Strohsternen. Keine Spur von Feuer. Auch Nachbarn waren nicht zu sehen. Ich ließ Baumleiche und Feuerlöscher im Hof stehen und stieg die Treppen hoch in die Wohnung. «Schluss jetzt! Alle ins Bett!»

Ich schlief einen Komaschlaf. Meinem Mann erzählten wir erst am nächsten Tag vom fliegenden Weihnachtsbaum und vom Glück, das wir gehabt hatten.

Am 26. Dezember, dem Tag des heiligen Stephanus, meinem Namenstag, war meinem Mann endlich nicht mehr schlecht. Aber allen anderen.

«Speiübel», sagte Tante Walburga. «Noch nie war mir so speiübel. Speiübel in Paris!» Einst war sie «Verliebt in Rom» gewesen. Und nun das.

Wir holten die verfügbaren Putzeimer aus dem Kabuff in der Küche und reihten sie vor unseren Betten auf. Mussten wir Angst haben um die herzkranke Tante? Vorsichtshalber baten wir unseren Hausarzt und Freund Philipp vorbeizukommen, um eine überfüllte Notaufnahme zu vermeiden. Wenig später eilte er im Mantel und mit dicker Arzttasche in die Schlafzimmer, untersuchte uns und verschrieb Ruhe und Pastis. «Ihr habt da einen Keim erwischt, den spuckt ihr schon wieder aus», beruhigte er uns. Den Anisschnaps hatte er als Militärarzt in fernen Ländern den Soldaten gegeben, wenn sie unter radikalem Bauchweh litten. «Anis tötet Keime», war er überzeugt.

Zwei Tage nach der Aniskur waren wir wieder auf den Beinen, und Tante Walburga fühlte sich fit genug für die

Rückfahrt nach Deutschland. Die Abfahrt fiel ihr schwer. Das Bett neben dem Weihnachtsbaum, der Blick auf den afrikanischen Friseursalon, Eugénie mit der Girlande um den Hals, die Heilmassagen für den Großneffen auf dem Esstisch – all das hatte sie genossen. Und all das zeichnete sie nun über drei Seiten mit Bleistift in unser Gästebuch. Zum Trost gaben wir ihr die Bûche de Noël als Wegzehrung, den französischen Weihnachtskuchen in Baumstammform, den wir nicht hatten essen können. Als wir sie in den Zug setzten, umarmte sie uns fest und sagte: «Nächstes Jahr komme ich wieder!»

Zu Silvester bekamen die Kinder dann Windpocken, kratzten sich ohne Unterlass und weinten. Wir schliefen abwechselnd neben ihren Betten auf dem Boden, überlegten, ob Pastis auch in diesem Fall das Beste sei, aber trauten uns nicht. Am 1. Januar sahen wir halb komatös das Neujahrskonzert der Wiener Philharmoniker im Fernsehen, Eugénie und Benedict schlaftrunken auf dem Arm. Ihre Gesichter waren weiß von Antikratz-Zinksalbe. «Tante Walburga fehlt uns», jammerten sie.

Im nächsten Jahr weigerten wir uns, Weihnachten in Paris zu feiern – und fuhren stattdessen mit Tante Walburga nach Toulouse. Dieses Mal kam sie mit zwei Blinkegirlanden um den Hals schon am Bahnhof an. Aber das ist eine andere Geschichte.

Tobias Keller

Klasse 5a

«Einen wunderschönen guten Morgen, liebe 5a!»

«Einen wunderschönen guten Morgen, lieber Herr Hänsel!»

Die Kinder schreien so laut, dass ich taumele. Dann fangen sie an, auf die Tische zu klopfen. Schneller, wilder, ein Schlagen, mit den Fäusten, Getrampel, der Boden zittert, bebt.

«Ruhe!», rufe ich, und links, an der Schrankseite, Affenlaute. Das ist Timo. Er brüllt, trommelt auf seine Brust, springt herum. Auch an der Fensterseite wird es lauter, euphorisches Kreischen. Irgendjemand bläst in eine Trillerpfeife. Filip besteigt seinen Stuhl.

«Ruhe!» Das Stresslevel ist mir schon nach 30 Sekunden zu hoch. Dabei bin ich vorbereitet. Die letzte Stunde vor den Weihnachtsferien ist immer schwierig. Und wenn diese letzte Stunde auch noch als Weihnachtsfeier angekündigt ist, kennt die Vorfreude keine Grenzen.

«Filip, runter vom Stuhl!»

Filip hört nicht. Er hebt die Hände, er tanzt, der rote Pickel auf seiner Nase hüpft im Takt mit.

«Leute!», schreie ich. «Wir können die Feier auch ausfallen lassen und ein Diktat schreiben!»

Rumms. Das hat gesessen. Schlagartig ist es still. Niemand rührt sich. Ein Luftzug fegt durch den Fensterspalt und weht einige der Steckbriefe mit den Fotos der 5a von der Wand.

«Ich meine es ernst! Wir schreiben ein Diktat, ich habe alles dabei!»

Gar nichts habe ich dabei. Kein Diktat, kein Buch, nichts. Trotzdem verformen sich die blassen Kindergesichter. Marcel starrt mich aus der ersten Reihe apathisch an, ein Sabberfaden tropft von seiner Unterlippe. Von links Gemurmel. Ob ich das *wirklich* ernst meine?, fragt Mehmet. Diktat statt Weihnachtsfeier, geht das überhaupt, rein rechtlich? Mehmet atmet schwer, stützt sich an der Wand ab und fasst in die Schimmelblume über der Heizung. Filip fällt vom Stuhl. *Klatsch*, macht es, als er mit dem Gesicht auf dem Boden aufschlägt.

Ich eile zu ihm, helfe ihm wieder auf die Beine. Er blickt mich an, ein Blutstropfen an seiner Stirn.

«Alles gut?»

«Die Feier ausfallen lassen?», fragt er, und der Pickel auf seiner Nase pulsiert. Ella weint.

«Himmelherrgott», sage ich. «Wir machen doch unsere Feier!»

Timo brüllt, Samira trommelt, die Trillerpfeife zerschneidet den Raum. Ich schließe die Augen, öffne sie wieder. Blick aus dem Fenster: Frau Marten überquert den Schulhof, eine Weihnachtsmütze auf dem Kopf, eine Kuchenplatte in der Hand. Ich nicke, sie nickt, sie stolpert, fällt hin. Der Kuchen liegt auf dem Boden, und die Kinder grölen. Sie schlagen mit den Fäusten auf die Tische, sie trampeln, dass der Boden bebt. Filip macht sich schon wieder zur Besteigung des Stuhls bereit.

«Halt, stopp!», schreie ich. Filip stoppt. Ich sage: «Du blutest. An der Stirn.»

Er fasst sich an die Stelle, geht zum Waschbecken. Ich blicke zurück in die Klasse.

Tobias Keller

«Schiebt jetzt bitte ruhig und geordnet die Tische zusammen.»

Die Tische werden zusammengeschoben, chaotisch und laut. Es rumpelt und quietscht. Ich lasse mich auf meinen Stuhl sinken und nehme das iPad aus dem Rucksack. Natürlich machen wir diese Feier. Egal wie laut es ist, selbst wenn der Klassenraum brennt: Ich brauche diese Stunde, in der die Kinder beschäftigt sind, frühstücken, etwas vorlesen, singen, aufführen. Sonst fällt mein eigenes Weihnachtsfest ins Wasser.

Internet, Amazon, die Seite lädt langsam. Das Schul-WLAN schwächelt.

«Darf ich gleich mein Bild zeigen?» Ben steht am Pult. Sein Segelohr bewegt sich im Windzug.

«Ja, gerne!», sage ich.

Auf dem Bildschirm erscheint oben rechts eine Leiste. Das Amazon-Symbol ist zu sehen, daneben blinkt die entscheidende Zahl: 42 Minuten. Und 34 Sekunden. Kaufe ich innerhalb dieser Zeitspanne, kommt die Bestellung morgen an, gerade noch pünktlich. 42 Minuten und 27 Sekunden für Emils Geschenk. Die letzte Möglichkeit. Nach der Schule muss ich Hannahs Eltern vom Flughafen abholen, wir werden den restlichen Tag zusammen verbringen. Und morgen, am 24.12., lässt Hannah mich nicht aus dem Haus. Sie glaubt, ich hätte längst ein Geschenk für Emil besorgt. Aber es ging einfach nicht, die letzten Wochen waren pickepackevoll. Und nun habe ich noch komfortable 42 Minuten und vier Sekunden. Sonst wird morgen ein tief enttäuschter Dreijähriger unterm Weihnachtsbaum bitterlich weinen und denken, dass das Christkind ihn nicht lieb hat.

«Wann genau darf ich mein Bild denn zeigen?»

Ach ja. Ben steht noch immer vor mir. Sein Ohr, es weht im Wind.

«Gleich!», sage ich, vielleicht ein bisschen zu gereizt. Ben springt glücklich davon. Ich tippe «Geschenke für Kinder» ein. Die Seite baut sich auf, mühsam. Ich erhebe mich.

«So», sage ich, «fertig?»

Fertig. Die Tische stehen, alle sitzen. Schnell die organisatorischen Feinheiten abhaken, dann soll es nur noch um Emil gehen.

«Also», sage ich, «wir verteilen zunächst das Frühstück, und im Anschluss geht es los mit dem Programm.»

Die Seite lädt immer noch.

«Fiete, Mila und Boris sind krank», ruft jemand.

«Schade», sage ich und trage sie als fehlend ein. «Fiete und Mila?» Mir stockt der Atem. «Sind das nicht diejenigen, die Brötchen mitbringen sollten?»

Nicken am großen Gemeinschaftstisch. Ja, das sollten sie.

«Und beide sind krank?»

Ja, Nicken. Krank sind sie, beide.

«Hat jemand anderes Brötchen mitgebracht?»

Kopfschütteln. Nein, sonst niemand.

Jan meldet sich. «Ich habe Mortadella mitgebracht!» Mehmet kann die nicht essen: «Schweinefleisch!» Marla ist laktoseintolerant, Michi seit gestern Vegetarier.

«Es hat also niemand Brötchen dabei?»

Antonia meldet sich, sie habe Nutella mitgebracht, was Mehmet veranlasst, freudig auf den Tisch zu schlagen: Nutella, die kann er essen.

«Aha», antworte ich. Die Seite hat sich endlich aufgebaut. Oben rechts steht: 37 Minuten und 21 Sekunden. Unter den Ergebnissen sehe ich: bunte Walkie-Talkies, ein

Roboter-Bausatz, ein Frühstücksbrett. Ich tippe «Geschenke für *kleine* Kinder» in die Suchleiste. Die Seite lädt, ich schwitze, hinten, am Rücken.

«Da ist 'ne Nuss auf dem Etikett», sagt Lisa und deutet auf das Nutella-Glas. «Ich habe eine Allergie.»

Filip steht wieder auf dem Stuhl.

«Runter vom Stuhl!», rufe ich und schlage mit dem Klassenbuch auf den Tisch. Filip setzt sich.

«Wir müssen jetzt mal Ordnung hier reinkriegen», sage ich, mehr zu mir als zur Klasse. Wie soll ich denn bei diesem Durcheinander nach einem Geschenk für meinen Sohn suchen? Zumal ich noch keine Idee habe. Letztes Weihnachten hat Emil von uns einen Spielzeugbagger bekommen. Nun hat Hannah diesen Artikel gelesen, in dem stand, dass man Kindern nichts schenken darf, das *Geschlechterstereotype* verstärkt. Sie fand das gut. Wir dürften Emil nicht in irgendeine Richtung drängen. Er müsse sich frei entfalten können. Damit fällt ein weiterer Spielzeugbagger weg und auch der Fußball, der mir als Erstes in den Sinn gekommen ist.

«Wir machen das jetzt so», teile ich der Klasse mit. «Alle stellen alles, was sie mitgebracht haben, auf den Tisch, und dann kann jeder sich aussuchen, was er oder sie will.»

Löffeln sie halt Nutella oder essen Wurstscheiben und Streusel pur. Daran kann ich jetzt auch nichts ändern. Es ist zu spät. Natürlich hätte ich besser planen, mich vorbereiten, selbst etwas mitbringen können. Christstollen, Lebkuchen oder einfach Brötchen. Aber Hunderte Klassenarbeiten und Klausuren mussten unbedingt vor Weihnachten geschrieben werden. So können die Noten direkt nach den Ferien eingetragen werden. Und es gab Dutzende Erkrankte oder jedenfalls Entschuldigte, für die ich Nachschreibtermine organisieren, Räume finden, neue Aufgaben erstellen musste. Dazu: Fehlstunden eintragen, SoMi-Noten kontrollieren, Endnoten hochladen, Bemerkungen formulieren. Die individuellen Förderpläne für Kinder aus der Unterstufe konnte ich während der Konferenzen erstellen. Ob es Anmerkungen gab von meiner Seite bezüglich der Begabtenförderung? Nein. Das war nicht zu schaffen. Die Begabten können erst nächstes Jahr gefördert werden.

Wie hätte ich obendrein noch die Weihnachtsfeier der 5a planen, mich vorbereiten, selbst etwas einkaufen sollen? Ich habe es noch nicht mal geschafft, ein Geschenk für meinen einzigen Sohn zu kaufen. Und nun habe ich nur noch 29 Minuten und 37 Sekunden Zeit. Ich habe alles auf diese Karte gesetzt, auf die Weihnachtsfeier der 5a. Da kann ich online gucken, da habe ich Zeit, während die Kinder frühstücken. Ich konnte doch nicht wissen, dass Fiete und Mila sich krankmelden und wir nun ohne Brötchen dasitzen würden.

«Alles ausgepackt?» Nacheinander melden sich vierzehn Kinder und stellen fest, dass sie ihre Teller, das Besteck oder den Becher vergessen haben. Ben fragt, wann er sein Bild zeigen darf.

«Gleich, verdammt!» Auf dem Bildschirm ploppen jetzt ein Hogwarts Zauberkoffer, eine Taschenlampe und schon wieder ein Frühstücksbrett auf, diesmal personalisiert mit hochwertigem UV-Druck. Ich böllere «Geschenke für *sehr* kleine Kinder» in die Suchleiste. Die Seite lädt.

«Ich habe eine Glutenunverträglichkeit», sagt Fynn mit Ypsilon und Finn mit I bestätigt das.

«Dann lassen wir heute mal die Brötchen weg», erkläre ich großzügig. «Euch zuliebe.» Ich massiere meine Schläfen, während aus den Musikräumen schiefe Weihnachtslieder herüberdröhnen. Meine Nackenhaare schießen in die Höhe, als ein Anfänger Geige zu spielen beginnt.

«Darf ich mein Gedicht vortragen?» Luisa steht direkt neben mir und blickt auf den Bildschirm. Ich schiebe die halb geladene Amazon-Seite aus ihrem Blickwinkel.

«Ja, supergerne!»

Luisa hüpft zurück zu ihrem Platz, kramt im Rucksack. Auf dem Bildschirm erscheinen neue Ergebnisse: Buntstifte, die Emil bereits in allen Varianten besitzt, das UV-versehrte Frühstücksbrett («Hier krümelt Emil»), dem ich gleich eine schlechte Bewertung schreiben werde, und Radiergummis in Auto-Form. Das geht gar nicht, Autos. Wir würden Emil in eine Richtung drängen.

Luisa steht neben mir. Ich rücke wieder zur Seite.

«So!», sage ich dann. «Und jetzt alle zuhören. Luisa würde gerne ihr Gedicht vortragen!»

Ben blickt mich bitterböse an. Sein Segelohr glüht.

«Und du direkt danach!», sage ich eilig. Er kneift die Augen zusammen. Ganz unten bei den Ergebnissen: ein Playmobil-Set. Das könnte funktionieren. Ich brauche nur etwas, das keine Geschlechterstereotype bedient. Einen Friseur oder eine Bauarbeiterin oder einen Vater mit Staubsauger, eine Astronautin. Gibt es die überhaupt?

Alle Liebsten in einem Raum
Ein leuchtend heller Weihnachtsbaum
Kerzen brennen, wärmen uns auf
So nimmt der Abend seinen Lauf.

Luisa ist begabt. Ich sollte sie fördern, nächstes Jahr. Vielleicht. Jedenfalls nicht heute. Noch 21 Minuten und 44 Sekunden.

Alle sind gesund und lachen,
Man freut sich und isst leckere Sachen

So genieß auch du das Fest und bedenke
An Weihnachten gibt es Wichtigeres als Geschenke.

Tz, denke ich, Luisa, du hast deiner Ehefrau gegenüber nicht behauptet, dass du längst ein Geschenk für deinen Sohn gekauft hast. Ich klopfe trotzdem mit den Fingerknöcheln auf den Tisch, alle anderen klopfen mit.

«Toll, Luisa», sage ich und tippe «Geschlechtsneutrale Geschenke für sehr kleine Kinder» in die Suchleiste. Ben schnipst wild mit dem Finger.

«Jaha», sage ich, und er kommt nach vorne.

«Ich habe ein Bild gemalt», sagt er stolz und hält es hoch. Ein Pferd. Kurzes Schweigen.

«Warum ein Pferd?», will Mehmet dann wissen, und Ben sagt, er könne keine Rentiere malen.

«Warum Rentiere?», fragt Mo. Und Zeynep erkundigt sich, was Weihnachten überhaupt mit den Rentieren passiert ist. Und während Samira vom Zuckerfest erzählt und Ben beharrlich sein kümmerliches Pferdebild hochhält, erkenne ich auf meinem Bildschirm einen Kaufmannsladen.

Na, das wäre doch was! *Kaufmannsladen* steht auf der Verpackung. Finde ich gut. Wenn ich da noch mit Edding einen Querstrich mache und *Kauffrauladen* ergänze, ist das Teil perfekt. Ich klicke auf den Link und sage: «Toll, Ben, das ist wirklich ein tolles Pferd!» Ich klopfe in die Debatte um Rentiere, Christkinder und Zuckerfeste hinein, und alle klopfen mit. Ben geht zufrieden zurück an seinen Platz.

«Was haben wir noch?», frage ich, während die Seite lädt. Zvenja hat ein russisches Märchen dabei.

«Das klingt spannend!», sage ich. Wenn Zvenja jetzt ein Märchen vorliest, habe ich genug Zeit für den Kaufabschluss. Noch 17 Minuten und 53 Sekunden. Die Seite baut sich auf, der Kaufmannsladen blinkt geschlechtsneutral. Wunderbar! Und dann steht da rechts, dass der Kaufmannsladen nicht mit Amazon Prime versendet werden kann und erst nach Weihnachten ankommt.

«Verfluchte Scheiße!», rufe ich. Alle starren mich an. «Verfluchte Scheiße!», wiederhole ich «Was freue ich mich auf dein tolles Märchen, Zvenja!»

Sie grinst breit. Ihre Zahnspange glänzt im Licht der energiesparenden Leuchtstoffröhre. Es bleiben 13 Minuten, und ich stehe wieder am Anfang. Mein Rücken trieft vor Schweiß. Wie kann ich noch in den Spiegel schauen, wenn ich meinem einzigen Sohn am Heiligen Abend keine Freude bereiten kann? Ich klicke herum, die Seite lädt, baut sich auf, ich scrolle. Wieder das Frühstücksbrett, ich hasse es, ich werde wahnsinnig, und irgendwie ist es gerade viel zu leise. Ich schaue hoch, da sitzt die Klasse vor mir und stiert mich an. Ich wende den Kopf zur Seite. Da steht Zvenja, das Märchenbuch in der Hand, die Zahnspange glänzt.

«Was ist?», zische ich.

«Ich kann kein Russisch», sagt Zvenja.

«Ja, und? Ich auch nicht.»

«Das Märchen ist auf Russisch.»

«Wie, auf Russisch? Hast du keine Übersetzung dabei?»

«Nein.»

Ja, keine Ahnung. Ich klopfe einfach mit den Knöcheln auf den Tisch, und alle klopfen mit. «Trotzdem danke», sage ich, und Zvenja setzt sich wieder. Ich seufze. Luisa meldet sich. Ob sie ihre selbst verfasste Weihnachtsgeschichte vorlesen darf.

«Du hast auch noch eine Weihnachtsgeschichte geschrieben?», frage ich zurück, und sie nickt. «Gut», sage ich. Hoffentlich ist sie lang. Luisa kommt nach vorne und beginnt zu lesen. Was bietet der Bildschirm? Gibt es einen pinkfarbenen Fußball? Oder wenigstens mit Regenbogen? Ich tippe und suche und scrolle und tippe, noch 11 Minuten und 17 Sekunden. Ich bin ein schlechter Vater, ich sollte mich schämen. Meine Augen brennen, ich reibe sie, Luisa ist fertig, ich klopfe auf den Tisch, alle klopfen mit.

«Toll, Luisa», sage ich, und die Sekunden ticken herunter. Ob er noch mal sein Pferd zeigen darf, fragt Ben. Im Moment vielleicht noch nicht, sage ich. Und Luisa würde gerne ihr Theaterstück präsentieren.

«Ein Theaterstück hast du auch noch?»

Luisa nickt. Nächstes Jahr fördere ich sie, das ist sicher.

«Dann mach», sage ich, und einige Kinder stehen auf, kommen nach vorne. Samira, Marla, Filip und Finn mit I. Sie haben Rollen. Sie haben am Wochenende geprobt. Luisa arrangiert die Darsteller. Maria und Josef links, Jesus zwischen ihnen, und Filip steht schon wieder auf dem Stuhl.

«Runter vom Stuhl!», schreie ich, und Luisa sagt, Filip muss da stehen, er ist der liebe Gott. «Ich bin der liebe Gott», bestätigt Filip, eine Blutkruste auf der Nase, der Pickel ist aufgeplatzt. Wie auch immer, denke ich, und es sind noch neun Minuten, als das Theaterspiel beginnt. Ich suche nach einem Dinosaurierbuch mit beigelegter Barbiepuppe, lande aber wieder beim Frühstücksbrett. Ich hasse dich!, denke ich. Oder habe ich es gesagt?

Der liebe Gott fällt vom Stuhl. *Klatsch*, macht es. Jemand hebt ihn auf. Filip lächelt mich an. Dann klopfen die Kinder, und ich klopfe mit. Das Theaterstück ist offenbar vorbei, die Sekunden verstreichen, und meine Lippe blutet, so fest habe ich daraufgebissen. Ben geht herum und zeigt allen sein Pferd aus der Nähe, Lisa isst Nutella, und Filip sagt, Herr Hänsel, Sie bluten, an der Lippe. Ich gehe zum

Tobias Keller

Waschbecken, im Spiegel: nichts als eine Fratze, eine blasse, kinderenttäuschende Visage, und dann gongt es.

«Tolle Feier!», sagt Mehmet, und Fynn mit Ypsilon umarmt mich, Samira und Caro ebenfalls. «Danke für die Feier und frohe Weihnachten!», trällern sie, und ich blicke ihnen nach. Ich habe nicht nur kein Geschenk für Emil, ich habe noch nicht einmal etwas von der Weihnachtsfeier der 5a mitbekommen. Nichts von Luisas Weihnachtsgeschichte, nichts von dem Theaterstück, Bens Pferd kaum beachtet. Hat sonst noch jemand etwas vorgetragen? Ich weiß es nicht.

Ich drehe mich um, gehe zu meinem Stuhl, auf dem Bildschirm steht, dass von nun an alles nach Weihnachten ankommt. Ich vergrabe mein Gesicht in den Händen.

«Herr Hänsel?»

Ich schrecke hoch. Luisa steht vor mir. Wenn sie jetzt eine Frage zu ihrem Theaterstück stellt, bin ich endgültig geliefert.

«Ich weiß, dass Sie nicht aufgepasst haben», sagt sie. «Die ganze Stunde nicht. Stattdessen haben Sie nach Weihnachtsgeschenken gesucht.»

Ich klappe meinen Mund auf und wieder zu.

«Ich bin nicht böse», fährt Luisa fort. «Ich habe gesehen, dass Sie nach Kinderspielzeug gesucht haben. Bestimmt für Ihren Sohn. Aber so, wie Sie gucken, haben Sie kein Geschenk gefunden, oder?»

Ich gucke wie jemand, der kein Geschenk gefunden hat.

«Ist doch nicht schlimm», sagt Luisa. «Wenn man sich so viele Gedanken macht und sogar eine supertolle Klassenfeier verpasst, nur um seinem Sohn eine Freude zu bereiten, dann ist das doch genau das, worum es um Weihnachten geht. Und ich habe eine Idee für ein Geschenk!»

Sie grinst, Sommersprossen auf ihrem Gesicht verteilt.

«Warum schreiben Sie nicht einfach eine Geschichte über unsere Weihnachtsfeier?», fragt sie. «Schreiben Sie, wie es abgelaufen ist. Dass Sie bei uns waren, bei der 5a, wie wir Weihnachten gefeiert und Sie die ganze Stunde nach einem Geschenk gesucht haben. Dann wird Ihr Sohn erkennen, wie viele Gedanken sich sein Vater gemacht hat!»

Mit offenem Mund beobachte ich Luisa dabei, wie sie ihren Rucksack absetzt, Blatt und Stift herausholt.

«Schreiben Sie», sagt sie. «Schreiben Sie über diese Stunde und schenken Sie Ihrem Sohn eine Weihnachtsgeschichte. Lesen Sie sie ihm morgen vor, verbringen Sie Zeit mit ihm. Das ist doch ein besseres Geschenk als ein Frühstücksbrett!»

Sie zeigt auf den Bildschirm, ich folge ihrem Finger, Lieferung nach Weihnachten, steht da. Ich starre das Frühstücksbrett an, hässlich ist es, und dann blicke ich wieder hoch. Luisa ist verschwunden. Ich kneife die Augen zusammen, blicke in den Klassenraum. Dort hinten, auf dem Tisch, leere Packungen Schweinemortadella, Nutella-Reste, Bens Bild hängt an der Wand, direkt neben einer der größeren Schimmelblumen. Ich richte mich auf, greife nach dem Stift, beiße auf ihm herum, denke nach.

Einen wunderschönen guten Morgen, liebe 5a!, schreibe ich dann, und ich sehe Emil vor mir, wie er im Bett liegt, mich anblickt, lächelt. Ich lächle ebenfalls, drücke die Schultern durch, lecke das Blut von meinen Lippen und schreibe:

Einen wunderschönen guten Morgen, lieber Herr Hänsel!

Die Kinder schreien so laut, dass ich taumele.

Myrto Athanassiou

Zoom-Konferenz

Es ist nicht so, dass wir uns wirklich wie wahnsinnig auf das erste Familien-Weihnachten nach Corona gefreut hätten. Die lederne Gans, für die Clan-Oberhaupt Dr. Franz Wiesel alljährlich Standing Ovations erwartete. Die rechtslastigen Polit-Statements des Neffen, die seit ein paar Jahren zuverlässig zu Wortgefechten mit unserer älteren Tochter ausarteten. Seit er obendrein auf die Jagd ging, kam dieses Thema noch hinzu plus Verantwortbarkeit von Fleischgenuss überhaupt. Dann die Besserwisser-Kommentare des IT-Schwagers, der Standesdünkel der Schwägerin, die damit haderte, trotz Doktortitel nicht ganz oben im Landesministerium gelandet zu sein. Und schließlich Oma Gerda, zwar immer voller Interesse für alles, was ihren Clan bewegte, aber auch Meisterin des Auf-dem-Schlauch-Stehens, wenn es in den Gesprächen an der Festtafel mal um komplexere Materie ging. Weihnachten als Großkampf mit den erwartet harten Gegnern. Wie immer und überall. Trotzdem, es wäre schon schön, mal wieder alle zusammen zu erleben.

Aber wir hatten die Rechnung ohne Dr. Franz Wiesel gemacht. Ohnehin kein Freund größerer Geselligkeiten, hatte er eine Woche vor dem Fest meinem Mann, seinem Sohn, am Telefon erklärt: «Ihr könnt Weihnachten nicht kommen. Das ist noch viel zu gefährlich! Gerda hat eine angegriffene Gesundheit. Wollt ihr sie umbringen?» Da sprach die lebenslang übergroße Sorge vor unkontrollierbaren Risiken, versteckt hinter Chefgehabe, das keinen Widerspruch ertrug. Alle Besänftigungsversuche des Gatten, unterstützt von unseren plötzlich sentimental gewordenen Teenager-Töchtern, waren abgeschmettert worden. Wie gewohnt in harschem «Ich-bin-hier-der-Boss»-Ton, mit dem Dr. Franz schon viele Jahrzehnte Debatten über Atomkraft, Feminismus, Ausländer oder Enkel-Rechte für beendet erklärt hatte.

Nach einem dieser Weihnachts-Eklats vor zehn Jahren hatte ich immerhin durchgesetzt, dass wir stets erst am 25. Dezember zum Feiertagsbesuch bei den Schwiegereltern in Göttingen anreisten. Selbst schuld, wenn der Patriarch darauf bestand, dass Kinder auch an Heiligabend um 19 Uhr im Bett zu sein hatten, weil «Kaviar ja nun wirklich nichts für Zweijährige ist». Unsere Tochter hatte nach einem Wutanfall meinerseits dann zwar doch am Festmahl teilnehmen dürfen. Und den Kaviar, zum Entsetzen ihres Großvaters, sogar begeistert verspeist. Das Ganze jedoch zum Preis eines Ehe- und Großfamilienkrachs, den ich mir auf keinen Fall noch ein weiteres Mal antun wollte.

Diesmal sollte es keinen Kaviar geben, sondern als Minimal-Kompromiss eine Zoom-Konferenz. Im Jahr davor hatten meine Schwägerin und mein Mann selbige noch mit der Argumentation verhindert, dass Dr. Franz' Hass auf die Moderne, Gerdas Begriffsstutzigkeit und die bei allen anderen brachliegenden Nerven das Experiment binnen weniger Minuten in eine Katastrophe verwandeln könnten.

Diese Saison aber, geschwächt vom Druck der Kinder, gaben die beiden schließlich nach. Okay, dann eben eine Zoom-Konferenz. Der IT-Schwager hatte den Einwahl-Link versandt, der politisch wirrköpfige Neffe ein Online-Quiz vorbereitet, das die Sippe gemeinsam lösen sollte. Eine

Myrto Athanassiou

Stunde virtuelle Verbundenheit, sich zumindest mal wieder live und in Farbe sehen: Das sollte zu schaffen sein.

20 Uhr 30 an Heiligabend. Mein Mann und ich haben uns mit vorsichtshalber gut gefüllten Weingläsern und Rechner auf dem Wohnzimmer-Sofa postiert, unsere Töchter Franziska und Judit, 14 und 16 Jahre alt, sitzen am Tablet in Franziskas Teenager-Zimmer. Link aufrufen, kreiselnde Icons anstarren, warten.

«Judit, Finger weg, das ist mein Tablet!», schallt es erwartungsgemäß aus dem 1. Stock. Am Bildschirm taucht, verteilt auf zwei Kacheln, die Schwiegerfamilie in Süddeutschland auf. Im Hintergrund der einen Kachel, ebenfalls auf einer Wohnzimmer-Couch, Ministerialrätin Cornelia neben dem jüngeren Neffen Korbinian, der ein Manga liest. Davor auf dem Boden sitzend Schwager Antoine, gewohnt überlegen mit ungewaschenem Wuschelhaar.

Jurastudent Leonard, den Seitenscheitel verdächtig scharf gezogen, hat sich aus seiner Wohngemeinschaft dazugeschaltet. Immerhin, keine auf den ersten Blick verfassungsfeindlichen Symbole im Bild, so weit kann der Knabe sich offenbar noch zusammenreißen. Vielleicht haben die anderen WG-Bewohner einen mildernden Einfluss auf ihn, der seit einiger Zeit auffallend viele Geschichten über die Unterdrückung der autochthonen Deutschen erzählt. Angesichts eines französischen Vaters originell, aber vielleicht gerade deshalb logisch.

Geht's euch gut, ja? Schon gegessen? Nein, den von Antoine empfohlenen Nerd-Virenschutz haben wir immer noch nicht gekauft. War uns zu kompliziert. Die hochgezogene Schwager-Augenbraue lässt ein erstes Anziehen der Spannung ahnen.

«Ist ja super, dass du das Einwählen geschafft hast, Frederik!», lobt er meinen Mann. Der atmet tief durch. Eine vierte Kachel öffnet sich am Bildschirm. «Gerda, nicht da drauf», schimpft Dr. Franz. «Nicht ... das hat der Bursche vom Kundendienst doch extra ...!»

Es grunzt und raschelt, jetzt ist Gerdas Stimme zu hören: «Ich sehe gar nichts! Korbinian, das ist ganz anders als letztes Mal!»

Der Gatte spannt die Muskeln an, ich drücke seine Hand. «Hab ich doch gesagt, dass die das nicht hinbekommen», presst er hervor. «Papa, jetzt chill mal», faucht Judit von oben. «Oma schafft das.»

Am Bildschirm sehe ich, wie meine Schwägerin augenrollend ihr Rotweinglas auffüllt. «Da ist so eine Leiste unter dem Bild», sage ich betont freundlich, «ihr müsst auf dieses Symbol mit der Kamera drücken, dann sehen wir zumindest euch.» Es raschelt weiter, tatsächlich erscheinen kurz die Schwiegereltern, wenn auch in ein bizarres Handgemenge verstrickt.

Judit schickt mir die erste Nachricht im Zoom-Chat: «junge wie lang dauert das». Was mich so nervös macht, dass ich sofort mit «schreib lieber über whatsapp» antworte.

Rascheln, ungnädiges Grunzen. «Also, das ist ja», schnaubt Dr. Franz, Gerda wundert sich, dass an ihrem Tablet doch wirklich keine Leisten montiert seien. Dann hört und sieht man minutenlang nichts mehr von den beiden. Für meinen Schwiegervater, der sich bereits durch das Aufkommen von E-Mails und DSL-Verbindungen persönlich in seiner Lebensleistung beleidigt gefühlt hatte, muss diese Zoom-Konferenz eine besonders harte Prüfung sein.

«Ich ruf die jetzt an», beschließt der Schwager am Bildschirm. Mein Mann atmet schon wieder durch, allerdings

Myrto Athanassiou

meine ich, etwas Gequältes herauszuhören. «Jetzt spielt der Froschfresser wieder den Top-Checker.» Ich mache «Psscht», schenke Wein nach und sehe, dass die Schwägerin das Gleiche tut.

Antoine verhandelt telefonisch mit Dr. Franz. «Ja, noch mal mit dem Finger auf den Link gehen. Das ist der unterstrichene Text. Was siehst du jetzt? Nein, da explodiert nichts.» Leonard grinst. «Ich hab euch doch gesagt, US-Konzerne bringen nur Zeug auf den Markt, das Deutsche versklaven soll.»

Die Miene der Schwägerin verdüstert sich. «Du kannst später nicht verbeamtet werden, wenn du andauernd solches Zeug erzählst», zischt sie. «Welches Passwort hast du dem WLAN von Gerda und Franz gegeben, Korbinian?», fragt Antoine seinen jüngeren Sohn.

«Bestimmt Hanf3000», flüstere ich dem Gatten zu.

«Ich hab's festgelegt, als ich in Göttingen war, das ist 17051887», ruft Leonard aus der anderen Kachel. Die Gesichtsfarbe der Schwägerin wechselt ins Grünliche, sie schenkt sich nach. «Der hat doch nicht ernsthaft», stammelt mein Mann. Führers Geburtstag? Nein, passt nicht. Irgendein anderer Deutschtümel-Geheimcode? Google bringt rasche Entwarnung, nichts offensichtlich Rechtsradikales.

Inzwischen tut sich was auf dem Bildschirm. Franz und Gerda tauchen auf. Oder zumindest ihre Kinnpartien.

«Haltet das Tablet ein bisschen höher!», schlägt Judit vor. Sie ist mittlerweile zu uns aufs Sofa gewechselt und testet verschiedene Zoom-Hintergründe. Palmenstrand, Golden Gate Bridge, Almwiese.

«Schön, Kinder!», lobt Gerda. «Habt ihr eure weiße Wohnzimmerwand endlich mal angestrichen!» Sie verstummt, als Judit ein Weltraumfoto auswählt. Garniert mit Emojis in allen Variationen.

«Gerda! Jetzt hör doch mal auf zu wackeln!», grimmt Dr. Franz, während er versucht, das Tablet in die richtige Position zu bugsieren. «Aber mach das doch da oben hin, Franz, und pass auf die Vase auf!» Bekümmerte Blicke, er lässt sie einfach nicht ran ans Gerät. Gerdas Stimmung hellt sich auf, als sie Judits Emojis entdeckt: «Das ist ja ein Ding! Seht ihr das auch? Kleine Figuren mit Herzchen!»

Zeit, die Kamera bei uns einen Moment auszustellen, um den eigenen Kopf dreimal fest gegen die Tischplatte zu donnern.

«Jetzt tu mal nicht so», schimpft der Ehemann beleidigt neben mir. «Sie bemühen sich doch! Deine Tanten sind doch die, die nicht mal einen Videocall annehmen können!» Kippt die Stimmung bereits? Wir haben noch gar nicht richtig angefangen.

«Gerda! Das ist doch albern, wir müssen uns doch jetzt keine Comic-Filmchen anschauen.» Dr. Franz ist verwirrt vom Emoji-Regen, den das Teenager-Kind zur Freude der Oma auf die Szenerie am Bildschirm regnen lässt. Zumindest haben meine Schwiegereltern das Tablet annähernd so in Stellung gebracht, dass der Rest der Mannschaft jetzt ihre Gesichter in Gänze sehen kann. Sie lächeln ein bisschen überfordert in die Kamera, hinter ihnen das Bildungsbürger-Bücherregal mit den vielen Bildbänden und Andenken, die Dr. Franz von seinen Geschäftsreisen mitgebracht hat. Die TV-Fernbedienung in seiner Hand allerdings irritiert – will er unsere Konferenz damit steuern? Ungelenkes Geplauder, wir tauschen Small Talk darüber aus, wer in der Kirche war und was dieses Jahr wohl in den Weihnachtsbriefen der Rotarier-Freunde stand.

«Leute, zeigt mal eure Geschenke!», ruft Antoine. Entweder ein untauglicher Versuch, die Atmosphäre etwas aufzulockern – oder ein perfider Angriff auf unseren links-grün-versifften Lebensstil. Wenn der Schwager sieht, dass die jüngere Tochter Fast Fashion und die ältere einen Gutschein für eine Flugreise bekommen hat, müssen wir uns wieder unangenehm rechtfertigen. Also schnell ablenken.

«Ich teile jetzt mal meinen Bildschirm, dann seht ihr den Text von ‹Maria durch ein' Dornwald ging›», erkläre ich. Empörte Ellenbogen-Schubser von Ehemann und Tochter. «Mama, ich mute dich! Singen will keiner außer dir!», ruft Franziska oben ins Endgerät.

«Was ist denn mjuten?», will Gerda wissen. «Und warum zerteilst du deinen Bildschirm?», fällt aber glücklicherweise begeistert mit ein, als Cornelia und ich als Einzige die ersten Zeilen des Weihnachtslieds intonieren. Der Rest der Sippe hat sich und uns offensichtlich gemutet. Korbinian blättert weiter in seinem Manga-Heftchen, Leonard surft wahrscheinlich parallel auf Telegram in Identitären-Chats. Der Damenchor verstummt erst, als die kostenlosen dreißig Zoom-Minuten vorbei sind und wir uns alle neu einwählen müssen. Was weitere zwanzig Minuten dauert, weil Dr. Franz, wie wir später von Top-Checker Antoine erfahren, zwischenzeitlich vom systemseitig eingeforderten Update («Was soll das! Diese Spinner! Ich rufe jetzt den Kundendienst an, Gerda! Wo ist meine Lesebrille?») außer Gefecht gesetzt wurde.

Egal jetzt. 21.23 Uhr zeigt die Bildschirmuhr an, alle sind wieder zurück in der Konferenz. Oder zumindest Körperteile von ihnen wie Oma Gerdas rechte Gesichtshälfte mit den sich stumm bewegenden Lippen. Unten draufdrücken, nein, nicht da, links! Hektische Pantomime-Versuche, bis der Gatte darauf aufmerksam macht, dass meine Schwiegermutter sehr wohl hören kann, nur eben selbst noch das Mikrofon anstellen muss. Peinlich.

«Ich hab ja ein Quiz für uns vorbereitet», erklärt Leonard, «einfach nur den Code ins Smartphone eingeben, dann geht's los.» Der Gatte, trotz Ingenieurs-Ausbildung alles andere als internetaffin, geht in die innere Emigration.

«Moment, jetzt sind hier Nummern! Muss ich da anrufen? Oder ist das so ein Internet-Trick?» Dr. Franz' Stimme droht sich zu überschlagen. «Wir sehen euch gar nicht mehr», klagt Gerda, «oder doch, aber nur links in klein! Warum ist das jetzt so winzig geworden? Und was hast du denn eigentlich für einen riesigen Ausschnitt, Franziska?»

Jetzt ist die große Tochter beleidigt. Das wird sie uns alle gleich spüren lassen, die Teenager-Unterlippe beginnt schon zu beben. «SuperKorbi», «JudiLovesNeymar» und «HotFranzi» schaffen es erwartungsgemäß als erste Quiz-Spieler, sich einzuloggen. «MaitreAntoine», «MinRätinForever» und ich brauchen etwas länger, die Schwiegereltern und der Ehemann strecken die Waffen.

Ein älteres Foto der Gesamt-Sippe erscheint. Wir sollen angeben, aus welchem Jahr es stammt. «Da hattest du noch hübsche Kleidchen an, Franziska!», bemerkt Gerda. Verdammt, jetzt schickt auch die jüngere Tochter Beschwerden über die unsensible Oma via Whatsapp. Bloß nicht den Überblick verlieren. Ich schwitze.

Nächstes Bild und vier Antwortmöglichkeiten auf dem Bildschirm. Dr. Franz in der Blüte seiner Jahre, jedenfalls erst kurz nach der Pensionierung, stolz die berühmte Weihnachtsgans vor sich hertragend. «Das war bei euch in Stuttgart, als du gerade Regierungsrätin geworden bist, Cornelia!» Oma Gerda freut sich.

Myrto Athanassiou

Na toll. Jetzt nimmt die nächste übel, weil ihre Mutter nicht mal den korrekten Dienstgrad zusammenbekommt. Der Ehemann hat meditativ die Augen geschlossen.

Oh Gott, noch acht Fragen. Obwohl selbst nicht eingeloggt als Spielerin ins Quiz, entwickelt die Schwiegermutter bei der Kommentierung der Bilder einen erstaunlichen Ehrgeiz. Diese Schwager-Badehose, knallrosa, musste das damals sein? Das Nachbarskind, das da im Sandkasten unserer Töchter saß – hat das Mädchen inzwischen endlich abgenommen? «Gerda, das interessiert doch keinen!» Dr. Franz hat nicht ganz unrecht, wobei ich den wohligen Schauder der Fremdscham gerade doch ganz angenehm finde. Munition für den nächsten Ehestreit.

Halt, was ist jetzt los? Leonard erscheint im Bild, oberkörperfrei im Wald, vor sich ein gerade erlegtes Wildschwein. Während ich den tätowierten Jungmann-Körper nach verbotenen Slogans abscanne, eskaliert Franziska. Diese peinliche Jäger-Romantik! Tiere töten! Fleisch fressen!

Die Schwägerin hält den bereits bekannten Kurzvortrag darüber, dass es lächerlich sei, als Mitglied einer Katzenbesitzer-Familie Vegetarismus zu predigen. Bevor ich den Einwand bringen kann, dass in unserer Familie zumindest niemand Tattoos in Frakturschrift hat, greift Dr. Franz ein.

Sein «Immerhin nimmt der Junge keine Drogen und kann körperlich hart arbeiten!» quittiere ich mit «Dann lieber kiffen», worauf die Schwiegermutter mich zurechtweist, dass so was vor dem Familienoberhaupt keinesfalls thematisiert werden dürfe. Judit lässt, um Frieden bemüht, ein paar Herzchen-Emojis ins Bild regnen und mutet mich.

«Kannst du vielleicht mal was dagegen sagen, ja?», knurre ich den in die Kissen versunkenen Ehemann an. Ich bin raus. «SuperKorbi», mit diesem nervend überlegenen Manga-Grinsen zwischen den Ohren, gewinnt das Quiz.

«Das ist ja hübsch», bemerkt Gerda angesichts des Konfetti-Regens auf dem Bildschirm, erregt damit aber den Unwillen von Dr. Franz, der sich wortreich über lächerliches Niveau und «sind wir denn hier in der Grundschule» auslässt.

Jetzt nehmen alle übel. Die pensionierte, nach wie vor nur hälftig sichtbare Grundschullehrerin an seiner Seite, «SuperKorbi», der sich nicht ausreichend als Sieger gewürdigt sieht, und Leonard, weil es ihn zutiefst kränkt, dass sein mühevoller Einsatz beim Erstellen des Quiz missachtet wird.

Franziska, auf weiteren Krawall aus, kündigt an, jetzt ihren Bildschirm teilen zu wollen, worauf der Ehemann neben mir noch tiefer in die Kissen sinkt. Antoine scheint sich Popcorn zu holen. Groß im Bild, das die Tochter der Sippe vorführt: «SuperKorbi» mit etwa vier Jahren, heulend neben der großväterlichen Modelleisenbahn auf dem Dachboden sitzend, daneben die Schwiegermutter, die ihn zu trösten versucht.

«Da hat Korbinian einen wirklich technisch überzeugenden Bahnhof gebaut!», kommentiert Antoine. Franziska, die das Bild eher ausgewählt hat, um das Jungmänner-Getue ihrer Cousins mit einer demütigenden Szene aus Kleinkindertagen zu dämpfen, lacht abschätzig.

Es bricht ein Streit darüber aus, ob (a) Korbinian tatsächlich alles alleine verkabelt hat, wie mein Schwager und seine Söhne behaupten, oder (b) die Enkelmädchen niemals an Dr. Franz' kostbare Bahn gelassen wurden und deshalb keinerlei Chance auf Realisation derartiger Meisterstücke hatten. Gut, sie haben sich tatsächlich nie für Verkabelung interessiert. Dass Großvater und Neffen das auf die Unterschiede zwischen männlichen und weiblichen Begabungen zurückführen, ist trotzdem eine Unverschämtheit.

Spontane Solidarisierungsversuche unter den weiblichen Familienmitgliedern stoppt Gerda, weil wir doch jetzt bitte alle friedlich bleiben sollen. Judit versucht, mittels Sprachsteuerung «Scheißhäufchen» in die Suchleiste bei den Emojis einzugeben und schickt mangels passender Ergebnisse Wut-Emojis in die Runde.

«Wollen wir uns nicht einfach mal ein paar Minuten so unterhalten?» Neben mir in den Kissen zeichnet sich ein letztes, verzweifeltes Aufbäumen ab. «Ohne dass man irgendwelche Codes eingeben muss? Sind unsere Kekse angekommen?»

Verlegenes Gemurmel auf dem Bildschirm, dann Schweigen. «Hört ihr uns? Ich kann euch nicht mehr hören!», ruft die Schwiegermutter. «Geht raus und wählt euch dann wieder ein», schreibt Antoine an alle im Zoom-Chat, woraufhin Gerda, von verständnislosen Blicken ihres Mannes verfolgt, das Wohnzimmer der beiden verlässt. Das «Komm zurück! Du wirst stürzen!», das Dr. Franz ihr hinterherruft, ist zu viel.

«Das ist noch viel schlimmer als ein echtes Treffen, am liebsten würde ich alle erschlagen», schreibe ich als Chat-Nachricht an Franziska. Oder, Moment, doch nicht nur an Franziska. «Du wartest immer nur darauf, dass irgendwas in der Familie nicht funktioniert», zischt mir die Schwägerin mit schwerer Zunge am Bildschirm entgegen. Himmel noch mal, die Nachricht ging an alle. Mein Glück, dass Dr. Franz das Szenario auf der Suche nach Gerda verlassen hat. Judit versendet Herzchen-Emojis, Leonard und Korbinian feixen. Ich höre einen tiefen Seufzer aus dem Kissenberg.

Außerdem tönen drei lästige, laute Signaltöne. «Ich hab euch doch gesagt, ihr sollt dieses Virenschutzprogramm installieren», höhnt Antoine aus seiner Kachel. Kurz bevor der Bildschirm schwarz wird, sehe ich Gerda wieder in ihrem Wohnzimmer: «Vielleicht müsst ihr euren Rechner jetzt mal ans Stromnetz anschließen?» Dann herrscht Ruhe.

Einen Tag später ruft Dr. Franz an. Nein, sie seien nicht sauer. Aber Gerda habe sich schon gefreut, dass wir und nicht sie diejenigen waren, die an der schlichten Verwendung einer Steckdose im richtigen Augenblick gescheitert sind. Nette Idee ansonsten mit dieser Zoom-Konferenz.

«Wir schlagen trotzdem vor, dass ihr Ostern endlich wieder nach Göttingen kommt. Macht euch keine Sorgen wegen Gerda, die fühlt sich schon wieder viel fitter. Wenn die Mädchen übrigens wollen, helfe ich ihnen beim Aufbau der Eisenbahn oben. Aber Osterlamm wird es geben, sagt das eurer Tochter schon mal.»

Tilman Birr

Ein Fest mit Elvis

Wir fahren mit einem Sprinter durch die Stadt. Es nieselt, ich bin müde, und die Arme tun mir weh. Ich bin ja auch bescheuert. Warum sage ich so etwas zu? Wahrscheinlich, weil Martin mein Cousin ist. Wäre ich nicht mit ihm verwandt, hätte ich längst den Kontakt abgebrochen. Er ist einer der faulsten Menschen, die ich kenne. Mit siebzehn hat er zu viel gekifft und dann nicht gerafft, dass man mit Durchmogeln bis zum Abitur kommt, aber weiter nicht. Jetzt ist er Anfang dreißig, verbockt immer noch alles und ruft dann um Hilfe. Meistens seine Verwandten. Bei seinen Freunden traut er sich das schon lange nicht mehr.

Deshalb fahre ich gerade mit ihm in einem Sprinter durch die Stadt, hintendrin sein kompletter Hausrat, und das an Heiligabend. Na super. Ich weiß nicht genau, wo er hinzieht, aber ein sozialer Aufstieg scheint es nicht zu sein. Je näher wir seiner neuen Wohnung kommen, desto schäbiger wird der Weihnachtsschmuck an den Häusern. Eben haben wir noch warmweiße Lichterketten auf echten Tannen in gepflegten Vorgärten gesehen. Dann kam ein Neubaureihenhausviertel mit «Ich kletter hier die Wand hoch»-Weihnachtsmännern. Jetzt gibt es nur noch Blinklichter aus dem Ein-Euro-Shop.

Der Umzug muss heute stattfinden, unbedingt. Denn Martin muss zum 31. Dezember raus aus seiner alten Wohnung, fährt aber am ersten Weihnachtsfeiertag für zehn Tage weg. Wie bescheuert kann man sein?

«Ja, das ist jetzt blöd», hat er gestern am Telefon gesagt, so als ob er nicht selbst daran schuld wäre. «Aber zu zweit geht das echt flott.»

Seit zwanzig Minuten quatscht er mich zu: «Weißt du, welcher der häufigste deutsche Nachname ist?»

Ich weiß, dass es keinen Sinn hat, nicht darauf zu reagieren.

«Meyer?»

«Müller», sagt Martin.

«Na, sieh mal einer an», sage ich. «Wer hätte das gedacht.»

«Und weißt du, welcher der häufigste polnische Nachname ist?», fragt er.

«Kowalski?»

«Falsch. Nowak.»

«Doll», sage ich.

Außer Sabbeln hat Martin in seinem Leben nicht viel auf die Reihe gekriegt. Zu seinen größten Errungenschaften zählt er die Einstellung eines Verfahrens wegen Drogenbesitzes. Es kamen einfach ein paar Briefe, auf die er nicht reagierte. Im letzten stand: Verfahrenseinstellung wegen Geringfügigkeit. Für ihn der Triumph eines unerschrockenen Bürgerrechtlers.

«Ich hab übrigens was Neues», sagt er.

Oje. Alle paar Monate hat er eine neue Geschäftsidee. Meistens legt er zu Beginn großen Enthusiasmus an den Tag, der rasch wieder verschwindet, wenn er merkt, dass Reichtum doch nicht ohne Arbeit, Übung und Geduld kommt. Zu den Dingen, die er schon gewesen sein wollte, zählen Börsenspekulant, eBay-Agent, Ginbrenner, Importeur asiatischer Farbspritzpistolen und Bitcoinschürfer.

«Zauberei», sagt Martin. Das sei gar nicht so schwer. Er

kenne jemanden, der sich durch Firmenauftritte schon eine goldene Nase verdient habe. Ob er mir mal was zeigen solle.

«Nein, guck auf die Straße», sage ich.

«Na ja, später», sagt Martin. «Wir sind sowieso da.»

Er bremst vor einem zwanzigstöckigen Hochhaus. Parkplatz davor, Waschbetonkübel mit braunen Pflanzenresten, gegenüber eine schrammelige Pinte mit Häkelgardinen. Solche Häuser sind die letzte Station vor der Privatinsolvenz. Oder die nächste danach. «Ja, also ...», sagt Martin und stellt den Motor ab. «Das Blöde ist, dass ich den Schlüssel noch nicht habe.»

«Das ist jetzt nicht dein Ernst», sage ich.

«Aber wir müssten da eigentlich reinkommen. Die Wohnung steht ja leer, da kann mir keiner verbieten, meine Sachen schon hinzustellen.»

«Und dazu trittst du einfach die Tür ein, oder was?»

«Nee, nee, da hab ich andere Methoden.»

Ich bin zu gutmütig für diese Welt. Andere Leute sitzen jetzt im Warmen. Sie kochen, sie backen, sie verpacken die letzten Geschenke. Sie freuen sich auf ihre Familie. Es ist halb drei. Um sieben soll ich bei meiner Schwester auftauchen, im Idealfall mit Bratäpfeln und ohne vorher erkennungsdienstlich behandelt worden zu sein.

«Wir können ja schon mal aussteigen», schlägt Martin vor.

In einem Viertel der Fenster hängt Weihnachtsdeko, blinkende Sterne, blinkende Christbäume und Leuchtstäbe an Ketten, die tropfende Eiszapfen darstellen sollen. So ungefähr muss Weihnachten an einem brandenburgischen Autobahnpuff aussehen.

Da kommt jemand aus dem Haus.

«Ha!», sagt Martin, läuft zur Haustür, fängt sie ab, bevor sie zufallen kann, und hängt sie ein.

«Na siehste, die erste Tür ist schon geschafft», sagt er, als er keuchend wieder beim Auto steht. «Wir nehmen schon mal was mit hoch.»

Wir öffnen die Ladetür. «Die da!», sagt Martin und greift nach der anderthalb Meter hohen Elvis-Figur aus Hartplastik.

«Ja, genau, die ist ja total unauffällig», seufze ich.

«Eben», sagt er. «Wegen Weihnachten. Ist doch eine Art Engel!»

Der Aufzug ist schrabbelig und riecht nach Blumenerde. Ins Nummerntableau hat jemand eingeritzt: «Sex ist beste.»

«Die Wohnung steht schon seit zwei Monaten leer», sagt Martin. «Mein Vormieter ist ausgezogen, vor Ablauf der Frist. Da hätten die mich ja auch früher reinlassen können, dann hätten wir heute nicht so einen Stress.»

Vollhonk!

Im achten Stock gehen wir einen finsteren Gang entlang. Ein Weihnachtskranz aus Plastik wirft eine Art Horror-SF-Licht in den Korridor. Ich trage den Plastikelvis, indem ich ihn mit beiden Armen umschlinge, und kann nur Trippel-schritte machen.

«Hier», sagt Martin vor einer Wohnungstür.

«Ja, und jetzt?»

«Jetzt mach ich auf», sagt er, zieht ein Kunstlederetui aus seiner Gesäßtasche und entnimmt ihm zwei dünne Metall-teile, die wie Zahnarztbesteck aussehen.

«Alter, willst du jetzt das Schloss knacken, weil du glaubst, du hast das Recht dazu?»

«Nicht knacken», sagt Martin. «Nur öffnen. Du stehst Schmiere.»

Tilman Birr

Er beginnt, im Schloss herumzunesteln. Mit rasendem Puls stehe ich daneben und spähe nach links und rechts in den blinkenden Horrorgang. Wenn jetzt aus irgendeiner Wohnungstür jemand herauskommt, sind wir geliefert.

Klack, macht es, und das Schloss ist auf.

«Alter! Wie hast du das gemacht?»

«Neues Hobby, hab ich noch gar nicht erzählt. Lockpicking. Da gibt's Hunderte Videos. Schau dir mal den Kanal vom Lockpicking Lawyer an, da lernst du alles.»

Er drückt die Tür auf. Es riecht fischig. Die Einzimmerwohnung ist alles andere als leer. In der Ecke steht ein zerwühltes Bett, auf dem Boden ein riesiger Fernseher, daneben ein Haufen bereits verpackter Geschenke, auf der Küchenzeile ein Teller mit einer nicht aufgegessenen Mahlzeit und ein Schokoladenweihnachtsmann mit abgebissenem Kopf.

«Hä?», sagt Martin. «Ich war mir sicher, dass es hier war.»

Er betritt die Wohnung und sieht sich um. Ich bleibe vor der Türschwelle stehen: «Komm raus jetzt! Das ist die falsche Wohnung, du Vollhonk!»

«Ey, du musst mich nicht beleidigen», sagt Martin.

«Wir begehen hier gerade Hausfriedensbruch.»

«Ach Quatsch», sagt er. «Der Typ ist irgendwo zum Weihnachtenfeiern und kommt erst ganz spät wieder.»

«Oder gleich, weil er seine Geschenke hier vergessen hat!»

«Na, jetzt sehen wir uns hier erst mal ein bisschen um.»

Martin hat zu viele Actionfilme gesehen. Ich nehme den Plastikelvis, wackele durch die Tür und stelle ihn ab. Soll er sehen, wie er klarkommt. «Hier!», teile ich ihm mit. «Ich verpiss mich.»

Als ich mich umdrehe, steht im Türrahmen ein höchstens elfjähriger dicker Junge in schwarzem Trainingsanzug und glotzt uns an. «Wer seid ihr denn?»

Oh, shit.

«Geht dich nichts an», sagt Martin erstaunlich unüberrascht. «Verzieh dich.»

«Was macht ihr in der Wohnung von Przemy?»

Wo ist die kalte Anonymität der Großstadt, wenn man sie mal braucht? Aber mir fällt etwas ein: «Wir sind Lieferanten. Wir sollten hier was abgeben und sind schon wieder weg.»

«Willsmischvarschen?», sagt der Junge. Er sagt es so schnell, dass ich sicher bin, dass er diesen Satz ziemlich oft sagt. «Wo ist Przemy?»

«Pass mal auf», sagt Martin, greift in seine Hosentasche und zieht ein buntes Stück Stoff hervor. «Hier habe ich ein Tüchelchen.»

«Bist du schwul oder so?», fragt der Junge.

«Guck genau zu», sagt Martin. «Ich nehme das so in die Hand. Dann stopfe ich das in meine Faust.»

Das darf nicht wahr sein. Er macht den ältesten Zaubertrick der Welt.

«Dann klopfe ich dreimal auf meine Faust. Tok, tok, tok. Blase einmal rein. Fffft. Und wenn ich jetzt die Hand aufmache ... Zack! Weg ist es.»

Dem Jungen fällt die Kinnlade herunter. «Wie hast du das gemacht?»

«Das ist Magie», sagt Martin. «Aber wer weiß, wo das Tuch wieder auftaucht? Schau mal hier auf meine Jackentasche.» Er dreht seine Jackentasche auf links. Sie ist leer. «Aber wenn ich jetzt dreimal dagegenklopfe – tok, tok, tok – und dann wieder hineingreife, dann taucht das Tüchelchen wieder auf.»

Er zieht es aus der Tasche. «Und so ist das auch mit Przemy. Er ist gerade nicht da, aber er taucht ganz sicher wieder auf, und alles ist wie vorher. Mach dir keine Sorgen. Und jetzt lass uns besser allein, wir sind hier nämlich auf der Arbeit.»

«Krass», sagt der Junge, dreht sich um und schlurft weg.

«Man muss die Leute verwirren», erklärt Martin mir. «Du musst die Aufmerksamkeit von der Stelle ablenken, wo die eigentliche Action passiert.»

«Gut, dann verziehen wir uns jetzt. Wir begehen hier eine Straftat, und da mach ich nicht mit.»

Martin steht in Denkerhaltung am Fenster: «Ich überlege noch.»

«Ja, mach das draußen.» Ich packe ihn am Arm, um ihn zum Ausgang zu ziehen. Da höre ich hinter mir eine Stimme: «Was hier los? Wer seid ihr?»

Zwei Typen stehen im Türrahmen, die aussehen wie die alten Versionen des Jungen von eben, einer kantig, einer breit. Diesmal ist Martin nicht mehr ganz so unüberrascht.

Ich halte es für schlau, als Erster zu sprechen.

«Wir sind von Hermes», sage ich. «Wir liefern diese Elvis-Figur.»

«Red keinen Scheiß», sagt der Breite.

«Doch, doch. Ist wirklich so. Echt jetzt.»

«Przemysław hasst Elvis», sagt der Breite. «Ist größter Elvishasser der Welt. Ist ihm zu weich.»

Klingt schlüssig. Die beiden sehen aus, als spiele Härte in ihrem Leben eine bestimmende Rolle. Sie sind an den Unterarmen tätowiert und gehen offensichtlich regelmäßig in die Muckibude.

«Zu weich?», wiederhole ich.

«Das ist doch Rock'n'Roll», trägt Martin bei.

«Scheißegal», sagt der Kantige. «Wie kommt ihr hier rein, ihr Bastarde?»

«Ja, äh, genau ...» Martin stammelt etwas von einer offen stehenden Wohnungstür. Ich erwähne die schlechte Beleuchtung und die Unleserlichkeit der Klingelschilder.

Die beiden verziehen keine Miene. Da ruft jemand vom Gang. Der Breite steckt seinen Kopf aus der Tür: «Schaut mal, Przemysław ist da. Problem wird gelöst jetzt.»

Ich verfluche dich, Martin. Deinen Nachkommen sollen bis in die dritte Generation beim Spülen die Ärmel runterrutschen! Ich wollte nie viel an Heiligabend: ein kleines Fest mit Familie, ein akzeptables Essen, vielleicht noch ein paar Cocktails mit Freunden in einer Bar. Und jetzt bin ich in eine Wohnung eingebrochen und befinde mich in den Fängen dreier Schwerstkrimineller. Und alles, weil ich meinem hängen gebliebenen Cousin helfen wollte. Nächstenliebe, Barmherzigkeit, Jesus, ja – aber nicht an Weihnachten!

Przemysław trägt einen dreiteiligen dunklen Anzug und einen Hut. Ist der so eine Art Don? Eine Minute lang unterhalten sich die drei Männer auf Polnisch, wobei der Breite immer wieder mit einer abfälligen Bewegung auf uns zeigt. Ich verstehe die Wörter «kurwa» und «Elvis». Gleich packen sie ein paar Schaufeln ein und fahren mit uns in den Wald.

«So, ihr kleinen Wichte», sagt Przemysław. «Ihr glaubt, ihr könnt mir einfach so einen Elvis in die Wohnung stellen, ja? Macht ihr euch über mich lustig, oder was?» Sein Deutsch ist fast perfekt. «Von wem kommt ihr? Polizei? Hausverwaltung? Schneller Grieche?»

Schneller Grieche. Ist das der Chef des anderen Clans?

«Wir sind Lieferanten», sagt Martin. «Und wir sind möglicherweise in der falschen Wohnung.»

Tilman Birr

«Ach was? Wo habt ihr denn geklingelt?»

Martin und ich sehen einander an. Martin sagt: «Nowak.»

Przemysław stutzt. «Haben wir hier dreimal», sagt er dann.

Martin lacht aufgesetzt: «Na, da haben wir es doch schon. Also, dann nehmen wir jetzt unsere Lieferung und bringen sie zum richtigen Herrn Nowak. Tausendfach Pardon! Kann ja wohl mal passieren.»

«Moment, ihr Witzbolde», sagt Przemy. «Erstens: Ich weiß immer noch nicht, wie ihr reingekommen seid. Und zweitens: Ich heiße Nowak, aber mein Name steht nicht an der Klingel.»

«Nicht? Auch nicht klein gedruckt?»

«Ich bin doch nicht blöd.»

Es gibt Situationen, die verändern Menschen. Große Stresssituationen vermögen das innerhalb von Sekunden. Für zwei Bildungsbürgerkinder, deren größte Bedrohungen bisher aus streitlustigen Tresensitzern in Punkkneipen bestanden, ist das hier so eine Situation. Was nun passiert, habe nicht für möglich gehalten: Martin hört auf mit seinen ewigen Ausreden.

«Okay, Leute, jetzt mal Klartext», sagt er. «Ich hab hier im Haus eine Wohnung angemietet, aber erst ab ersten Januar. Ich muss aber heute schon meine Sachen bringen. Ist einfach so. Da hab ich gedacht, ich geh hin, die Wohnung steht ja leer, und mach die Tür auf – ich weiß, wie das geht –, ich stell meinen Kram rein, und gut ist. Und nun hab ich mich anscheinend in der Tür geirrt. Hab die falsche Wohnung aufgemacht. Sorry, tut mir leid, mein Fehler, okay?»

Die drei Männer sehen ihn an. Ihre Gesichter zeigen keine Gefühlsregung. Fünf Sekunden herrscht eisige Stille.

Dann fängt Przemy an zu lachen. Dann auch die anderen beiden. Nun fangen sie an, auf Polnisch durcheinanderzureden, und kriegen sich gar nicht mehr ein. Ist das gut? In Actionfilmen wird nach einem Lachanfall meist jemand erschossen.

Przemysław findet als Erster seine Fassung wieder. Wir sollten uns doch bitte keine Sorgen machen. Wir seien offenbar ehrbare Männer und hätten nichts Böses im Sinn. Er selbst wohne hier auch nur übergangsweise. Seine beiden Freunde hier, Pawel und Marek, wohnten auf diesem Stockwerk, hätten Wind davon bekommen, dass diese Wohnung zwei Monate lang leer stünde, aber bezahlt sei, und hätten ihm Bescheid gegeben. Er mache gerade eine schwierige Zeit durch und habe dringend eine Unterkunft gebraucht. Da hätten sie die Tür unter Zuhilfenahme der Videos des «Lockpicking Lawyer» zerstörungsfrei geöffnet, das Schloss ausgetauscht, und er sei mit dem Nötigsten hier eingezogen. Wohnung und Tür sollen am 31. Dezember wieder in ihren Urzustand zurückversetzt werden.

Wir waren von Anfang an in der richtigen Wohnung. Martin beginnt, hysterisch zu lachen. Ich muss mich setzen.

«Na, ist doch alles nicht so schlimm, Kollegen», sagt der Breite und klopft mir auf die Schulter. «Jetzt gibt erst mal kleinen Schluck.»

Er holt eine Flasche Wodka aus seiner Wohnung. Der Kantige bringt einen Teller mit polnischem Gebäck und sagt, wie das heißt und was drin ist: Mandeln, Vanille, viele Zischlaute und wenige Vokale. Die Herren erzählen ein bisschen vom Haus. Die Hausverwaltung sei schlecht erreichbar und kümmere sich um fast gar nichts.

«Ist Nachteil, wenn Klo kaputt ist. Aber ist Vorteil, wenn Freund für kurze Zeit Wohnung braucht, har-har-har.»

Die drei stellen sich als Heavy-Metal-Musiker heraus. Pawel spielt Bass, Marek Schlagzeug, Przemysław ist der Gitarrist.. Hauptberuflich allerdings ist er Angestellter eines Bestattungsinstituts, das seine Aufträge aus der polnischen Community bezieht. Der «schnelle Grieche», erzählt Przemy, ist sein Hauptkonkurrent, ein Multilingualist, der unter Vorgabe falscher Nationalitäten in fast allen großen Communitys lukrative Aufträge abgreift. Außerdem ist Przemysław gerade von seiner Frau aus der Wohnung geschmissen worden.

«Habt ihr gedacht, ihr habt es hier mit Autoschiebern zu tun?», lacht Przemy.

«Äh ... nein, überhaupt nicht.»

«Ja», sagt Przemy. «Passiert mir öfter.»

Nach einer halben Stunde bieten die drei uns an, beim Ausladen zu helfen. Der kleine dicke Junge, Mareks Sohn, wird zum Tragen abgestellt und ist ausgesprochen höflich, sagt: «Bitte sehr, meine Herren» und «Stets zu Diensten». Wir stellen ein paar Kisten in die Wohnung, den Rest in ein Kellerabteil. Den Elvis müssen wir auch in den Keller stellen.

«Jungs, ihr seid in Ordnung», sagt Przemy. «Aber Elvis geht zu weit.»

Als Martin und ich nach anderthalb Stunden wieder im Transporter sitzen, schweigen wir erst mal. Ich werde pünktlich zur Familienweihnachtsfeier erscheinen können. Mit Bratäpfeln, ohne Polizeikontakt und ohne von Clanmitgliedern vermöbelt worden zu sein. Martin hat mich positiv überrascht, sogar mehr als einmal am selben Tag. Womöglich bringt er es doch noch zu irgendetwas? Ob ich meine Meinung über ihn ändern muss?

«Du», sagt er, «ich muss den Transporter vollgetankt zurückgeben. Das Blöde ist jetzt, dass ja jetzt Monatsende ist, und ich hab letzte Woche auch viel Geld für Geschenke ausgeben müssen und, also ... äh ...»

Nein, muss ich nicht.

«Wenn du mich erst zu mir fährst und dann mit meinen Bratäpfeln zu meiner Schwester, dann kann ich dir mit einem Zwanni aushelfen.»

«Ey, was soll denn das Gefeilsche?», sagt er.

Eine halbe Stunde später stehen wir vor dem Haus meiner Schwester. Ich gebe ihm zwanzig Euro, nehme die Bratäpfel und den Rucksack mit meinen Geschenken und wünsche schöne Weihnachten. Die Kohle sehe ich nie wieder.

Eigentlich helfe ich gern, nur ihm vermutlich nicht mehr. Aber falls jemand um die Weihnachtszeit ein Schloss ohne Schlüssel öffnen muss, bin ich bereit. Seit Kurzem führe ich ein Kunstlederetui mit dem passenden Werkzeug mit. Allerdings nicht in der Gesäßtasche. Da kann man es zu leicht klauen.

Käthe Lachmann

Schrottwichteln

Wir waren eine eingeschworene Truppe von sechs Freunden, die sich jedes Jahr reihum zu Hause trafen und nach einem gemeinsamen Essen um Geschenke würfelten.

Manche nennen es Schrottwichteln: Man bringt unliebsame Weihnachtsgeschenke mit, die man verführerisch eingepackt hat, und würfelt dann darum. Bei einer Sechs muss man sich eines nehmen vom großen Geschenkehaufen. Wenn der abgeräumt ist, wird reihum ausgepackt, und die Stehrümchen, CDs und Plastikkerzenständer erstrahlen in voller Pracht. Jetzt gilt es, die am wenigsten schlimmen Teile zu erwürfeln und die richtig schlimmen an die anderen abzutreten. Würfelt man eine Sechs, muss man sich bei den anderen etwas aussuchen. Bei einer Eins darf man ein Geschenk an einen der Mitspieler abgeben.

Felix und ich sammeln immer schon das Jahr über und stöbern auch mal bei den Eltern im Keller und auf dem Dachboden.

Weil Sarah und Max im Januar und Februar ihre langersehnte Reise nach Neuseeland machten und Jens und Sabine im Januar umzogen, entschieden wir uns, in diesem Jahr schon *vor* Weihnachten zu würfeln. Zwar entfiel damit die Chance, gruselige Geschenke zu verklappen, aber ich begrüßte die Gelegenheit, noch etwas Originelles für meine Freundin Ute zu ergattern. Wir schenkten uns immer skurrile Kleinigkeiten, und dieses Jahr hatte ich keine Ahnung, was das sein könnte. Im vergangenen Jahr hatte sie die

Messlatte hochgelegt mit dem grinsenden Nussknacker, der gleichzeitig ein Tischfeuerzeug war. Das musste ich toppen.

Es gab einen weiteren Gast. Felix und ich hüteten für ein paar Tage Pelle, den Hund der Nachbarn. Er war stets darauf bedacht, etwas zum Fressen zu erbeuten. Es war schon vorgekommen, dass er beim Gassigehen mit seiner langen Zunge das Rosinenbrötchen aus einem Kinderwagen gemopst oder sich von den Tellern im Straßencafé bedient hatte. Jedenfalls hatten das die Nachbarn erzählt, und so war ich darauf bedacht, Pelle mit schnarrenden Befehlen an der kurzen Leine zu halten. War er alleine zu Hause, jaulte und weinte er, sodass das ganze Haus in Alarmbereitschaft geriet. Also würde er am Freitagabend mit uns würfeln. Meine Freunde waren gewarnt, sie sollten mit ihren Tellern vorsichtig sein.

Wir sichteten unsere Schätze: Felix hatte einen rostigen Klapp-Toaster bei seinen Eltern entdeckt sowie eine *Heidi*-Kassette («Mit Geißenpeter auf Wanderschaft»). Außerdem sollten verwichtelt werden: ein Opernglas im Lederetui, ein Paar orange-pinke Nikolaussocken und eine Lampe in Form eines Gummibärchens. Ich spendete einen beleuchtbaren Tisch-Aufsteller aus Plexiglas, in den Tannenbäume und Rehe geritzt waren, originalverpackt. Dazu hölzerne Rasseln, per Lötkolben mit dem Schriftzug «Mallorca» versehen. Einen Flaschenöffner in Penisform, den ich einem Freund zum Vierzigsten hatte schenken wollen – dann fehlte mir der Mut. Ein aus silbernem Zwirn gehäkeltes Weihnachtsdeckchen, das nach Zimt duftete. Und einen magnetbehafteten Abreißblock mit Einkaufsliste im rosa Törtchendesign.

«Haben wir denn auch was Nützliches? Ich kann nicht darum bitten, dass auch brauchbare Sachen mitgebracht werden, wenn wir selbst nichts haben!» Ich hegte Zweifel, als Felix und ich all die Geschenke verpackten und mit Engelanhängern und Schleifchen versahen, um sie attraktiv zu präsentieren.

«Hallo?! Dieser Toaster ist doch was für Jens! Der wird sich riesig freuen! Und *Heidi* auf VHS, das ist eine echte Rarität! Und deine Rasseln sind doch was für Sabine!» Richtig; die würde sie im Kindergarten gebrauchen können.

Ich freute mich auf Sarah und Max. Die beiden waren dem skandinavischen Design verfallen und brachten manchmal eine wirklich hübsche Vase oder eine schlichte Tasse mit, nach der zu jagen richtig Spaß machte. Andererseits besuchten sie gerne Flohmärkte und schienen dabei an unsere Wichtelei zu denken, obschon die Regel galt, nichts extra einzukaufen.

«Ich mache mir nur Sorgen wegen Pelle. Wir wollen doch vorher zusammen essen und später unsere selbst gebackenen Kekse naschen. Das Tier dreht durch, wenn es was Essbares riecht!»

Ich teilte Felix' Angst, freute mich aber über den niedlichen Gast. «Ich drehe mit ihm noch eine große Runde, bevor die Gäste kommen», versprach ich, «außerdem bekommt er sein Abendfleisch mal etwas früher, dann wird das schon klappen.»

Tatsächlich schien Pelle von unserem ausgiebigen Spaziergang am folgenden Abend erschöpft zu sein. Zwar hatte er sich ständig auf weggeworfene Papiertaschentücher gestürzt, heruntergefallene Brötchenreste verschlungen und McDonald's-Tüten aus Mülleimern gezerrt. Und ich hatte mir mit Hundebefehlen die Seele aus dem Leib geschrien, während ich hinter ihm her hechelte. Doch nach dem zweistündigen Gewaltmarsch schien seine Energie tatsächlich nachgelassen zu haben. Nach einer ordentlichen Portion Futter rollte er sich in seinem Hundekorb zusammen und schnorchelte vor sich hin. Wir waren beruhigt. Und später, als unsere Gäste kamen, begrüßte er sie nur freudig, ließ sich durchkuscheln und legte sich gähnend wieder auf seinen Platz.

Sarah und Max hatten eine Gemüsequiche mitgebracht, wir servierten Pizza, Jens hatte seinen Avocadosalat dabei. So schmausten wir, erzählten und versuchten, uns mit unseren Wichtelgeschenken zu übertrumpfen.

«Ich weiß, ich weiß, man soll nicht extra noch etwas kaufen, aber bei Manufactum gab es gerade diese wunderschönen – ach, das seht ihr ja nachher selbst!», flunkerte Jens. Und Max setzte noch einen drauf: «Wir hatten im Sommer in New York etwas bei Tiffany gekauft, aber das gefällt Sarah jetzt doch nicht, da verwenden wir es jetzt als Geschenk.»

«Ihr übertreibt! Wir haben einfach stilvolle und nützliche Dinge verpackt, auch ein paar antike Preziosen, aber den Wert haben wir nicht extra gegoogelt, darauf achten wir nicht mehr. Erlesene Dinge für gute Freunde – das war's.»

Mit diesen Worten hievte ich mir ein riesiges Stück Quiche auf den Teller. Ein Blick zu Pelle. Er lag brav in seinem Körbchen, keine Spur von Betteln am Tisch. So kannte ich ihn nicht. «Hoffentlich ist er nicht krank», flüsterte ich Felix zu. «Ihr wart zweieinhalb Stunden draußen, er ist fix und fertig», meinte Felix und widmete sich seiner Pizza.

Alle freuten sich aufs Würfeln, und so räumten wir nach dem Essen flugs Teller und Gläser beiseite und stapelten die Geschenke auf dem Tisch, die bei der Ankunft in einen

Käthe Lachmann

großen Jutesack gesteckt worden waren. Niemand sollte wissen, wer was mitgebracht hatte. Alle hatten sich an die Vorgaben gehalten (fünf Teile pro Person). Ein ansehnlicher Berg bunt verpackter Geschenke lag auf dem Tisch. Wir spielten zum Vergnügen und nicht, weil wir es auf die achtzehnte Vase oder den fünften Plastik-Korkenzieher in Holzoptik abgesehen hatten.

Obschon ich genau wusste, dass ich nichts davon brauchen würde, guckte ich neidisch auf Jens und Max, auf deren Plätzen sich die Päckchen stapelten. Warum würfelte ich keine Sechs? Endlich, nach etlichen Runden, durfte ich mir ein kleines, quadratisches Kästchen schnappen, in hellblauem Papier mit weißen Sternchen und silbernem Geschenkband. Ich hatte es die ganze Zeit im Visier gehabt. Darin war gewiss ein zauberhaftes Schmuckstück, ein Silberlöffelchen für die Zuckerdose oder etwas ähnlich Liebreizendes. Jedes Mal stürzten sich alle auf die kleinen Dinge und auf solche, die wirkten, als könnte man sie essen oder anzünden. Dabei war ja alles noch offen. Es folgte erst noch die Runde, in der man etwas weggeben musste, jemandem etwas wegnehmen durfte oder ungefragt reich beschenkt wurde.

Ein riesiges, nur notdürftig in Papier mit Elchen und Weihnachtsmännern verpacktes Trumm verhieß nichts Gutes und blieb, bis ich zum Schluss meine zweite Sechs würfelte. Na wunderbar. Dieses Riesending musste ich nun so schnell wie möglich jemand anderem aufs Auge drücken.

Doch erst einmal galt es, reihum die Geschenke auszupacken. Es traten garstige, aber auch nette Sachen zutage. Felix betrachtete verstört ein getöpfertes Ding in Blau und Erdfarben, mit Zwiebeltürmchen und Treppchen, ein bisschen wie ein selbst gemachtes Schlumpfhaus, nur kleiner – was um alles in der Welt war das? Niemand konnte erklären, worum es sich handelte, er oder sie hätte sich ja sonst geoutet.

Das Riesending entpuppte sich als alter Dörrautomat. «Boah, den hätte ich total gerne!», verkündete Sabine, was Jens zum Ausflippen brachte: «Wo sollen wir denn hin mit so einem Monstrum?» Aus Jux schloss ich mich Sabine an: «Ich liebe Dörrobst, gerade im Winter! Das ist echt eine gute Idee!» Ich knuffte Felix in die Seite. «Untersteh dich!», zischte er.

Was mir zwischen all den hässlichen Figuren («Bestimmt eine Art Kobold, der Glück bringen soll!») und Haushaltsgeräten («Kennt ihr nicht? Das ist ein Bananenhalter!») wirklich gefiel, befand sich in dem hübsch verpackten Schächtelchen: eine Seife in Form eines Baby-Yodas aus dem Star-Wars-Universum. Ute war Star-Wars-Fan, und diese Seife war das perfekte Geschenk für sie. Ich würde darum kämpfen! Max schnupperte: «Riecht wie Currywurst.» Die Seife ging ringsum, und ich war froh, dass sie in dünne Folie eingeschweißt war und durchs Beschnuppern keinen Schaden nahm. «Salami!», meinte Sabine. «Das ist Jasmin!», war ich mir sicher. Und Sarah fand: «Da ist *umami* im Duft.»

Ich wurde unruhig. Plötzlich interessierten sich alle für die kleine Figur. Dabei gab es doch am Tisch niemanden, der sich aus Star Wars etwas machte! Ich musste so tun, als interessierte ich mich für etwas ganz anderes, um dann im richtigen Moment zuzuschlagen. Ich entschied mich für den Dörrautomaten, auch wenn es wagemutig war, denn ich wollte so ein riesiges Teil bestimmt nicht in der Küche haben. Doch immer wenn ich jetzt eine Sechs würfelte, stürzte ich mich auf dieses Gerät. Sabine kämpfte abwechselnd auch um den Dörrautomaten und um ein Glas Honig, das irgendwann alle haben wollten. Worauf hatte sie es wirklich abgesehen? Es war nervenzerfetzend.

Neben der Seife war der magnetische Einkaufsblock hoch begehrt. Niemand außer Sabine und mir wollte etwas Großes oder Hässliches mitnehmen, und erst recht nichts Großes *und* Hässliches.

Ich hatte eine halbe Stunde auf dem Handywecker eingestellt. Wenn er klingelte, bekam man das, was man just in dem Moment vor sich liegen hatte. Das Tempo zog an. Taucherbrillen, dreieckige Regenbogenkerzen und eine Spielkarten-Mischmaschine flogen über den Tisch. Weil sie so klein war, war das Interesse an der Star-Wars-Seife riesig. Aber ich wollte sie wirklich! Nicht nur wegen ihrer Größe und weil man sie verbrauchen konnte. Der Versuch, mit meiner Sitznachbarin Sarah gemeinsame Sache zu machen – «Ich sorge dafür, dass du den Honig kriegst, und du ergatterst für mich die Seife!» –, stieß bei ihr auf Empörung. «Das wäre ja geschummelt! Es muss schon alles seine Richtigkeit haben!»

Bei jeder Sechs tönte es: «Die Seife, bitte!» oder, je länger es dauerte, nur noch: «Seife!» Nur ich versuchte, so zu tun, als sei sie mir gleichgültig. Nicht, dass jemand sie mir noch aus Bosheit wegnahm. «Den Dörrautomaten!», sagte ich immer wieder, bis Felix ihn sich jedes Mal krallte und ihn einem der anderen zuschob. Er wollte das Ding partout nicht im Haus haben und guckte mich an, als hätte ich nicht mehr alle Nadeln an der Tanne. Er wusste ja nichts von meiner Strategie.

Gerade hatte ich die kleine Seife wieder sicher bei meinen Schätzen liegen, da ertönte der Handywecker. Die halbe Stunde war um! Alle freuten sich, waren empört oder gespielt entsetzt. Sabine strahlte, weil sie den Dörrautomaten erobert hatte, was ihrem Mann missfiel. Felix hatte ein Messer in einem Lederhalfter vor sich liegen, ein eingeschweißtes Schiffe-Quartett und einen Plastikosterhasen mit kariertem Hemd. Ich die blaue Taucherbrille und – meine Seife.

Ich entkorkte den Sekt. Wir quatschten noch ein bisschen. Sabine und Jens verabschiedeten sich recht schnell. Der Haussegen schien bei den beiden ein wenig schief zu hängen. Sabine guckte zerknirscht. Ich hoffte, sie würde Jens umstimmen können und den Dörrautomaten ausprobieren. «Gedörrte Apfelringe sind so toll!», ließ ich sie noch ermutigend wissen. Bald gingen auch Sarah und Max. Und im allgemeinen Aufbruch wurde Pelle munter, ließ sich kuscheln und verabschiedete jeden schwanzwedelnd, um es sich dann wieder im Körbchen bequem zu machen.

«Sag mal», fragte ich Felix, als wir zusammenräumten, «hast du die Seife gesehen?»

«Die hast du doch bekommen!»

«Aber sie ist nicht hier. Sie lag neben der Taucherbrille!»

«Ist sie runtergefallen?» Wir suchten, sie blieb verschwunden. Es war undenkbar, dass jemand sie mitgenommen hatte. Es waren ja unsere Freunde! «Vielleicht aus Versehen?», schlug Felix vor. «Wenn sie ins Geschenkpapier gerutscht ist, und dann hat jemand sie weggeworfen?»

«Das Papier hatte ich vorher schon weggeräumt.» Ich hatte ein seltsames Gefühl. Alle waren heiß auf die Figur gewesen, und womöglich doch nicht nur, weil sie klein war, sondern weil jemand sie wirklich wollte?

«Ich wollte sie für Ute!»

«Wir finden sie noch!», tröstete Felix.

Am nächsten Morgen drehte er mit Pelle eine Runde und kam aufgeregt nach Hause.

«Was ist los, geht es ihm nicht gut?»

«Er hat die Seife gefressen!» Er stürzte zum Hundekorb und zog die Folie hervor: «Ausgepackt und gefressen! Seife!»

«Bist du sicher?»

«Frag nicht nach Details.»

«Ihr habt ja gesagt, sie riecht nach Wurst! Ich fass es nicht! Hoffentlich bekommt sie ihm.»

«Bekam. Ja, sie bekam ihm.» Er machte so ein angeekeltes Gesicht, dass wir beide lachen mussten, sodass Pelle bellend und schwanzwedelnd an uns hochsprang.

Als wir uns zum Wocheneinkauf aufmachten, stolperte ich über ein Paket vor der Tür. Daran war ein Zettel: «Er soll dir gehören. Du hast so um ihn gekämpft, und du magst so gern getrocknete Apfelringe. Frohe Weihnachten!»

Sabine! Hatte Jens sich also doch durchgesetzt. Ich guckte Pelle an: «Magst du auch Dörrautomaten?»

Edgar Wilkening

Der Spirit von St. Pauli

«Jedes Mal ein grandioses Schauspiel», sagte Frida, als sie zu mir an die Hafenkante trat.

«Du meinst den Versuch, ein Matjesbrötchen zu essen, ohne dass die Hälfte runterfällt?» Ich hielt meines fest umklammert.

«Du weißt, was ich meine.» Und schon verabschiedete sich ein Zwiebelring aus ihrem reich belegten Brötchen und landete unter Möwengekreisch auf dem Ponton.

Natürlich wusste ich, was sie meinte. Und natürlich empfand ich es ganz genauso.

Hier zu stehen, auf den Landungsbrücken, zwischen Land und Meer, den Gezeiten nah; der Wind, der die Möwen durch die Böen purzeln ließ; der Blick elbabwärts, Richtung Övelgönne, wo sich die Wintersonne in einem Farbspektakel zur Nachtruhe auf der anderen Seite des Horizonts begab; oder elbaufwärts, wo sich die Skulptur der Elbphilharmonie, deren Werden ich über Jahre aus dem Wohnzimmerfenster verfolgt hatte, weltmännisch in den letzten Sonnenstrahlen rekelte.

Er war etwas sehr Besonderes, dieser Ort. Sehnsuchtsziel für Touristen aus aller Welt. Und für mich einfach nur Zuhause. Meine Wohnung ein paar Gehminuten entfernt, in dem Gedränge kleiner Straßen und Gässchen jenseits der Reeperbahn, Richtung Schanze. «So wie hier in diesem Moment, so fühlt sich für echte St. Paulianer Zuhause an.»

Ich biss in mein Matjesbrötchen, mochte da runterfallen, was wollte, und freute mich auf den Vorweihnachtsabend in meinem Quartier.

«Zuhause?», staunte Frida. «Du weißt schon, dass wir zweihundert Kilometer weg sind von zu Hause, oder?»

«Papperlapapp, das ist was ganz anderes», wischte ich den Einwand fort. «Dort ist mein Wohnort, nicht mein Zuhause.»

Wie oft hatten sie und ich dieses Matjesbrötchen-Ritual auf den Landungsbrücken schon zelebriert. Jedes Mal, wenn Frida mich besuchen gekommen war. Ein festes Zeremoniell, um sie willkommen zu heißen: in meiner Stadt, meinem Viertel, damit sie sich nicht wie eine beliebige Touristin vorkommen musste. «Willkommen auf St. Pauli, geliebte Frau!» Und natürlich hatten wir ein ähnliches Ritual, wenn ich sie besuchte in der Kleinstadt, in der sie lebte, zweihundert Kilometer entfernt, wohin ich gern als Tourist kam.

Aber heute, an diesem Tag kurz vor Weihnachten, war unser Ritual noch mehr etwas Besonderes. Es war das allererste Mal, dass wir dieses Zeremoniell feierten, ohne dass einer seinen Wohnsitz hier in der Stadt hatte. Keiner von uns beiden wohnte hier. Nicht einmal ich. In meinem amtlichen Lichtbildausweis stand neuerdings der Name von Fridas Kleinstadt.

Frida und ich waren uns als Jugendliche begegnet, an den Weggabelungen des Lebens unterschiedlich abgebogen, hatten uns dabei aber nie ganz aus den Augen verloren. Und plötzlich, eines Tages, viele Jahre später, hatte alles gepasst. Keine Ex-Partner, die noch abgeräumt werden mussten, keine Liebschaften, keine Verwicklungen. Auf einmal hatten wir leben können, was wir Jahrzehnte verpasst hatten.

Edgar Wilkening

Sie war mittlerweile renommierte Architektin in ihrer Region, ich passabler Sätzebieger in Hamburg. Die Fernbeziehung im Wechsel zwischen Weltstadt und Landleben hatte ein paar Jahre gewährt. Und dann hatte ich Fridas Einladung nicht länger widerstehen können, hatte meiner Wohnung auf St. Pauli Tschüss gesagt und war zu Frida in ihr idyllisch umgrüntes Häuschen gezogen.

War ich deshalb über Nacht vom Großstadtmenschen zum Landei geworden? Den Eintrag im Ausweis musste ich als Scherz betrachten. Ich war immer noch der gleiche coole St.-Pauli-Typ wie zuvor. Ich hatte immer noch den gleichen urbanen Spirit. Na gut, mein Schlüppi-Körbchen und mein Schreibtisch standen jetzt in einem Häuschen im Grünen, aber im Geiste war ich immer noch zwischen Hafen und Schanze unterwegs.

«Ja, ja, du und dein St.-Pauli-Spirit», nickte Frida nachsichtig.

Genau! St. Pauli ist nichts, was du dir von einer Stadtverwaltung in ein Dokument eintragen lassen kannst. Oder als Tourist auf einem T-Shirt mit nach Hause nimmst. St. Pauli, das ist eine Geisteshaltung, ein Mindset. Wen interessierte schon, was als Wohnsitz bei dir eingetragen ist?

Okay, den jungen Mann am Hotel-Check-in hatte es interessiert. Überhaupt ein Hotel zu buchen in meinem Quartier, hatte sich sonderbar angefühlt. Als wäre ich Tourist.

«Wenn Sie das, bitte, einmal für mich ausfüllen würden», hatte der Jungspund gesagt und mir den Meldebogen hingeschoben.

«Ich hab hier Jahrzehnte gewohnt», hatte ich geknurrt.

«Oh, Entschuldigung!», hatte der junge Mann sich erschrocken. «Dann habe ich Sie auf der Liste unserer Stammgäste versehentlich übersehen.»

«Nicht im Hotel. Hier im Quartier. Keine zehn Minuten von hier war meine Wohnung.»

«Verzeihung. Wenn Sie zum ersten Mal bei uns sind, brauche ich einmal Ihre Daten, bitte.» Zum ersten Mal. Ich kannte dieses Hotel seit der legendären Grand-Opening-Party und hatte es viele Dutzend Male besucht zu den «Thank god it's friday!»-Events, die gerne mal bis Sonntag ausuferten.

Genau genommen kannte ich das Haus sogar noch länger, aus einer Zeit, als der Jungspund noch im großen Teich schwamm und die Gemäuer abbruchreife Industrieruinen waren. Damals war ich hier zu ausschweifenden Techno-Raves gewesen, von denen niemand genau wusste, ob sie nun legal, illegal oder irgendwas ganz anderes waren.

Und jetzt fragte dieses Junggemüse allen Ernstes, ob ich, das St.-Pauli-Urgestein, wie irgendein x-beliebiger Tourist zum ersten Mal hier sei?

«Komm, gib her, ich mach das schnell», hatte Frida die Situation gerettet und Zettel und Stift zu sich rübergezogen, noch ehe ich ausgeatmet hatte. Diese Frau war solch ein Segen für so viele Menschen. Ich glaube, der Jungspund ahnt bis heute nicht, wie nah er in diesem Moment am Abgrund gestanden hatte.

Frida und ich hatten unsere Matjesbrötchen vernascht und versenkten die papiernen Reste fachgerecht in einer Tonne.

«Lust auf einen Sundowner?»

«Ich dachte schon, du fragst gar nicht mehr», lachte Frida und hakte sich bei mir unter.

«Fisch will schwimmen», belehrte ich sie. «Und ich hab auch schon eine Idee, wo wir uns ein paar schöne Aquarien servieren lassen.»

Edgar Wilkening

Wir verließen die Landungsbrücken an der Treppe zur Davidstraße. Es war geraume Zeit her, dass ich hier gewesen war. Nach dem Umzug waren Pandemie und Reisebeschränkungen gekommen, alles zoomte plötzlich, und es hatte sich nicht ergeben, die Kleinstadt in Richtung Hamburg zu verlassen.

Es war ja auch schön an meinem neuen Wohnort. Also, schon ein bisschen piefig. Aber: schön. Im Grünen. Die Stadt übersichtlich. Sehr übersichtlich. Na, nicht wirklich eine Stadt. Eher ein Dorf. Provinz. Aber: schön. Mit freundlichen Menschen, weltoffen, zugewandt. Na gut, eher spießig. Aus der Zeit gefallen. Aber: schön da. Und das Wichtigste: Ich war über Breitband mit der Welt verbunden, meine Freunde nur einen Mausklick entfernt, und DHL & Co. lieferten, wonach auch immer mir der weltmännische Sinn stand. Also wirklich: schön.

Ach, wem will ich was vormachen! Ich vermisste die lässige Coolness von St. Pauli. Das vielsprachige, inspirierende Treiben. Die Menschen, die neugierig Richtung Zukunft dachten, ohne dabei, wie in Fridas Kleinstadt, ihre Rente zu meinen. Und zur Weihnachtszeit wurde es besonders schlimm. Wenn der Kitsch wie klebriger Glühwein aus den Hütten des provinziellen Weihnachtsmarktes tropfte. Auf Besucher, die anschließend heimfahren konnten in ihre Großstädte, mochte das possierlich wirken. Aber sobald der Name solch eines Nests in deinem Ausweis steht, kennt das Fremdschämen keine Grenzen mehr.

Dazu kamen die Adventsnachmittage. Da wurde gebastelt. In der gesamten Nachbarschaft rund um unser Häuschen. Aber es bastelte nicht jeder für sich allein. Man traf sich an großen Tischen in einem der Haushalte. Jung und Alt, vom Kleinkind bis zur Omi, Männlein wie Weiblein.

Man hantierte mit Papier, Schere, Kleber, um Weihnachtsschmuck zu basteln. Sterne, Tannenbäume, Rentiere. Es wurde geredet, gelacht, geschwatzt. Es gab Gebäck und Getränke. Hatte ich je in meinem Leben etwas Uncooleres erlebt?

Vielleicht war es an einem dieser Nachmittage gewesen, dass mir einmal zu häufig der Satz rausgerutscht war: «Fast so lässig wie auf Pauli», begleitet von einem spöttischen Blick in die Runde. Jedenfalls hatte Frida entschieden, es sei höchste Zeit für einen Ausflug nach Hamburg, damit ich meine Batterien mit ein bisschen weltstädtischer Coolness aufladen konnte.

Und tatsächlich fühlte es sich jetzt, als wir durch St. Pauli schlenderten, an, als sei ich gestern noch hier gewesen. Heimat ist etwas, das bleibt. Die Straßen, die Plätze, die Menschen, alles war mir vertraut. Jeden Moment würde ich jemanden erkennen aus dem Quartier oder jemand anderes mich, und es würde sich der typische Dialog entspinnen, wie wir Menschen auf Pauli ihn führten. «Ey, Alter, lange nicht gesehen. Wie geht's?» – «Gut. Und selbst?» – «Alles bestens.» – «Sehr schön. Pass auf dich auf.» – «Du auch. Man sieht sich.»

So kurz vor den Feiertagen gerne auch in der Variante: «Ey, Alter, wie geht's? Was läuft Weihnachten?» – «Familie. Und selbst?» – «Genauso. Hab Spaß.» – «Du auch. Bis dann mal.»

Na schön, seit unserer Ankunft hatte ich noch niemanden wiedererkannt. Dabei hatte ich auf dem Weg zu den Landungsbrücken intensiv Ausschau gehalten. Aber bei niemandem hatte es klick gemacht.

Als ob nur fremde Gesichter unterwegs wären. Sonst hatte man auf Schritt und Tritt irgendwen getroffen. Herbert und Jasmin zum Beispiel. Da waren immer Leute, denen man unverhofft über den Weg lief. Mo und André. Wo waren die alle – jetzt, wo man sie mal brauchte?

«Hast du niemandem Bescheid gesagt, dass du kommst?», fragte Frida, der meine Blicke nicht entgangen waren.

«Natürlich nicht», protestierte ich. «Ankündigen, verabreden – das muss man nicht auf St. Pauli. Das ist nicht der Spirit. Man begegnet sich einfach. Du gehst aus'm Haus, schon läuft dir jemand übern Weg: Freunde, Nachbarn, Kumpels. So geht das.»

«Klappt super», nickte sie.

«Wirst schon sehen.» Ich zog sie Richtung Reeperbahn.

«Was ist denn das?», fragte Frida und deutete auf den Spielbudenplatz.

Ich musterte das Treiben. «Das ist nichts für uns. Das ist Touri-Nepp. Nennt sich Santa Pauli, Hamburgs sinnlichster Weihnachtsmarkt. Erfüllt jedes Klischee, das Touristen mit St. Pauli verbinden. Da gehen wir nicht hin, wir Einheimischen.»

«Schade», meinte Frida. Und ich musste sie kraftvoll weiterzerren.

Mein Ziel war das Hummel-Hummel, meine alte Nachbarschaftskneipe, betrieben von ein paar St.-Pauli-Originalen. Eine Institution, die es nicht nötig hatte, aufgeregt zu blinken. Gänzlich unsichtbar für Touristen.

Drinnen das alte Mobiliar, auf dem Generationen gesessen hatten, an den Wänden die Fotos von früher, die belegten, dass hier schon zu Schwarz-Weiß-Zeiten alles beim Alten gewesen war. Eine Heimstatt des ursprünglichen St. Pauli. Kein Wunder, dass Freunde, Nachbarn, Bekannte sich hier zu Hause fühlten.

Die zwei, drei Stufen zum Gastraum hinaufzusteigen,

die schwere Türe zu öffnen, das Lachen und Reden, das uns entgegenschlug – es war ein Heimkommen. Wir hatten Glück. Das Hummel-Hummel war gut besucht für diese Uhrzeit. Doch direkt am Tresen waren noch zwei Hocker frei.

«Habt ihr reserviert?» Der Hipster-Barmann schaute kaum vom Zapfhahn hoch, als Frida und ich uns auf die Hocker setzten.

«Reserwas?», staunte ich.

«Die beiden Plätze sind ab acht vergeben», sagte der Barmann.

«Reservieren am Tresen? Seit wann gibt's so was bei euch?»

«Weiß nicht», kam desinteressiert zurück. «Bin auch neu hier.»

Auch? Frechheit.

«Bis acht ist okay für uns», beschwichtigte Frida. «Oder?»

«Ja, klar», stotterte ich.

«Was mögt ihr trinken?» Der Hipster legte uns eine dicke Karte in ultramodischem Design hin. So was hatte ich hier noch nie gesehen.

«Ich nehme ein fränkisches Weissbräu», freute ich mich. Es war mein angestammtes Haus- und Hofgetränk. Ich nickte Frida unmerklich zu: So geht das, wenn man sich auskennt.

«Haben wir nicht», kam es aus dem Barmann. «Hier ist drin, was es gibt.» Er schob das Design-Dings noch ein bisschen näher zu uns rüber und widmete sich anderen Gästen.

«Idiot», schimpfte ich leise. «Natürlich gibt's hier fränkisches Weissbräu. Gab's immer.»

«Ich schaue mal in die Karte», lenkte Frida ein und blätterte durch Seiten voller fremdartiger Cocktails und Hafer-Latte-Cafés. Das hatte es hier nie gegeben.

Und irgendwie war auch das Publikum anders, stellte ich bei einem vorsichtigen Rundblick fest. Jünger. Einige mit leuchtenden Weihnachtsmützen auf dem Kopf oder blinkendem Rentiergeweih. Wie uncool war das denn? Und weit und breit niemand, der mir bekannt vorkam. War das Hummel-Hummel womöglich Geheimtipp in einem Reiseführer gewesen? Normalerweise der sicherste Weg, um auch die authentischste Lokalinstitution dem touristischen Verfall preiszugeben.

Wie oft hatte ich an diesem Tresen gesessen, mit Jan, mit Guido, mit Julia, auch mit Alex und den anderen. Und mit fränkischem Weissbräu. Wie oft hatten wir den Tag hier ausklingen oder die Nacht beginnen lassen. Wie oft hatten wir Projekte, Partys, das Leben Revue passieren lassen. Wir waren ja alle Teil des kreativen Nährbodens, aus dem der einzigartige Spirit dieses Stadtteils entstand.

«Habt ihr in einem Reiseführer gestanden?», fragte ich den Hipster.

«Weiß nicht», entgegnete er. «Wieso?»

«Die Gäste sind so anders als sonst.»

Er schaute in die Runde und zuckte die Schultern. «Normal.»

«Sind Ines und Frank heute da?», wollte ich wissen.

«Kenn ich nicht.»

«Die Inhaber», half ich ihm.

«Der heißt Mike», sagte er.

«Seit wann denn das?», gab ich überrascht zurück. Aber eigentlich kannte ich die Antwort schon.

«Weiß nicht», sagte der Hipster und zeigte auf die Karte: «Habt ihr was gefunden?»

«Fränkisches Weissbräu steht nicht drin», warnte Frida.

Ich nahm irgendein Bier. Frida bestellte etwas, dessen Namen ich noch nie gehört hatte, das aber offensichtlich an vielen Tischen sehr erfolgreich lief.

«Voll cool, diese Blinkis, nicht?», grinste Frida und deutete zu den Weihnachtsmützen und Rentiergeweihen. «Nicht so spießig wie auf'm Lande, hm?»

Hörte ich da Spott in ihrer Stimme? War das jetzt mein St. Pauli: mehr Spott als Spirit? Sosehr ich mich zu Hause gefühlt hatte beim Betreten, so sehr fühlte ich mich als Fremder in einer fremden Stadt, als wir das Hummel-Hummel verließen. Was war nur los mit meinem Stadtteil? Wo waren alle hin? Alle schon im langen Weihnachtswochenende?

Ich hatte eine Idee. «Wir gehen zum Edeka.»

«Brauchen wir denn noch was?», staunte Frida.

Natürlich nicht. Aber der Edeka auf St. Pauli war nicht einfach ein Supermarkt. Er war das Herzstück des Viertels. Der Treffpunkt des ganzen Quartiers. Und der christliche Kalender wollte es so, dass morgen, am Sonntag, Heiligabend war, Montag erster Feiertag, Dienstag zweiter. Völlig klar, dass alle noch schnell die letzten Besorgungen machen mussten, ehe der Edeka für eine halbe Woche die Türen schloss. Eine Tüte Mehl, ein Glas Senf, eine Avocado. Warum war ich nicht eher draufgekommen?

«Komm», fasste ich Frida bei der Hand. «Gleich treffen wir alle.»

Der Edeka lag nicht weit von meiner ehemaligen Wohnung. Ich musste mich nur neben den Eingang stellen und warten, dann würde es jeden Moment losgehen: «Ey Alter, lange nicht gesehen. Wie geht's…?» Ich war euphorisch.

«Ich schau solange da drüben», runzelte Frida die Stirn

und nickte rüber zu einem Kunstgewerbe-Lädchen auf der anderen Straßenseite.

Von allen Seiten schwirrten Last-minute-Einkäufer in den Supermarkt hinein und mit Tüten bepackt wieder heraus. Jeder brauchte noch irgendwas vor den Feiertagen. Alle waren auf den Beinen. Aber so freundlich ich auch lächelte und jedem tief in die Augen schaute: Ich erkannte niemanden. Bis plötzlich eine ältere, leicht gebückt gehende Dame auf mich zutrat.

«Sie waren aber lange nicht da», sagte sie zu mir.

«Yoh, was geht?», wollte ich antworten.

Da fiel mir auf: Diese Dame hatte ich noch nie im Leben gesehen. Ich hielt es für klüger, es bei einem «Moin, moin» zu belassen.

«Wo haben Sie denn Ihren Hund?», schaute die Dame sich um.

Ich hatte noch nie im Leben einen Hund gehabt. Aber noch bevor ich antworten konnte, drückte die Dame mir ein Zweieurostück in die Hand. «Aber geben Sie's nicht gleich für Alkohol aus.»

Richtig, hier am Eingang zum Supermarkt stand eigentlich immer irgendjemand und verkaufte die *Hinz&Kunzt*.

«Ich stehe hier eigentlich nicht zum Verkaufen», erklärte ich.

«Sie müssen sich nicht schämen», winkte sie ab.

«Ich habe immer dahinten gewohnt, in dem Haus da», zeigte ich die Straße hinauf.

Sie nickte verständnisvoll: «Ja, schlimm, wie schnell man heute auf der Straße landen kann. Kaufen Sie sich was Warmes zu essen. Und frohe Weihnachten.» Sie schlurfte mit ihrem Einkaufsnetz davon.

«Na, wen getroffen?», fragte Frida, als sie zu mir trat.

«Gib mir fünf Minuten», entgegnete ich. «Ich gehe da jetzt rein. Irgendwen treffe ich schon. Und wenn es die Frau an der Fleischtheke ist.»

«Ich warte», seufzte Frida.

Im Supermarkt war alles beim Alten. Ich ging durch die Regale. Obst, Gemüse, Dosen. Nur niemand, der mich grüßte. Nicht in den Gängen, nicht am Käsetresen, nicht an der Fleischtheke. Als ob eine völlig neue Generation hier am Einkaufen und Arbeiten war. War ich so lange weg gewesen?

Ich ging zum Getränkeregal und griff mir eine Flasche Bier. Wenigstens der Mönch, der sich auf dem Etikett den Bauch rieb, war noch der gleiche wie früher.

«Na, mein Alter», sprach ich ihn an, «sind wir die einzigen beiden Urgesteine auf St. Pauli, die noch geblieben sind?»

Der Mönch mochte sich nicht dazu äußern. Ich stellte mich mit der Flasche an die Kasse zu den anderen Last-mi-minute-Einkäufern.

«Wo ist denn die Kollegin, die immer so bunte Schleifen im Haar trägt?», fragte ich die Kassiererin, als ich an der Reihe war.

«Lisbeth? In Rente», kam als Antwort. «Das macht eins siebenundvierzig, bitte.»

Ich war drauf und dran, ihr die Zweieuromünze zu geben, die mir die Dame am Eingang aufgeschnorrt hatte. Dann besann ich mich eines Besseren. «Keinen Alkohol davon kaufen», hatte sie gesagt. Ich fischte einen Schein aus der Tasche. So viel Ehrenwort musste sein.

«Na, wie lief's?», fragte Frida.

«Nichts. Niemand. Als ob alle weg wären.»

«Oder einfach nur woanders», gab sie zu bedenken.

«Du hast recht!» Ich klatschte meine Hand vor die Stirn bei diesem Geistesblitz.

«So wie du ja auch woanders lebst», fuhr Frida fort.

«Nein!», widersprach ich. «Ihre Einkäufe beim Edeka haben meine Leute längst erledigt. Die letzten Besorgungen machen sie beim Budni. Oder beim Penny auf der Reeperbahn. Los!» Ich zerrte energisch an Fridas Hand. «Wir müssen da rüber.»

«Edgar, jetzt bleib mal stehen!» Fridas Stimme klang mit einem Mal sehr resolut, und trotz meiner Kraftanstrengung bewegte sich meine Lebensgefährtin keinen Zentimeter vom Fleck. Was hatte das zu bedeuten?

«Jetzt komm mal runter, Edgar! Das ist ja schon eine Obsession, wie du dich da reinsteigerst. Hast du mir nicht immer erzählt, wie schnell sich alles verändert auf St. Pauli?»

«Ja, klar», nickte ich. «Kein Stillstand. Immer Bewegung.»

«Genau! Neue Leute, neue Läden, neue Gesichter, neue Cafés. Solange du mittendrin warst, konnte sich ruhig alles immer schneller drehen – für dich im Auge des Sturms fühlte es sich ganz still an.»

«Ja, und?»

«Jetzt erlebst du von außen, wie rasend schnell sich hier alles dreht.»

War das so? Erlebte ich gerade den ganz normalen Wandel meines Stadtteils, so wie ich ihn früher auch erlebt hatte – nur aus einer anderen Perspektive und deshalb so drastisch?

«Können wir darüber drüben beim Budni reden?», quengelte ich.

«Nein», beharrte sie. «Es ist jetzt Schluss mit deinem Heimatgedöns. Ich übernehme das Ruder. Und ich möchte etwas essen, ich möchte was trinken. Und es ist mir vollkommen egal, ob wir dabei alte Bekannte aus dem Quartier treffen.»

Widerspruch war sinnlos, wenn Frida sich festgelegt hatte. Ich fügte mich und trottete ihr hinterher. Durch Straßen, deren Fassaden mir vertraut waren und deren Leben mir so fremd erschien wie aus einer anderen Welt.

Wir gingen irgendwo essen, wo ich noch nie zuvor gewesen war. Wir gingen etwas trinken in einer Kneipe, deren Existenz mir unbekannt war. Wir gingen in einen Club, von dem ich schwören würde, dass er früher ein Billard-Café war. Und wir trafen niemanden, dem ich auch nur ein einziges Mal begegnet war. Es fühlte sich nicht an wie Zuhause. Und es war mir sogar gleichgültig, als Frida auch noch den Weihnachtsmarkt auf dem Spielbudenplatz ansteuerte. Horden verklemmter Touristen, die sich von einem schlüpfrig-sinnlichen Büdchen zum nächsten schoben – und wir mittendrin.

Und dann passierte es doch noch. Der Moment, wo der Spirit von St. Pauli plötzlich wieder präsent war. Wo mein Viertel zeigte, dass es immer wieder für eine Überraschung gut ist.

Ich schaute gerade missmutig in die Runde, als mir zwei, drei Büdchen entfernt zwei Gesichter auffielen. Ein Pärchen. Die Namen fielen mir nicht ein. Aber ich wusste, ich kannte die beiden. Jetzt musste ich nur noch rübergehen, die Aufmerksamkeit der zwei auf mich lenken und dann konnte losgehen, worauf ich so lange gewartet hatte: «Ey, Alter, wie geht's?» – «Yoh, alles gut! Selbst auch?»

Ich konnte mein Glück kaum fassen nach all den Enttäuschungen. Meine Lebenskräfte kehrten zurück. Ich knuffte Frida in die Seite und deutete zu dem Pärchen, damit sie nichts von dem verpasste, was jetzt folgte.

Edgar Wilkening

Die Frau hielt gerade ein quietschbuntes Erwachsenen-spielzeug in den Händen, dessen bizarr gereckte Glieder sich in einer Art Choreografie in der Luft rekelten. Der Mann schien das Gebilde mit Neugier und Skepsis zu begutachten.

«Jetzt pass auf», wollte ich zu Frida sagen. Da schoss sie schon rüber zu dem Pärchen und rief freudestrahlend: «Meike! Torsten! Was macht ihr denn hier?»

Meike und Torsten wirkten peinlich berührt mit dem tänzelnden Objekt in der Hand.

«Äh, danke», druckste Meike mit hochrotem Kopf und hielt der Verkäuferin im Büdchen das Gebilde hin. «Vielleicht doch nicht ganz das Richtige, ähm, für meine Schwester…»

«Edgar, du kennst doch Meike und Torsten», winkte Frida mich ran. «Aus unserer Nachbarschaft.»

«Das ist ja ein Zufall, dass man sich hier trifft», grinste Torsten.

«Yoh, Alter, wie geht's?», probierte ich kleinlaut.

«Muss ja», antwortete Torsten im Slang seiner Kleinstadt.

«Ich wusste gar nicht, dass ihr dieses Wochenende in Hamburg seid», staunte Frida.

«Spontan entschieden. Mal was anderes sehen, mal Weihnachten ganz urban», erklärte Meike.

«Und letzte Geschenke besorgen», zwinkerte Torsten. «Hast du hier nicht mal gewohnt, Edgar?»

«Lange her», winkte ich ab. «Hat sich viel verändert seitdem.»

«Edgar? Bist du das?», fragte eine Stimme hinter mir.

Ich drehte mich um und schaute die Verkäuferin im Büdchen an.

«Sonja!», staunte ich. «Was machst du denn hier?»

«Arbeiten», lachte die Verkäuferin. «Warum hast du nicht gesagt, dass du kommst? Ich hätte was vorbereitet.»

Sonja. Meine lebenslustige Wohnungsnachbarin. Ihr Balkon hatte an meinen gegrenzt. Zwanzig Jahre lang. Und so hatten wir einiges mitbekommen vom jeweils anderen. Alle Höhen, alle Tiefen und alles dazwischen.

«Ihr kennt euch?», fragte Sonja uns vier.

«Wir sind Nachbarn», sagte Frida.

«Was haltet ihr davon?» Sonja schaute auf die Uhr. «In einer halben Stunde ist hier Schluss. Dann könnten wir gemeinsam rüber ins Flamingo. Anna und Martin kommen auch», ergänzte sie. «Kennst du beide, Edgar. Aus Stockholm.»

Da war er plötzlich, der einzigartige Spirit von St. Pauli. Anders, als ich es erwartet hatte. Aber quietschfidel und lebendig.

«Alles klar, im Flamingo», nickte ich wie ortskundig. Ich hatte keine Ahnung, wovon Sonja sprach.

Zum Glück ergänzte sie noch: «Am Ende der Ditmar-Koel-Straße, rechte Seite. Und die Damen, wenn ihr noch Geschenke sucht, hätte ich da einen Tipp für euch. Persönlich getestet. Nicht so einen Mist wie das Ding, was ihr gerade in der Hand hattet ...»

Als Frida und ich am nächsten Tag in der Bahn Richtung Kleinstadt saßen, hatte ich das Gefühl, eine große Herde Rentiere würde in meinem Schädel für die Schlittenfahrt mit dem Weihnachtsmann trainieren. Ich schaute auf die Uhr. Eigentlich mussten die längst unterwegs sein, statt in meinem Kopf zu rumoren, wenn sie ihr globales Werk schaffen wollten.

Es war eine lange Nacht geworden. Vom Flamingo weiter in eine andere Bar, in eine andere Kneipe, in noch eine

Bar, in einen Club. Und am Ende mit Meike und Torsten auf den Fischmarkt. Die ganz große Touri-Sause. Einfach herrlich. Einfach beschämend.

«Sag mal, dieses Weihnachtsbasteln in der Nachbarschaft», setzte ich an.

«Schrecklich uncool, ich weiß», winkte Frida ab.

«Wie lange macht ihr das schon?», wollte ich wissen.

«Solange ich in unserem Häuschen wohne, auf jeden Fall. Vielleicht länger.»

«Und da hat sich nie was verändert?»

«Manchmal kommt ein neuer Nachbar dazu, so wie du. Aber sonst...»

«Eigentlich schön, wenn etwas so konstant erhalten bleibt», sinnierte ich und lehnte den Kopf an ihre Schulter. «Ich freue mich auf zu Hause», flüsterte ich.

«Zu Hause?», lächelte sie. «Ich dachte, da kommen wir gerade her.»

Lea Streisand

Die Krippe

«Wenn wir schon keine Gäste einladen dürfen, können wir wenigstens einen ordentlichen Tannenbaum haben.»

Es war das erste Pandemieweihnachten. So ruhig. So friedlich. Der Tannenbaum war eine Pracht. Grün bis zur Zimmerdecke, behängt, bis die Zweige krachten.

Und dann erwachte ich in der heiligen Nacht aus unruhigen Träumen und hatte Halskratzen. «Corona!», schoss es mir durch den Kopf. Es gab noch keine Impfungen, und wir waren sicher, wir würden dran sterben.

«Woher willst du Corona haben?», fragte meine beste Freundin am Telefon. Sie ist Kinderärztin und kam an Tests ran.

«Kita? Paketbote?» Das waren meine einzigen Kontakte zur Außenwelt.

Als ich auflegte, schaute ich den Baum an. Dieses Kratzen im Hals, dachte ich, das kommt mir irgendwie bekannt vor.

Wie sich herausstellte, bin ich auf Tanne allergisch. Der Baum verbrachte die restlichen Feiertage auf dem Balkon, und nachdem unsere Tannenbäume danach jedes Jahr kleiner wurden und trotzdem auf dem Balkon endeten, meinte mein Mann zuletzt: «Nächstes Jahr haben wir eine Plastik-Tanne!»

«Nee, bitte nicht!», rief ich. «Das ertrage ich nicht! Meine bürgerlich-protestantisch-jüdische Mischpoke dreht sich geschlossen im Grab um. Kein Plastik!»

Ich hab dann für einen Haufen Geld so einen recycelten Lattenzaun im Internet bestellt, den man zusammenschrauben kann. Sieht ein bisschen aus wie ein Wäscheständer, aber funktioniert. Bisschen Lametta drauf, paar Lichterketten dran, fertig ist der Lack.

Und die Weihnachtskrippe darunter. Die Krippe ist hundert Jahre alt, ein Erbstück meiner Urgroßmutter. Sie war Mitglied der Bekennenden Kirche und angeblich diejenige, die in der Kaiser-Wilhelm-Gedächtniskirche am Abend des 22. November 1943 die Tür abschloss, bevor eine britische Fliegerbombe sie fast komplett zerstörte.

Meine Urgroßmutter, genannt Mümi, hatte Ähnlichkeit mit der englischen Queen. Oder die Queen mit ihr, denn Mümi war älter. Dieselbe Strenge und Selbstbeherrschung, dieselbe Selbstverpflichtung zur Tradition. Sie war eine jener Frauen, die Anfang März desselben Jahres 1943 in der Rosenstraße am Hackeschen Markt gegen die bei der «Fabrikaktion» erfolgte Inhaftierung und Deportation ihrer jüdischen Ehemänner und Söhne protestiert hatten und sie tatsächlich freibekamen.

Mein Urgroßvater war Antiquar, assimilierter Jude, der hatte mit Religion nicht viel am Hut. In seinem Buchladen in der Eislebener Straße 4 in Charlottenburg verkehrte das intellektuelle Berliner Bürgertum. Oder was sich dafür hielt. Immer wieder, so berichtet mein Urgroßvater in seinen Memoiren, seien reiche Kaufleute in seinen Laden gekommen, die nach «Werken» fragten, womit Gesamtausgaben der üblichen Verdächtigen gemeint waren, Schiller, Goethe, Fontane. «Weil sich gelesene Bücher gut in den Regalen im Wohnzimmer machten.» Ein junger Mann namens Rilke soll auch bei ihm gekauft haben.

Geschäftsbesprechungen erledigte mein Urgroßvater,

wie viele Berliner, die etwas auf sich hielten, bei einem Spaziergang im Zoologischen Garten. Der älteste deutsche Zoo war als Aktiengesellschaft gegründet worden auf Initiative wohlhabender Bürger. Aktienbesitzer wie mein Urgroßvater genossen freien Eintritt für sich und ihre Gäste.

Mit der Machtergreifung der Nationalsozialisten wurden die jüdischen Aktionäre gezwungen, ihre Anteile weit unter Wert an den Zoo zurückzuverkaufen, der die Wertpapiere – nicht ohne einen kleinen Gewinn – wieder an «arische» Berliner veräußerte. Mit Inkrafttreten der «Nürnberger Gesetze» wurde Juden der Eintritt zum Zoo sowie allen anderen «Unterhaltungsveranstaltungen» komplett verwehrt.

Die Weihnachtskrippe hat die Zeiten überdauert. Vater, Mutter, Kind, drei Könige und ein Haufen Viecher. Der Staub in den Falten der Gewänder hat sich zu dunklen Linien verhärtet.

An den Menschenfiguren sind weiße Flecken an den Stellen, wo der Lack ab ist. Caspar sieht noch am besten aus. Er ist der Jüngling. Seine dunkle Haut glänzt unversehrt, er sitzt auf Knien, nichts steht ab, was brechen könnte. Wie beim Heiland höchstselbst, welcher, gerade erst zwei Wochen alt, schon einem Fünfjährigen ähnelt. Der Heiligenschein umrahmt seinen Kopf wie ein goldener Fahrradhelm.

Joseph hat es im letzten Jahr schlimm erwischt. Ihm brach der Kopf ab, als wir ihn auspackten. Wir konnten ihn mit Alleskleber flicken. «Er ist eben nur ein Statist in der Geschichte», seufzte mein Mann.

Den Tieren merkt man die Jahre am meisten an. Kein Schaf, keine Kuh, kein Esel, dem nicht wenigstens ein Ohr abhandengekommen ist. Das eine Schäfchen muss sich gegen den Esel lehnen, weil es auf seinen drei Beinen nicht stehen kann. Unsere Weihnachtskrippe ähnelt einem Gnadenhof für Bauernhoftiere mit angeschlossenem Lazarett.

Aber ersetzen werde ich sie nicht. Sie symbolisiert den Weg der Familie Streisand aus der Diaspora, der inneren Emigration meines Urgroßvaters, der, nachdem die Nazis ihm Arbeitsverbot erteilt hatten, fünf Jahre lang in seinem Charlottenburger Arbeitszimmer saß und die Wände anstarrte, bis zu dem Tag, an dem er aufstand und das KaDeWe ausraubte. Aber das ist eine andere Geschichte.

Jedes Jahr, wenn ich die Weihnachtskrippe auspacke, denke ich an die Ahnen, die ich nie kennengelernt habe, und ich freue mich über die Zeitungsseiten, in denen die Figuren eingepackt sind, sorgfältig eingerollt zum Schutz vor weiteren Blessuren.

«Premiere der neuen BMW 3er-Reihe», verkündet eine Anzeige auf einer vergilbten Zeitungsseite. Darunter das Datum: «Samstag, den 8. Dezember 1990». Da war John Lennon erst zehn Jahre tot.

Darüber ein Stückchen Fernsehprogramm. «ZDF 13:45 Europäische Sagen: Theseus». Eine Spalte weiter: «Auflösung des gestrigen Rätsels. Kreuzworträtsel waagerecht: 1. Medea». Die Kindsmörderin und ihr Stiefsohn. Das klingt nach harmonischer Familienfeier.

Ha, ich muss lachen. «20 waagerecht: Pfitzmann», der Westberliner Gute-Laune-Onkel. Wie hab ich ihn als Kind geliebt. Keine Folge «Praxis Bülowbogen» hab ich verpasst. Die Welt im Fernsehen war in Ordnung, es gab Nutella zum Frühstück, und trotzdem blieben die Zähne der Kinder strahlend weiß, obwohl sie nie geputzt wurden, gebleicht vom Sonnenlicht, das durch schlierenfreie Fensterscheiben in perfekte Familien fiel. Ich saß so nah vor dem Fernseher, dass ich die Bilder berühren konnte. Dann knisterte die Mattscheibe. Beim Umschalten musste ich den Knopf mit dem Daumen tief in den Kasten drücken. Es gab nur vier Knöpfe.

«Werner Stenzel, Wühlischstraße, wird heute 80 Jahre alt. Herzlichen Glückwunsch!» Es muss die Berliner Zeitung sein, die Wühlischstraße liegt in Ostberlin, in Friedrichshain. Mein Ex wohnte dort, in der Petersburger. Ein-Zimmer-Ofenheizung, Klo halbe Treppe, die Dusche hatte eine Pumpvorrichtung, die man anschalten musste, wenn man duschen wollte, sonst stand die Bude unter Wasser. In der Wohnung darunter wohnte eine alte Frau, die stand manchmal nachts bei ihm vor der Tür und bettelte um Zärtlichkeit. «Nur 'n bisschen streicheln.»

Der Ofen, mit dem er seine Wohnung heizte, hatte die Größe eines handelsüblichen Toasters. Wenn der rot glühte, war ich bereit, mich direkt davor so weit entkleiden zu lassen, dass es zum Beischlaf reichte. Mein Ex schlief hinterher sofort ein, und ich lag frierend wach.

Er hatte keine Kohlen bestellt, weil er meinte, jene, die der Vormieter ihm überlassen hatte, würden genügen. Er war im Zivildienst, verdiente aus meiner Sicht ein Vermögen, zahlte das Nichts an Miete, das damals für Altbauwohnungen fällig war, und war trotzdem ständig pleite.

Am Dreikönigstag traf ich ihn auf der Petersburger. Er hielt die Stämme von zwei Weihnachtsbäumen in den behandschuhten Händen, die von anderen Mietern auf die Straße entsorgt worden waren.

«Heute ist hot love, Baby», verkündete er. «Hilf mir mal.»

Irgendwie wuchteten wir die Tannenbäume in seine Wohnung im zweiten Stock, verfeuern konnten wir sie nicht, es qualmte nur fürchterlich.

Seine Familie war ähnlich bekloppt wie meine, auch jüdische Mischpoke. Sein Urgroßvater hatte am selben Theater gearbeitet wie meine Großmutter, die Schwiegertochter des jüdischen Antiquars.

Sie zeigte uns Fotos unserer Eltern als Kinder beim gemeinsamen Spiel im Garten. Berlin ist auch nur ein Dorf wie jedes andere.

Ganz unten im Karton, vollständig erhalten, ein ganzes Zeitungsbuch. «Einheit praktisch», steht oben drüber. «Liebe Berlinerinnen und Berliner», heißt es im Text, «Berlin ist wieder eins.» Na ja, denke ich. Ich fühle mich heute noch fehl am Platz, wenn ich über den Kurfürstendamm laufe.

Am 10. November 89 war ich das erste Mal dort, am Tag nach dem Mauerfall. Meine Mutter hing am Telefon, als ich aus der Schule nach Hause kam. «Kind, pack dir einen Schlüpfer und einen Nicki zum Wechseln ein und deine Zahnbürste», rief sie mit vorgehaltener Hand. «Wir fahren Omilein besuchen.»

Zuerst dachte ich, sie habe sich versprochen. Omilein war meine Westoma, meine Westuroma sogar, die Großmutter meines Vaters, die lustigerweise bereits seit 1920 nur wenige Straßen von der Eislebener entfernt in Westberlin wohnte. Die Großeltern meiner Mutter, der Antiquar und die Queen, waren gestorben. Omilein war Jahrgang 1900 und kam regelmäßig zu Besuch. Aber man ging sie nicht besuchen.

Und dann stand ich an der Hand meiner Mutter auf dem hell erleuchteten Kurfürstendamm und kam mir sehr verloren vor.

Winterstiefel hatte meine Mutter für mich gekauft von meinem Begrüßungsgeld, weil die im Osten so schwer zu kriegen waren. Ich hatte einen Walkman haben wollen. Oder ein Keyboard. Und nun hatte ich nicht mal einen Kinderriegel bekommen.

Am Bahnhof Zoo fragte meine Mutter einen Taxifahrer nach dem Weg in die Halberstädter Straße. «Halberstädter Straße 4 bis 5», mischte ich mich ein. «In 1000 Berlin 31.» Ich hatte die Anschrift auf so viele Weihnachts-, Geburtstags- und Dankespostkarten für Westpakete geschrieben, ich würde sie mein ganzes Leben nicht mehr vergessen.

Der Taxifahrer lachte und ließ uns einsteigen. Dann chauffierte er uns kostenlos bis zu Omileins Haustür. Am nächsten Tag schwänzte ich zum ersten Mal in meinem Leben die Schule und besuchte stattdessen mit meiner Urgroßmutter einen Supermarkt, der bis in die oberste Regalreihe vollgestopft war mit Westprodukten, und dann durfte ich mir jede Süßigkeit aussuchen, die ich haben wollte. Das war der Himmel!

Schon ein Jahr später war die Euphorie einem Gefühl der Ernüchterung gewichen. Jetzt gab es sogar in unserem alten Konsum in der Hufelandstraße Kinderriegel zu kaufen. Und wenn ich mit Omilein im Zoologischen Garten spazierte, hatte ich immer das Gefühl, die Leute würden mir ansehen, dass ich aus dem Osten komme.

Noch heute schminke ich mich sorgfältig und ziehe mich schick an, wenn ich einen Termin am Ku'damm habe, damit dort keiner kommt, mich von oben bis unten mustert und sagt: Äh, Entschuldigung! Wer sind Sie? Kann ich mal Ihren VIP-Ausweis sehen?

Seit diesem Jahr habe ich einen Presseausweis. Ich hatte nie einen beantragt, weil ich nicht wusste, wozu der gut sein sollte, bis mir jemand erzählte, dass ich damit im Zoo, im Tierpark und sämtlichen Museen des Landes keinen

Eintritt zahlen muss. Mein Fünfjähriger und ich sind häufig im Zoo. Am Antilopenhaus gibt es dort seit 2011 eine Gedenktafel für die jüdischen Aktionäre.

Die Antilope hat es nicht in die Krippengruppe geschafft. Aber ihr Verwandter, der Esel. Einohr heißt er bei uns. Er hat so niedliche dicke Beine, auf denen er fest stehen kann. Kühl und schwer liegt er in meiner Hand. Die liegende Kuh dagegen wiegt fast nichts, obwohl sie doppelt so groß ist. «Die ist innen hohl!», erklärt mein Fünfjähriger.

Das Kind hat recht. Vielleicht sind die Figuren nicht aus einem Guss, sondern zusammengewürfelt, wie eine echte Familie.

Wir betrachten die kleinen Skulpturen. Caspar bleibt der Hübscheste. Der unversehrte Jugendliche. Ich betrachte die Plastiken mit den hellen Gesichtern. Beide stehen in ähnlicher Haltung da, wie in einer Warteschlange, bereit zur Geschenkübergabe. Aber welcher ist Melchior, der mittelalte weiße Mann, und wer Balthasar, der asiatische Greis?

«Was heißt Greis?», will das Kind wissen.

«Kluger Opa», sage ich.

Sind es am Ende zwei Balthasars aus verschiedenen Krippen?

«Vielleicht ist Melchior Geschenke kaufen», sage ich. «Im KaDeWe.»

Im Mai 1945 stürzte ein Flugzeug ins KaDeWe. Danach stand das Lager offen. Ein Umsonstladen für ganz Westberlin. Meine Großmutter und ihr Bräutigam schleppten Reisekoffer voller Erbsen nach Hause in die Eislebener Straße.

Am dritten Tag der Plünderungen erhob sich mein Urgroßvater aus seinem Denkersessel, um sich selbst ein Bild zu machen. Die Regale im KaDeWe waren fast leer geräumt. Nur eine Kiste war unberührt stehen geblieben. Der Antiquar nahm sich ihrer an. Zu Hause angekommen, präsentierte er stolz seine Beute. Meine Urgroßmutter, die Queen, musste sich setzen. Sie konnte vor Lachen nicht stehen. Ihr Gatte hatte Backaroma mit nach Hause gebracht. Es gab keine Eier, kein Mehl, keinen Zucker und keine Butter. Aber Familie Streisand konnte nun eine Jahrhundertration Backaroma zu ihren Vorräten zählen.

«Warum gab es keine Eier?», fragt mein Sohn. «Waren sie Veganer?»

Ich streiche ihm über den Kopf.

In hundert Jahren werden seine Enkel vielleicht unseren Lattenzaun von einem Tannenbaum zusammenschrauben. Und dabei fluchen. Und vielleicht werden sie sich dann an uns erinnern.

Manfred Maurenbrecher

Holzfällerweihnacht

Ich war Anfang zwanzig und wohnte noch bei den Eltern. Wohlbehüteter Bürgersohn mit ein paar rebellischen Träumen, so wie viele andere auch, damals in Westberlin. Finster wirkten wir auf die Älteren, miteinander fühlten wir uns pudelwohl. Harmlos waren unsere Freizeitvergnügen, Geld war eigentlich nie ein Thema, aber einer von uns jobbte manchmal als Reiseleiter und gab ganz gern damit an.

«Diese Trinkgelder», strahlte er und ließ den Daumen über das Innenfach seiner Brieftasche gleiten. Voll kleiner Scheine.

Ich wurde neidisch. Ich sagte: «Falls die mal jemanden suchen, außer dir natürlich, gib ihnen doch meine Nummer.»

Zwei Tage vor Weihnachten bekam ich einen Anruf. Ein Mitarbeiter der Firma *Freizeitreisen* sprach von einem plötzlichen Engpass und fragte, ob ich denn bereit sei, zehn Tage lang eine Busladung Weihnachtsgäste in den Bayerischen Wald zu begleiten. Abfahrt gleich morgen Abend. Ich rief ein heftiges Ja! in den Hörer, aber während ich äußerlich ruhig die Einzelheiten besprach, fuhr ein Riesenschreck in mich ein: Wie bringe ich das meinen Eltern bei? Weihnachten bedeutete ihnen so viel, ich war ihr einziges Kind. Und was würde ich anziehen? Der Konfirmationsanzug würde nicht mehr passen, ordentliche Halbschuhe besaß ich erst gar nicht – und wo lag das überhaupt, dieser Bayerische Wald?

Mein hektischer Klamottenkauf am nächsten Vormittag überstieg den kleinen Grundverdienst, den ich ausgehandelt hatte. Ich büffelte Reiseführer und legte Spickzettel an. Ab jetzt würde ich richtig gut sein müssen, schon der Trinkgelder wegen.

Nur einmal auf einem Zehn-Meter-Sprungturm bin ich so aufgeregt gewesen wie an jenem 23. Dezember um neun Uhr abends am Busbahnhof. Von dem Sprungturm war ich wieder runtergeklettert – und mir war sehr danach, auch hier einen leisen, anonymen Abgang zu probieren. Ich sah den schlecht gelaunten Pulk von etwa dreißig älteren Herrschaften vor mir, der sich um die Kofferablage eines Busses drängte, an dem «Weihnachten in Freyung» stand. Sah den untersetzten, genervten Busfahrer, der die Gruppe in Schach zu halten suchte. Ich überwand mich, drängte mich durch und stellte mich leise vor. Der Fahrer haute in gespieltem Schreck seinen Kopf gegen die Gepäckklappe: «Darf doch nich' wahr sein – ooch noch 'n Neuer. Warum hab ich immer bloß Pech!?»

Wenn das ein guter Anfang war, war es wirklich nur der Anfang des Guten. Ich musste den Reisenden aus einer Liste, die mir der Fahrer gab, ihre Sitzplätze nennen und dann die Ausweise einsammeln, die ich mit Nummern zu versehen und an der Grenze einem DDR-Beamten zu übergeben hatte. Der Transit von Westberlin war damals, Anfang der Siebziger, einigermaßen umständlich und ritualisiert. Jeder Reisende bekam die Nummer seines Ausweises zugeteilt, die er an der Grenze zu nennen hatte, während der Beamte den Ausweis einsah. Auch für diese Prozedur hielt ich eine Liste in der Hand. Während die Letzten noch in den Bus drängten – ältere Menschen können sehr rücksichtslos sein –, boxten sich einige schon wieder raus: Wieso sie den gewohnten Fensterplatz diesmal nicht bekämen, wieso sie als Ehepaar drei Reihen auseinander säßen?

Der Busfahrer riss mir die Papiere aus der Hand und verkündete mit Kommandostimme die richtigen Plätze. Ich hatte die Listen verwechselt.

Nie zuvor und nie danach habe ich mich und mein Schicksal so beklagt wie auf jener Nachtfahrt nach Freyung. Ich stopfte unentwegt «Hallo-Wach»-Schokolade in mich rein, weil ich glaubte, ich dürfte nicht einschlafen. Der Busfahrer schwieg und betrachtete mich manchmal kopfschüttelnd von der Seite. Um mich herum röchelte es. Als aus dem schummerig leuchtenden Radio leise der Schnee rieselte, wurden mir die Augen feucht. Ich war allein unter feindlichen Fremden. Aber ich hatte auch eine Aufgabe, auf die ich immerhin vorbereitet war. Und so straffte ich mich, als ich im ersten Morgenlicht auf der Bundesstraße hinter Cham weit vorn die Gipfel des Bayerischen und des Böhmerwaldes aufdämmern sah – in Reih und Glied und genau so wie am Tag vorher gelesen und memoriert. Ich freute mich so sehr, dass ich zum Mikrofon griff und für alle Schlafenden lauthals die Berggipfel aufzählte und am Ende rief, es würde schon alles gut gehen: Gute Reise!

Während mir ratloses Grunzen antwortete, knurrte der Fahrer nur: «Nicht zu fassen.»

Reisegruppen sind wie Schulklassen. In jenem Winter beschloss ich, nie Lehrer zu werden. Eigentlich sind Reisegruppen noch schlimmer, denn Schulkinder ahnen immerhin, dass sie frech sind und dass man sie bremsen muss. Ältere Menschen, die in einer folkloristisch ausstaffierten Jägerhütte fünf Minuten lang mit den Messern auf die Tische hauen aus Protest, weil der versprochene Gänsebraten noch nicht aufgedeckt ist, halten sich für erwachsen und das, was sie tun, für ihr gutes Recht. Die beiden Damen, die seit zwanzig Jahren gemeinsam auf Reisen sind und sich immer noch siezen, werden in jeder Herberge erst einmal unzufrieden sein mit den Betten oder dem Ausblick. Und wer sie zum ersten Mal erlebt, wird ihnen ein neues Zimmer verschaffen und sich bei der Hotelleitung unbeliebt machen.

«Das dauert jetzt fünf Fahrten, bis ich die wieder auf dem Teppich hab», knurrte der Fahrer. «Du siehst sie nur einmal.»

Der ältere beredte Herr mit schweigender dreißigjähriger Tochter, der immer alles besser weiß, wird jede Gelegenheit freudig ergreifen, den jungen Reiseleiter zu blamieren. «Wie heißt die Kapelle da drüben?», blafft er durch den Bus und hofft, dass ich mich hilflos winde.

Aber dieser Mann machte mich damals zum Kämpfer: «St. Ägidien-Kathedrale», entgegnete ich nach der Schrecksekunde ins Mikrofon, und er brüllte zurück: «Das ist lächerlich. Stimmt nämlich gar nicht. Sankt Blasius!»

«Die hat doch der Bischof von Regensburg letzten Herbst umgeweiht, wussten Sie das nicht?», fiel mir ein.

Durch den Bus ging ein Raunen.

Allmählich fand ich in meine Rolle. Nach der Zimmerverteilung am Morgen hatte ich einen Streit zwischen dem Portier und einem Stubenmädchen geschlichtet, und ein rotgesichtiger Kettenraucher aus unserer Gruppe, Herr Erwin genannt, hatte mich zu einem Schnaps eingeladen. Morgens um acht, ich hatte nicht gewagt abzulehnen. Dafür war das Stubenmädchen dann bei uns hängen geblieben, und nach drei weiteren Schnäpsen waren Herr Erwin, Moni und ich für den Abend in einer Disco verabredet.

Disco am Heiligen Abend? Wo Touristen sind, gibt es alles.

So elend mir war, versuchte ich, an der Rezeption noch schnell die Planung der Feierlichkeit anzusprechen.

«Wir haben nichts weiter vorgesehen», verwahrte sich der Hotelchef. Im Freizeitreisen-Prospekt hatte etwas von einer stimmungsvollen Holzfällerweihnacht mit Zithermusik gestanden.

«Ne olle Zither hängt in der Bar anner Wand», brummte der Busfahrer – und als ich ihn nicht gleich verstand: «Na, du hast doch vorhin erzählt, du spielst Klavier. Dann kann das doch nicht so schwer sein!» Als ich entrüstet ablehnte, entschied er: «Deine Sache, mich jeht's nüscht an», und legte sich schlafen.

Ich hakte, ein wenig taumelig nach der alkoholischen Frühversorgung, den ersten Programmpunkt ab: gemeinsamer Rundgang durch den Ort Freyung. Ich hatte das Nest nie gesehen, mir gerade noch von Moni ein paar Tipps geben lassen, zeigte meiner Gruppe das Rathaus und eine angeblich historische Wirtschaft in der Tulpengasse. Niemand zeigte an diesem Schülercafé in einem roten Fachwerkhäuschen ein weiteres Interesse. Ich ließ mir eine dürftige Geschichte einfallen über schlechten Muckefuck und einen Blitzschlag mitten in die Konditorei, vor der wir zufällig gerade standen, und dass sie seitdem den besten Kaffee des ganzen Landkreises hier kochten. Damit entließ ich meine Leutchen unter den rotierenden Christbaumkugeln der Hauptstraße.

«Hätt'ste Provision für verlangen soll'n», erklärte mir später der Busfahrer.

Zurück im Hotel, faltete ich 32 Schmuckkärtchen und füllte 32-mal Schokoladenengelchen in kleine Stoffsäckchen, eine Weihnachtsgabe der Firma Freizeitreisen.

Es klopfte. Eine der beiden Siez-Damen stand in der Tür.

«Wird es denn auch eine schöne Feier geben?», fragte sie verzweifelt. «Letztes Jahr hatten wir Ente, aber sonst gar nichts, nicht einmal ein Lied. Wissen Sie, junger Mann, wenn man immer allein ist...»

Sie sah mich so flehend an. Ich musste mir etwas einfallen lassen.

Eine Reise mit älteren Leuten verlangt es, die Zeit in strengster Einteilung zu verschnüren: Frühstück, Unternehmung eins, Mittagessen und Absacker, Unternehmung zwei, Kaffee, Kuchen und Absacker, Unternehmung drei, ein Schläfchen, Spaziergang, ein Kirchgang, dann Abendbrot. Eigentlich egal, was es ist, es führt aus der Verzweiflung der Freiheit in leeren Stunden mit sich selbst zurück ins Sinnvolle, in den Plan. Und was machen wir jetzt?, fragen die Augen der Jüngsten wie der Ältesten. Hauptsache, man hat was vor.

Dementsprechend wenig Zeit blieb mir für all meine Vorhaben. Aber beim Aufbruch zur Christmesse konnte ich meinem Fahrer doch zuflüstern, ich hätte tatsächlich ein bisschen das Zitherspielen geübt und sogar noch ein Gedicht geschrieben; das würde ich vorlesen. Er guckte skeptisch, brummelte aber: «Na, wenigstens was.»

Nur mit der Holzfällerweihnacht sei ich noch nicht weiter.

Er winkte ab. Wollte sich jetzt noch was hinhauen.

«Ein schönes Leben führt so ein Busfahrer», sagte ich spitz und zockelte meinen Leutchen nach in die Kirche.

Später beim Abendessen, es gab Ente gespickt mit Bratäpfeln, überkam mich Wehmut. Die hatte im Gottesdienst zu nagen begonnen, als der Pfarrer von den Familien sprach, die sich an diesem Abend vereinten. Als die Kleinen zur

Krippe rannten, die Alten hinterher, sah ich das mit den Augen der Mutter, sah mich selbst als den kleinen Steppke – dann mich jetzt, weit weg von zu Haus. Und als der Braten endlich aufgetischt war, sah ich die Eltern vor mir, wie sie Heiligabend ohne mich feiern mussten, schweigend wahrscheinlich, zum ersten Mal so – ich musste sie dringend anrufen. Aber ich bewegte mich nicht weg. Weit hinten in der Gaststube erkannte ich Moni, vom Portier des Hotels hergelockt und jetzt den wechselnden Launen dieses sehr viel älteren Mannes ausgesetzt.

Ich war den Tränen nah.

«Wie viel Kalorien hat so ein Bratenstück, was meinen Sie?», rief der Besserwisser quer über die Köpfe und nahm seiner Tochter eine eben angerauchte Zigarette aus dem Mund. Während er triumphierend eine Zahl nannte, sah ich aus den Augenwinkeln die erwartungsvollen Blicke meiner Alten. Wann ging die Bescherung denn endlich los? Sie hatten aufgegessen. Noch lauerten sie begierig wie Kinder – bald würden sie im Kopf ihre Beschwerdebriefe formulieren.

Moni und ich entzündeten Kerzen, verteilten die popeligen Säckchen von Freizeitreisen, ich stimmte «Oh du Fröhliche» an und las dann mein Gedicht. Das alles war nett, nett gemeint – und traf nicht den richtigen Ton.

Ich spürte es genau.

«Vor drei Jahren, am Vorarlberg, da hatten wir einen, nicht wahr, Frau Metternich …», hörte ich eine der Siez-Damen zischeln.

«Na, machen wir's uns trotzdem gemütlich», seufzte Herr Erwin und gab der dreißigjährigen Tochter Feuer.

Was konnte ich tun?

Ich wünschte mich in die entfernteste Südsee.

Auf einmal donnerte es an der Tür – die erwachsene Tochter drückte sofort ihre Zigarette aus –, und herein trat ein stattlicher Holzfäller. Fellmantel, grauer Wattebart, eine Axt über die Schulter geworfen. Er entschuldigte sich für sein spätes Kommen, stellte eine Flasche Feuerwasser auf den Tisch, legte eine Schallplatte auf und griff sich die wehmütigste Siez-Dame zum Tanzen. Andere sprangen auch auf, man riss mich mit, wir galoppierten in einer Polonaise durch den Speiseraum. So also musste das sein.

Dann gebot der Holzfäller Ruhe.

«Wenn jetzt jeder von euch», rief er, «in diesen Hut einen Schein wirft, dann wird unser Reiseleiter was auf der Zither spielen.»

«Au ja, ach toll», kam es von allen Seiten. Der Hut füllte sich, man holte das Instrument, und mir blieb gar nichts anderes übrig.

«Das Geld geht an mich», flüsterte drohend der Holzfäller, als ich anfing zu zithern. «Ohne mich wärst du aufgeschmissen gewesen ...»

Es war unser Busfahrer, und alle wussten es, aber das machte gar nichts.

Ich spielte.

Später in der sogenannten Disco, einem kahlen Keller namens Rudis Saloon, waren Moni und ich, die erwachsene Tochter und Herr Erwin die einzigen Gäste. Die Dreißigjährige entpuppte sich als eine kettenrauchende Frohnatur, während Moni später von ihrem Portier unsanft abgeholt wurde. Ich versuchte nichts mehr zu schlichten.

Ich war gegen fünf Uhr früh im Hotel und musste um sieben schon wieder aufstehen. So ging das acht Tage lang. Meine lieben Eltern habe ich von dieser Reise aus nie angerufen. Mit Herrn Kuhlmann, dem Busfahrer, kam es am Ende zu einer schweigsamen gegenseitigen Sympathie. Nur als ich mich zurück in Berlin überschwänglich von ihm verabschiedete mit den Worten, man würde sich ja vielleicht demnächst im Namen von Freizeitreisen einmal wieder begegnen, winkte er ab und meinte, für mich gebe es bestimmt auch noch andere Berufe.

Trinkgelder blieben uns kaum – es hat nicht mal gereicht, meine Zeche in Rudis Saloon zu begleichen.

Aber der dreißigjährigen Tochter half ich ein halbes Jahr später bei ihrem Auszug von zu Haus.

Julia Hackober

Unter der Sonne der Toskana

Johannes rutschte auf dem Fahrersitz hin und her und seufzte.

«Was ist?»

«Mir ist so warm.»

«Dann zieh doch den Pulli aus!» Er trug den dicken Wollpullover, den ich ihm mal für einen Skiurlaub geschenkt hatte.

«Zu faul.»

Ich sagte nichts mehr und schaute aus dem Fenster. Eine sehr norddeutsche Landschaft zog an uns vorbei: flaches Ackerland unter grauem Himmel, Solarfelder neben der Autobahn. Es war das Wochenende vom vierten Advent, wir waren auf dem Weg zu Johannes' Eltern. So war die Abmachung: Weihnachten bei meiner Familie und dafür das letzte Adventswochenende in Hamburg.

«Können wir nicht mal die Heizung runterdrehen?», fragte Johannes. «Du kannst dir doch die Sitzheizung anmachen.»

«Oh Mann», sagte ich, stellte meine Sitzheizung auf dem Cockpit-Display von Johannes' Firmenwagen demonstrativ auf die höchste Stufe und zog mein Handy aus der Tasche. Ich scrollte eine Weile durch Instagram, aber kurz vor Weihnachten passierte da nicht viel – abgesehen von Frauen mit Kindern, die im Advent von Plätzchenback-Nachmittagen und Bastelaktionen posteten. Die Fotos zeigten die Kinder nur von hinten. Kinder-Content sorgte verlässlich für viele Likes, doch keine Prenzelberg-Mutter wollte als Kindeswohl gefährdende Influencer-Mom gelten, die fahrlässig Fotos ihrer Kleinen ins Netz stellte. Unter diesen Bildern stand gewöhnlich ein längerer Text über liebevolle Alltagsmomente und glänzende Kinderaugen, über die man nicht vergessen sollte, dass die Care-Arbeit in Deutschland immer noch krass ungerecht verteilt sei. Schließlich seien es die Mütter, die die Bastelnachmittage in der Kita verbringen müssten und alles für Weihnachten gemütlich gestalten sollten.

Dann lass doch einfach das Basteln, Anna-Lena, dachte ich und gab ihr trotzdem einen Like, denn sie war eine Kollegin und schnell beleidigt, wenn man ihren Content nicht mit der angemessenen Aufmerksamkeit bedachte. Einmal hatte sie mich darauf angesprochen, warum ich ihre Posts ignorierte, ob ich als «kinderfreie» Frau ein Problem damit hätte – so wurde das in sensibler Sprache genannt, wenn man im Prenzlauer Berg mit 31 Jahren noch keine Verlobung, keine Hochzeitsreise auf die Malediven und erst recht keine Nachwuchspläne vorzuweisen hatte. Damals hatte ich beteuert, es liege am Algorithmus, dass mir Anna-Lenas Posts nicht ausgespielt würden. Seither gab ich ihr für jede Care-Arbeit-Caption einen Like, manchmal setzte ich sogar ein 100-Emoji darunter, was so viel bedeuten sollte wie «Ich stimme dir voll und ganz zu!», auch wenn es mir natürlich herzlich egal war, ob sich Anna-Lena die Lastenradfahrten zur Kita mit ihrem Mann gerecht aufteilte.

Instagram erschöpfte mich, also wechselte ich zu LinkedIn. Dort verabschiedeten sich für meinen Geschmack schon viel zu viele Leute in die weihnachtliche Offline-Pause, «um die Akkus wieder aufzuladen». Es war erst das vierte Adventswochenende, und eine Menge Menschen mussten bis Weihnachten arbeiten, vielleicht sogar über die Feiertage. Ich suchte in den Kommentaren unter den «Wir sehen uns im neuen Jahr – digital oder persönlich!»-Posts nach Anmerkungen: Diese Abmeldungen lasen sich immerhin wie aus einer privilegierten Bubble heraus geschrieben, verfasst von Leuten, die das ganze Jahr über in Videocalls hingen, Powerpoint-Präsis bauten und damit irgendwie ihren Lebensunterhalt bestritten. Aber nichts. Kein kritischer Kommentar. Nur viele, viele Weihnachtsmann-Emojis.

Vielleicht waren die Leute zum Ende des Jahres einfach zu kaputt, um noch zu protestieren. Ich war es ja auch. Halbherzig begann ich gedanklich, einen eigenen Post zu formulieren, der die anderen kritisieren sollte, aber ich merkte schnell, dass mir die Lust ausging. Also beschloss ich, sämtliche Apps für diesen Tag von meinem Handy zu löschen, auch wenn ich insgeheim wusste, dass ich sie mir spätestens nachts, wenn ich auf dem winzigen, harten Klappsofa meiner Schwiegereltern nicht würde schlafen können, wieder herunterladen würde.

«Was machst du schon wieder am Handy?», fragte Johannes.

«Hab nur Instagram und LinkedIn gelöscht, brauche mal eine Pause am Wochenende», sagte ich.

«Ah ja.»

Eine Zeit lang schwiegen wir. Ich starrte wieder aus dem Fenster und überlegte mir, dass in dieser öden Landschaft einige noch erheblich größere Solarfelder auch nicht mehr stören würden.

«Du bist so still, is' was?», fragte Johannes.

«Nee, warum?», antwortete ich und dachte im gleichen Moment, dass sich das anhören musste wie in einem Mario-Barth-Sketch: die Frau, die schlechte Laune hat, selbst gar nicht so genau weiß, warum, aber behauptet, alles sei in Ordnung, und das in einem Ton, der genau das Gegenteil nahelegte.

«Na, du redest nichts.»

«Ich muss doch nicht immer was reden», sagte ich. «Du kannst auch mal was erzählen. Ich bin doch nicht deine persönliche Dauerentertainerin!» Ich merkte, wie ich anfing, mich ein bisschen aufzuregen.

«Bist du gestresst?»

«Nein!»

«Sicher? Du wirkst so.»

«Nein, ich bin nicht gestresst, du stresst mich gerade! Jetzt lass mich doch einfach mal hier sitzen und aus dem Fenster gucken und entspannen!»

«Ooooh-keee.» Wir schwiegen eine Weile, denn das schien mir das beste Mittel zu sein, um meine Nicht-Genervtheit unter Beweis zu stellen. Weihnachten war einfach schwierig. Wenn ich auf uns blickte, wie wir im Auto saßen und uns anmoserten, irgendwo zwischen Spaß und Ernst, dann erschrak ich ein bisschen. Wir waren zu Menschen geworden, die gehetzt in die Feiertage stolperten, hier noch schnell ein Verwandtenbesuch, da noch eine Adventsparty, und dann wunderten wir uns, dass sich Besinnlichkeit nicht auf Knopfdruck anschalten ließ. Weihnachten fühlte sich im Erwachsenenleben nur noch nach Müssen an, dachte ich, nach lauter Verpflichtungen, denen man am Ende nicht gerecht werden konnte, und obwohl ich mich immer für unkonventionell gehalten hatte, saß ich nun unruhig im Auto und konnte nicht wirklich sagen, was los war, außer, dass ich keine Lust auf gar nichts hatte.

«Wollen wir einen Podcast hören?», schlug Johannes schließlich vor.

«Ja», sagte ich.

Wir stritten uns eine Weile lang über die Auswahl. Er bevorzugte Sendungen, in denen zwei Männer über irgendwas redeten. Mich machten diese Männer-Laber-Podcasts leicht aggressiv, weil ich fand, dass sie für so ziemlich alles standen, was in unserer Gesellschaft schieflief – nämlich, dass jeder noch so dusselige Witz eines Mannes als genialer Humor gefeiert wurde, während Themen, für die sich Frauen interessierten, als albern abgetan wurden.

Johannes wollte unbedingt die neue Folge seines Lieblingspodcasts hören, in der zwei deutsche Comedy-Stars darüber redeten, wie unfair es sei, dass Exhibitionismus in Deutschland nur für Männer strafbar sei, und dies gleichzeitig unfassbar lustig fanden: «Das ist auch Sexismus, wenn eine Frau nackt über den Weihnachtsmarkt laufen darf, ein Mann aber nicht, hallooooo?!»

«Wenn wir das einschalten, musst du mit meinen feministischen Anmerkungen leben», sagte ich. Ich müsse mal verstehen, antwortete Johannes, dass ich nicht alles durch meine gesellschaftskritische Brille bewerten müsse, man könne auch einfach nur zuhören und sich berieseln lassen. Schließlich einigten wir uns auf einen Podcast, den ein Talkshow-Moderator und ein Fernsehphilosoph bestritten und in dem es jetzt um die Bedeutung von Religion in der Gesellschaft ging. Das war eine Fehlentscheidung. Ich drückte alle paar Minuten auf Stopp, um kleine Co-Referate zu halten, zum Beispiel über die Frage, ob man Gott gendern müsse, es könne ja keiner wissen, ob der oder das nicht eine Sie sei.

Ich glaube, wir waren beide froh, als ich aufs Klo musste

und wir den Podcast stoppten, um an der nächsten Raststätte zu halten. Der Parkplatz war voll. Leute in schwarzen und braunen Daunenjacken trotteten missmutig in Richtung Autobahnrestaurant. Deutschland zur Vorweihnachtszeit, dachte ich und kramte schon mal nach einem Euro für die Toilettenanlage. Johannes echauffierte sich gern über diesen Euro; mir war eine halbwegs saubere Toilette das Geld wert. Außerdem mochte ich es, an der Tankstellenkasse das Snickers, die sauren Pommes oder irgendeine andere Köstlichkeit, die man nie aß außer auf Autofahrten, mit lauter Klogutscheinen zu bezahlen. Manchmal dachte ich, der große Unterschied zwischen Johannes und mir bestand darin, dass er jeden ausgegebenen Euro auf Zweckmäßigkeit untersuchte und mir Bequemlichkeit wichtiger war. Und dass ich das jetzt noch niedlich fand, ja, es sogar als perfekte Ergänzung betrachtete, er der Sparsame, ich die Großzügige, dass es mich in dreißig Jahren aber vermutlich irre nerven würde, immer noch Diskussionen um Toiletten-Euros führen zu müssen. Ich wusste von meiner Mutter, wie gefährlich vermeintliche Nichtigkeiten werden konnten. In ihrem Bekanntenkreis war es schon zu Scheidungen nach jahrzehntelangen Ehen gekommen, weil einer von beiden seine Bonbonpapierchen nie in den Müll schmiss.

Ich wusch mir die Hände auf der Toilette. Neben mir zog eine Frau im Hosenanzug ihren Eyeliner nach. In ihren Ohren steckten Earpods. Sie schimpfte darüber, dass ihr Chef ihr vor Weihnachten noch so viel Arbeit aufgebrummt habe. «Ich habe ihm aber klipp und klar gesagt, wenn ich den Deal noch close, dann ist aber wirklich Schluss für dieses Jahr! Dann will ich wenigstens zwischen den Jahren freihaben! Das Wochenende ist jedenfalls ruiniert, schönen Dank.» Ich fragte mich, ob der Person am anderen Ende der Telefonleitung auffallen würde, wie absurd es war, dass man im Berufsleben am Ende doch immer machte, was einem aufgetragen wurde, egal wie dreist, und dass man es vor sich selbst noch als Erfolg deklarierte, wenn man Selbstverständlichkeiten wie einen Freizeitausgleich für ein durchgearbeitetes Wochenende forderte.

Gleichzeitig bewunderte ich, wie kunstvoll die Frau sich am Waschbecken aufregen und nebenbei den perfekten Lidstrich ziehen konnte. Die Frau hielt inne und starrte mich irritiert an: «Is' was?» – «Nein, nein», sagte ich. «Frohe Festtage!» Sie zog die Augenbrauen hoch, wandte sich wieder ihrem Spiegelbild zu und redete weiter in ihre Kopfhörer. «Bin noch dran, da war nur grad so eine weirde Person im Klo.»

Ich passierte das Drehkreuz, zog meinen Ein-Euro-Gutschein aus der Hosentasche, überlegte, ob ich ihn eher in Kaffee oder einen Schokoriegel investieren sollte, und sah mich nach Johannes um. Er stand vor dem Regal mit den Schundromanen, *Eine Liebe an der Ostsee*, so was, vorne drauf ein eng umschlungenes Paar mit wogendem Haar.

«Frage», sagte Johannes.

«Ja, bitte», antwortete ich.

«Wie war das jetzt noch mal mit den Geschenken für meine Eltern, da hatten wir alles, oder? Oder sollen wir hier noch irgendwas mitnehmen?»

Ich atmete tief durch. Vor Wochen hatte ich Geschenke besorgt, einen Roman für Johannes' Mutter, eine Flasche Wein für seinen Vater, dazu einen Gutschein für einen Museumsbesuch bei uns in Berlin. All das hatten wir mehrfach besprochen. Wie jedes Jahr war Johannes nichts eingefallen, was seine Eltern sich wünschen könnten. «Ach, die freuen sich, wenn wir kommen», sagte er. Ich fand, wir müssten wenigstens eine Kleinigkeit mitbringen. «Alle Eltern sagen, sie wünschen sich nichts, und dann freuen sie sich doch, die Geste zählt», erklärte ich.

«Gut, wenn du meinst, aber mir fällt wirklich nichts ein, du bist viel besser mit so was, hast du keine Idee?», sagte er, und obwohl das der billigste Trick war, um jemandem eine Aufgabe überzustülpen, für die diese Person nicht zuständig war, erklärte ich mich bereit, mich zu kümmern.

Und jetzt stand ich hier, in dieser Raststätte auf dem Weg nach Hamburg, und war so fassungslos wie Hunderttausende andere Frauen in Deutschland, die jedes Jahr Weihnachten komplett durchorganisieren, weil sie wissen, dass ihre Männer nichts auf die Reihe kriegen, und die dann, zwei Minuten bevor der Besuch bei den Schwiegereltern ansteht, gefragt werden, ob man nicht noch ein Geschenk bräuchte. Meine Kollegin Anna-Lena würde aus dieser Anekdote einen gut gehenden Instagram-Post zur Mental-Load-Verteilung in Beziehungen machen.

Aber ich war ich, und deshalb sagte ich nur: «Das ist jetzt nicht dein Ernst.»

«Nee, nee», sagte Johannes und grinste, «war nur ein Witz. Ich weiß ja, du hast alles besorgt, sehr nett von dir.»

«Idiot», sagte ich. «Wenn ich das nicht gemacht hätte, stünden wir ohne Geschenke da.»

«Ich habe dir gesagt, dass meine Eltern keine Geschenke erwarten.»

«Und ich habe dir gesagt, dass es unmöglich ist, keine Geschenke mitzubringen.»

«Nun haben wir welche, ist doch alles gut. Ich verstehe jetzt grad das Problem nicht.»

Unser Ton kippte ins Genervte, und eine Frau mit lila gefärbten Haarspitzen, die gerade den Band *Leidenschaft unter der Sonne der Toskana* durchblätterte, schaute uns neugierig an.

«Ach, egal», sagte ich.

«Ich geh mal Kaffee holen.» Johannes verschwand. Ich stand unschlüssig herum und drehte am Bücherständer.

«Entschuldigen Sie», sprach mich die Frau mit den lila Haaren an. «Aber wenn Sie noch Geschenke suchen, die Anker-Schlüsselanhänger da drüben mit den Vornamen drauf kommen immer sehr gut an, die habe ich meinen Schwiegereltern auch schon mal mitgebracht!»

Ich starrte die Frau an, und weil mir nichts anderes einfiel, bedankte ich mich bei ihr für den Tipp. Sie nickte zufrieden und griff nach dem nächsten Schicksalsroman.

Ich sah mich nach Johannes um. Irgendwann, das wusste ich, müsste ich ihm das alles noch einmal auseinandersetzen; erklären, warum es nicht meine Aufgabe war, Geschenke für seine Eltern zu besorgen, und dass es ein bisschen gemein war, Witze zu machen, wenn jemand sich kümmerte. Ich würde ihm empathisch verklickern, warum ich keine Lust hatte, zu einem dieser Paare zu werden, bei denen einer dem anderen fortwährend Dinge vorwarf, bis keiner mehr wusste, warum man eigentlich zusammen war, und dass sich das meiner Meinung nach nur vermeiden ließe, indem nicht immer die gleiche Person an Weihnachten die Geschenke besorgen musste.

Johannes würde fragen, warum Weihnachtsgeschenke so wichtig seien und was das alles überhaupt mit unserer Beziehung zu tun habe, und ich würde erklären, dass es ja nicht um die Geschenke gehe, sondern um ein viel größeres Problem, das uns betreffe, aber sich auch auf einer gesellschaftliche Ebene abspiele, dass nämlich Frauen immer noch sämtliche Aufgaben übernehmen sollen, die das Leben schön machen, und dabei auch noch stets gut gelaunt zu sein haben.

Ich würde alles erklären, so wie Frauen immer alles erklärten, Hunderte Male, in der Hoffnung, dass irgendwas davon beim Gegenüber durchsickert. Uns wird das so beigebracht, in unzähligen Ratgebern und Freundinnengesprächen und Instagram-Posts von Lebens-Coachinnen: Du musst nur besser kommunizieren, dann wird schon alles gut, du musst den anderen abholen, mitnehmen in deine Perspektive, ihm eine Chance eröffnen, dich verstehen zu können. Männer hörten Laber-Podcasts, Frauen leisteten Beziehungsarbeit und besorgten die Geschenke, so war das eben, und in den Minuten auf der Raststätte auf dem Weg nach Hamburg fragte ich mich, ob das immer so weitergehen würde, bis in alle Ewigkeit.

Irgendwann würde es dieses Gespräch geben. Aber natürlich nicht jetzt. Nicht unmittelbar vor Weihnachten, wo wir fröhlich sein und am Wochenende das gut aufgelegte Paar geben sollten. Jetzt war keine Zeit für Grundsatzdiskussionen. Als wir mit unseren Cappuccinos in der Hand die Raststätte verließen, legte Johannes den Arm um mich.

«Danke, dass du die Geschenke besorgt hast», flüsterte er mir ins Ohr. Für ihn war die Sache offenbar erledigt, und ich dachte, dass es nun an mir sein müsste, weihnachtliche Großherzigkeit walten zu lassen und über alle unsere Fehler und Makel und Dissonanzen hinwegzusehen. Ich nahm einen Schluck vom schaumigen Cappuccino, auf den ich ausnahmsweise Zucker gestreut hatte.

Vielleicht, dachte ich, waren die Fahrten in Weihnachtswochenenden deshalb so anstrengend, weil man sich erst einmal durch die mühsamen Themen des Alltags schälen musste, bevor man auch nur die Chance auf ein friedliches Weihnachten hatte. Vielleicht war es sinnvoll, dass man Unzufriedenheiten auf der Raststätte zurückließ, wo sie während der Feiertage nicht störten. Erst mal alles vergessen über Zimtsternen und Feuerzangenbowle. Hervorkramen konnte man die Dinge immer noch. Später. Bei Bedarf.

Die restliche Fahrt nach Hamburg verlief reibungslos. Johannes haderte mit der Aussicht auf die veganen Gerichte, die seine Schwester servieren würde und die von seinen Eltern immer als «sehr kreativ» gelobt wurden, was bedeutete, dass sie nach nichts schmeckten. Wir hörten Weihnachtslieder und sangen lauthals mit, und als ich bei «All I want for Christmas» versuchte, das hohe C in «is Youuuu» zu treffen – schließlich war ich früher mal im Chor gewesen –, da bestätigte Johannes, dass es sich gar nicht so schlecht angehört hatte und ich bei der Castingshow *Popstars* auf ProSieben bestimmt Chancen gehabt hätte, wenn meine Eltern mir mit 16 die Teilnahme erlaubt hätten.

Schließlich kurvten wir durch die Backsteinsiedlung, in der seine Eltern lebten, und fanden schließlich einen Parkplatz. Unser Auto kam mir zu groß vor für diese Siedlung aus den 60er-Jahren, als sich noch niemand vorstellen konnte, dass Dreißigjährige einmal mit Hybrid-SUVs auf Elternbesuch fahren würden. Johannes stellte den Motor ab. «Bereit?» Ich nickte. «Na, dann los.»

Norbert Schnöde

Da ist jemand für dich

Ich sehe nicht alt genug aus. Zwar ist der Bauch ganz passabel – ich habe einen dicken Winterpullover umgebunden, die Ärmel am Rücken verknotet und vorn ein Sofakissen hineingestopft –, aber mit dem weißen Vollbart ähnele ich eher einem Hipster als einem freundlichen alten Mann. Die runde Nickelbrille macht mich höchstens weitere fünf Jahre älter, vielleicht zehn, wenn ich sie fast zur Nasenspitze schiebe. Zum Glück kann ich meine Stimme klingen lassen, als wäre ich siebzig.

Ich muss mich beeilen. Wenn ich jetzt losgehe, kann ich alle Kunden abgeklappert haben, bevor Viola kommt.

Ich denke, sie wird nicht kommen.

Aber falls sie doch kommt, muss ich um neun zu Hause sein.

Zum ersten Mal habe ich sie in der Buchhandlung am Bahnhof Friedrichstraße gesehen. Sie stand am Regal und las den Klappentext eines Buches. Dabei strich sie mit dem linken Zeigefinger nachdenklich über ihren Nasenrücken.

Ich kannte diese Geste. Tausende Male hatte ich sie bei Lisa gesehen, meiner Ex-Frau. Ansonsten gab es keine Ähnlichkeit. Trotzdem musste ich diese Frau ansprechen.

Ich nahm aus dem Regal neben mir das erstbeste Buch, ging zu ihr hinüber und sagte: «Das da habe ich schon gelesen. Glaub mir, dies hier ist viel besser.» Ich hielt ihr das Taschenbuch hin, und sie griff verwirrt danach. «Arbeitest du hier?», fragte sie.

«Nein. Und im Café nebenan arbeite ich auch nicht. Trotzdem können wir da gleich mal einen Kaffee trinken.»

Sie sah mich einige Sekunden zweifelnd an. Dann sagte sie: «Okay. Aber dabei erklärst du mir, was am –», sie blickte auf das Buch, «– Handelsgesetzbuch spannender sein soll als an den Erzählungen von John Irving.»

Eine Woche später gingen wir ins Kino. Kein Kuss, keine Berührungen. Unser drittes Date fand Mitte Dezember beim Griechen in der Grolmannstraße statt. Ich war die ganze Zeit bemüht, sie zum Lachen zu bringen – und kriegte einfach nicht die Kurve zu einem ernsthafteren Gespräch.

Deshalb glaube ich nicht, dass Viola heute Abend kommen wird. Wahrscheinlich bin ich längst in ihrer *friend zone* gelandet, wo man guter Freund sein darf, aber kein Liebhaber. Und gute Freunde besucht man am Heiligabend genauso wenig wie am Valentinstag.

Was soll's. Vielleicht kann ich als Weihnachtsmann heute das Herz einer unglücklichen Ehefrau erobern.

Der rote Mantel spannt etwas überm Bauch. Die Mütze mit dem weißen Kunstpelzrand riecht nach Chemie.

Als ich die Treppe hinuntergehe, beginnen meine Hände zu schwitzen. Kein Wunder. Beim ersten Mal gleich ein Dutzend Kunden an einem Nachmittag. Ich beginne, an meiner Idee zu zweifeln. Schließlich brauche ich das Geld nicht. Ich könnte auf dem Sofa liegen, Actionfilme gucken und Spekulatius knabbern.

Nein, könnte ich nicht. Meine Ex-Frau Lisa mochte Spekulatius noch lieber als ich. Der Geschmack nach Kardamom, Zimt und Nelken würde ausreichen, mich in ein heulendes Häufchen Elend zu verwandeln.

Norbert Schnöde

Nein. Es war eine gute Idee, mich bei der Agentur als Weihnachtsmann anzubieten. So werde ich über die schlimmsten Stunden hinwegkommen.

Erster Kunde: Familie Backhaus. Altbau, vierter Stock. Ich gehe gleich weiter Richtung fünfter Stock, denn auf dem nächsten Treppenabsatz soll der Sack mit den Geschenken stehen. So habe ich es telefonisch mit dem Familienvater verabredet. Normalerweise wird der Sack beim Nachbarn deponiert, aber Familie Backhaus versteht sich nicht so gut mit den Leuten nebenan.

Der Sack steht nicht da.

Ich laufe die Treppen bis zum Dachgeschoss hinauf. Auch dort steht nichts.

Es ist gleich halb vier. Es hilft nichts, ich muss klingeln.

Herr Backhaus öffnet selbst. Ich strecke ihm meine leeren Hände entgegen. Doch der vierjährige Fabian und seine drei Jahre ältere Schwester Rieke drängeln an ihrem Vater vorbei.

«Der Weinaxmann!», kreischen sie.

Herr Backhaus hat die Situation blitzschnell erfasst. «Moment, Kinder. Dem Weihnachtsmann ist bestimmt sehr kalt. Ich werde ihm in der Küche erst mal einen Weinbrand eingießen. Und ihr wartet im Kinderzimmer.»

Statt eines Schnapses bekomme ich einen misstrauischen Blick. «Wo sind die Geschenke?», zischt er.

«Keine Ahnung. Im Hausflur stand nichts. Bin extra ganz nach oben gegangen.»

Sein Gesicht erstarrt. «Geklaut. Einer von diesen verdammten Drecksäcken...» Seine Stimme erstirbt. Den Blick starr in die Weite gerichtet, lehnt er sich gegen die Wand.

Nach einer Minute Schweigen sagt er: «Lassen Sie sich was einfallen.» Ich blicke ihn verblüfft an.

«Ja, glotzen Sie nicht! Kommen Sie!» Er packt mich am roten Ärmel und zerrt mich ins Wohnzimmer. «Kinder! Rüberkommen!» Türenklappen. Getrappel.

Die Kinder suchen mit den Augen das Zimmer nach Geschenken ab. Frau Backhaus kommt, bindet ihre Schürze ab und schaut sich um. Der Vater räuspert sich. «Kinder, der Weihnachtsmann hat euch was zu sagen.» Er nickt mir auffordernd zu.

Mir wird plötzlich sehr kalt. Ich fange an zu sprechen, bevor ich weiß, was ich sagen will. «Äh ... lieber Fabian, liebe ... Rieke. Zuerst mal ein dreifaches Hohoho! Ich sehe, ihr habt einen sehr schönen Baum und ... sehr schön geschmückt!»

«Das war Mama!», schneidet mir Rieke das Wort ab. «Und die Geschenke?»

Ich schaue auf meine Hände, als fiele mir eben erst auf, dass sie leer sind. «Ja ... äh ... die sind noch im Schlitten!»

Der kleine Fabian kniet sich auf den Teppich und beginnt zu wimmern. Seine Schwester setzt das Verhör fort. «Und wo ist der Schlitten?»

«Weit, weit fort.» Ich mache eine ausladende Armbewegung. «Wir hatten nämlich eine Panne.»

Der kleinen Kommissarin bleibt der Widerspruch in meiner Aussage nicht verborgen. «Aber wenn der kaputte Schlitten so weit weg ist – wie bist du überhaupt hergekommen?» Sie verschränkt die Arme. Peinliche Sekunden des Schweigens.

Herr Backhaus springt mir zur Seite. «Tja, Rieke, der Weihnachtsmann hat natürlich einen Ersatzschlitten.» Und bevor sie zur nächsten Frage ansetzen kann, fällt ihm ein: «Aber der zweite Schlitten ist nicht so groß. Da passt nur der Weihnachtsmann selbst rein.»

Norbert Schnöde

«Und wie geht's jetzt weiter?», setzt Rieke nach. Sie hat ein leichtes Zittern in der Stimme.

«Tja.» Der Vater hebt nach Worten ringend die Arme. «Das mit der Reparatur kann so drei oder vier Tage dauern.»

Fabians Wimmern schwillt zum Sirenenton an. Rieke stampft mit dem Fuß auf. Kurz darauf knallt eine Tür zu.

Bevor ich gehe, nimmt Herr Backhaus mir das Versprechen ab, in ein paar Tagen noch einmal zu erscheinen. «Wenn der Schlitten repariert ist», raunt er bedeutungsvoll.

«Kostet leider extra», flüstere ich ihm beim Hinausgehen zu.

Auf dem Weg zur nächsten Familie habe ich das Gefühl, verfolgt zu werden. Nach ein paar Hundert Metern bleibe ich stehen und sehe mich um. Zehn Meter entfernt sitzt ein zotteliger kleiner Hund, eine Promenadenmischung mit schmutzig weißem Fell und schwarzen und braunen Flecken darin. Sein Blick strahlt Entschlossenheit aus, als habe er hier eine Mission zu erfüllen.

«Bist du mein Bodyguard?», frage ich. Er neigt den Kopf. «Ich werde dich James nennen.»

Als ich weitergehe, schließt er zu mir auf und trottet neben mir her.

Frau Klausner öffnet die Tür und strahlt. Sie trägt Pullover und Rock aus naturfarbener Wolle und strahlt schlichte Eleganz aus.

«David!», ruft sie. «Hier ist jemand für dich!»

Ein Zehnjähriger schlittert auf Socken den Flur entlang und reißt fast seine Mutter um.

«Hohoho», sage ich mit tiefer Stimme. «Fröhliche Weihnachten! Darf ich eintreten?»

«Aber sicher.» Frau Klausner tritt zur Seite und weist mit der rechten Hand den Weg zum Wohnzimmer.

Ich nehme in einem Sessel Platz und öffne mein goldenes Buch. Dann spule ich die Ermahnungen ab, die mir Davids Eltern telefonisch aufgetragen haben, und lobe den Jungen fürs Erringen des orangenen Gürtels im Karate.

Unterdessen ist sein Vater ins Zimmer getreten, in seinem glänzenden Trainingsanzug mit goldenen Längsstreifen an Armen und Beinen, umhüllt von Moschusduft.

Als David auf Wunsch der Mutter ein Weihnachtsgedicht runterleiert, schaut Herr Klausner gelangweilt aus dem Fenster. Ich stimme «Oh Tannenbaum» an, aber der Vater unterbricht nach der ersten Strophe: «So, David, du wartest doch bestimmt auf dein Geschenk.»

Der Junge nickt heftig, ich greife in den mit bunten Flicken besetzten Sack und hole das große Paket heraus, das ich vor zehn Minuten beim Nachbarn abgeholt habe.

«Na, das ist aber riesig!», konstatiert Herr Klausner.

Aus dem Gesicht seiner Frau ist das Strahlen verschwunden. Fragend blickt sie zu ihrem Mann, der sie ignoriert.

David zerfetzt das goldene Geschenkpapier und reißt die Arme empor. «Eine Autorennbahn!» Er kniet sich auf den Teppich und überfliegt die Beschreibungen auf dem Karton. Es ertönt die spitze Stimme der Mutter: «Schon wieder Technik?!»

«Na und?», brummt der Vater.

Sie atmet einmal geräuschvoll ein und aus. «Ich dachte, wir hätten uns darauf geeinigt, dass du was pädagogisch Wertvolles besorgst?»

David schleicht sich im Hintergrund aus dem Zimmer.

«Pädagogisch hatten sie grade nicht da», sagt Herr Klausner lakonisch.

Sie stützt sich angriffslustig auf den Esstisch. «Natürlich! Weil du nicht in dem Laden warst, den ich dir gesagt habe. Aber meine Meinung interessiert dich einen Dreck!»

Jetzt wird auch der Vater lauter: «Allerdings! Wenn du nach zwei Sätzen immer gleich hysterisch wirst!»

So geht es noch eine ganze Weile weiter. Die beiden merken nicht, dass David sich wieder ins Zimmer schleicht.

Ein Fensterflügel schlägt mit Wucht gegen ein paar Glaskugeln am Weihnachtsbaum, die mit leisem Klingeln zerschellen. David steht mit tränennassen Wangen am Fensterbrett und hat den großen Karton schon nach draußen geschoben. Seine rechte Hand hält noch eine Ecke des Geschenks fest.

«David!», schreit der Vater. «Mach keinen Unsinn!» Der Junge presst die Zähne aufeinander und starrt mit wütendem Blick seine Eltern an.

«Junge!», kann Frau Klausner nur noch rufen, dann löst David seine Finger vom Karton, der in der Dunkelheit verschwindet.

Die Mutter verlässt das Zimmer. David folgt ihr. Der Vater sieht mich an, zieht die linke Augenbraue hoch und schüttelt den Kopf. «Frauen.»

Er holt eine Flasche Whisky aus der Hausbar und gießt zwei Gläser voll. «Prost!»

Ich ziehe meinen künstlichen Bart vom Kinn und kippe den Schnaps hinunter.

Irgendwo in der Wohnung läuft jetzt Musik von Edith Piaf.

Herr Klausner zückt seine Brieftasche und zählt Geldscheine auf den Tisch – einen Schein mehr, als wir telefonisch vereinbart hatten. Im Aufstehen nicke ich ihm kurz zu. Auf dem Weg zur Wohnungstür komme ich am Kinderzimmer vorbei. Ich sehe David am Boden hocken und die schwarzen Teile der Rennbahn zusammenstecken.

Als ich unten aus der Haustür trete, schlägt mir feuchte, kalte Luft ins Gesicht. Auf dem Gehweg liegt der leere Karton der Autorennbahn, inzwischen nass und platt getreten.

«Siehst du, James», sage ich zum Hund. «Kinder und Hunde sind die Intelligentesten.» James leckt mir die Hand.

Ich klingle bei W. Krause, aber es öffnet niemand. Auch beim fünften Läuten nicht. Schlafen die schon? Es ist noch nicht mal sechs. Ich klingle Sturm. Endlich sind drinnen Schritte zu hören. Die Kette wird vorgelegt, die Tür einen Spalt geöffnet.

«Ja?»

«Guten Abend, ich komme wegen der Geschenke für die Familie Gunter.»

«Welche Geschenke?»

«Haben die Gunters nichts bei Ihnen hinterlegt?»

«Nein.»

Die Tür schließt sich.

Es hilft nichts. Ich muss trotzdem bei Gunters klingeln. Auch dort dauert es eine Weile, bis die Tür aufgeht. Ein etwa fünfzigjähriger Mann, blass und unrasiert, steht da in grauer Strickjacke und türkisfarbener Jogginghose.

Ich sage: «Hohoho, Herr Gunter, ich habe gehört, hier wohnen drei sehr brave Kinder.»

Er antwortet nicht. Sein Blick geht durch mich hindurch. Es scheint, als würde er jeden Augenblick seinen letzten Seufzer tun und in seinem Kopf noch mal das ganze Leben abspulen.

Norbert Schnöde

«Herr Gunter? Alles in Ordnung?»

Während er etwas Unverständliches murmelt, dreht er sich um und schleicht durch den Flur davon. Ich folge ihm.

Wir sitzen am Küchentisch. Ich habe Mütze und Bart abgenommen. Er füllt für mich ein Wasserglas halb voll mit Wodka. Wir stoßen an, und er sagt: «Es tut mir leid.» Nach einem großen Schluck fügt er hinzu: «Ich habe vergessen, Ihnen abzusagen. Wann hatten wir zuletzt telefoniert?»

«Oktober.»

Er nickt. «Viel passiert seitdem.»

Es stellt sich heraus, dass seine Frau ihm Ende November eine Affäre gestanden hat. Eine Woche später ist sie mit den drei Kindern zu einer Freundin gezogen.

Er nimmt noch einen großen Schluck. «Die Geschenke liegen im Kleiderschrank. Die können Sie gern zur nächsten Familie mitnehmen.»

Nach einer Minute des Schweigens sagt er: «Kennen Sie den, wo der Mann seine Frau fragt, was sie sich zu Weihnachten wünscht?»

Ich schüttle den Kopf.

«Sagt sie: die Scheidung. Da sagt er: Na, so viel wollte ich eigentlich nicht ausgeben.»

Sein Lachen klingt rasselnd. Ich weiß nicht, was ich sagen soll, traue mich aber auch nicht, einfach zu gehen.

Es klingelt. «Mach du mal auf. Ich will keinen sehen.»

Vor der Tür stehen, warm eingemummelt, zwei Jungen und zwei Mädchen und schauen mich sprachlos an.

«Hohoho», sage ich. «Ihr seid ganz schön spät dran. Ich wollte gerade wieder in den Schlitten steigen.»

Ich lasse sie herein und dirigiere sie zum Ende des Flures, wo ich das Wohnzimmer vermute. «Euer Papa kommt gleich.»

Hinter ihnen schließe ich die Tür zum Flur, schiebe Herrn Gunter ins Bad und mache mich im Schlafzimmer auf die Suche nach den Geschenken. Mit dem Vater im Schlepptau gehe ich wieder ins Wohnzimmer. Dort steht ein armseliger Weihnachtsbaum, geschmückt mit wenigen Kugeln und viel Lametta. So ganz wollte Herr Gunter das Fest nicht verloren geben.

Die Kinder haben Jacken, Mützen und Schals über einen Stuhl geworfen. Sie sitzen nebeneinander auf dem Sofa und blicken mich erwartungsvoll an. Mir bleiben die Worte im Halse stecken, denn das, was ich für das schmächtigere der beiden Mädchen gehalten hatte, entpuppt sich als Frau Gunter.

Ich fühle mich so überfordert von der Situation, dass ich nur die Geschenke verteile und mich dann rasch verabschiede. Dabei vergesse ich sogar, mein Honorar einzufordern.

Als ich aus der Haustür trete, führt James einen Freudentanz auf, bellt und springt an mir hoch. Ich tätschle ihm den Rücken. Offenbar war ich so lange bei Familie Gunter, dass der Hund befürchtet hat, ich hätte ihn verlassen.

Mittlerweile geht es gegen sieben. Ich bin in der Leipziger Straße in den elften Stock hochgefahren. Vor dem Flurfenster flimmert die Berliner City.

Bei Familie Wruck öffnet eine Frau im bunten Weihnachtspullover. «Kinder! Der Weihnachtsmann ist hier!»

Zwei Jungen kommen ins Bild. Der größere reicht der Mutter bis zur Hüfte, der andere ist halb so groß.

«Was?! Wer ist da?!», schallt es von links. Es klingt, als stünde der Mann in einer Tropfsteinhöhle.

«Der Weihnachtsmann!», rufen die Kinder.

«Es ist doch erst kurz nach halb drei!»

Frau Wruck bedeutet mir, ich solle eintreten. Ihr Mann kommt aus einem leeren Zimmer und wischt sich die farbverschmierten Finger an einem Lappen ab. Sie erklärt: «Mein Mann hatte gestern Abend die geniale Idee, als Geschenk für die Familie das Wohnzimmer neu zu streichen. Was er schon seit einem Monat tun wollte.»

«Noch fünf Minuten, dann räum ich schnell ein, und dann ist Bescherung.»

Frau Wruck zieht mich am Ärmel ins Kinderzimmer. Der Weihnachtsbaum steht zwischen Bett und Schrank. Ich kauere mich mit den Jungs auf den Fußboden, die Mutter bleibt aus Platzgründen im Türrahmen stehen. Ich ziehe meine Zeremonie durch, freundlich und zügig.

Als ich eine Viertelstunde später aus der Tür gehe, tönt es aus dem leeren Zimmer: «Zehn Minuten noch!»

Elf Grad, leichter Nieselregen. Berliner Weihnachtswetter. Die Nässe kriecht durch den roten Mantel und die drei Schichten darunter.

Ich biege in meine Straße ein und gehe schneller, obwohl ich todmüde bin. Gleich werde ich mir ein Bauernfrühstück braten und dazu einen Kaffee mit viel Rum trinken, um danach auf dem Sofa einzuschlafen.

Kurz vor dem Haus stoppe ich und wende mich James zu. «So, mein Lieber ...» Er setzt sich hin und schaut mich aus dunklen Augen traurig an. Er spürt, was jetzt kommt. «Ich danke dir, dass du so gut auf mich aufgepasst hast. Aber da oben in meiner Wohnung fühle ich mich sicher genug. Und hier draußen gibt es bestimmt noch viele andere Weihnachtsmänner, die einen Bodyguard brauchen. Okay?» James legt den Kopf schräg.

«Mach's gut, Alter.» Ich will ihm zum Abschied den Hals kraulen, da leckt er mir wieder die Hand. Ich hole tief Luft. «Willst du noch auf'n Kaffee mit hochkommen?» Kaum habe ich mich aufgerichtet, ist er schon an der Haustür.

Als ich aufschließen will, sehe ich mein Spiegelbild in der Scheibe. Der weiße Bart hängt in feuchten Strähnen herab. Zu meinem Erstaunen weicht das Bild zur Seite aus, bevor ich den Schlüssel im Schloss drehe.

Ein Weihnachtsmann hält mir die Tür auf. Aber statt hinauszugehen, schließt der Kollege hinter mir die Tür. Dann hebt er ein wenig das Kinn und schaut mich durch die beiden Gucklöcher in seiner Pappmaske aufmerksam an.

«Äh, hast du hier noch zu tun, Kollege?», frage ich. «Zu wem willste denn?»

«Zu dir», sagt der Weihnachtsmann. Aber seltsamerweise sagt er es mit der Stimme von Viola.

Larissa Hoppe

Der Vater meiner Kinder

Ein Dezember-Abend in Berlin. Weihnachtsfeier unseres Tennisvereins. Das deutsche Brauhaus ist proppenvoll. Bierzeltschlager hämmern aus Boxen. Satzfetzen werden in die dicke, heiße Luft gebrüllt, jede Sitzbank ist bis auf den letzten Platz belegt. Auf der anderen Seite kommt nur die Hälfte an. Schunkeln, lautes Lachen, alkoholgeschwängert. Langsam schiebe ich mich an schweren Holztischen vorbei. Bloß schnell in Richtung Ausgang. Rauchen.

Wir haben gerade gegessen. Fette Wurst an lauwarmem Rotkohl, dazu klitschige Knödel und abgeschmierte Käsespätzle. Die deftig gewürzte Pampe mit Bier und Schnaps runtergespült. Mein Bauch wünscht sich, dass bald Januar ist. Oder dass ich mir eine andere Hose anziehe.

Es ist mein erster Ausgehabend als Neu-Single. Nach zwei Monaten Anstandsruhe und einsamen Abenden auf der Couch, mit unzähligen Weihnachtsfilmen, könnte ich wieder ein bisschen Trash-TV-Begleitung vertragen. Und die will ich heute finden. Also habe ich mich aufgestrapst. Nicht im wahrsten Sinne des Wortes, aber eben mit dieser wirklich viel zu engen Weihnachts-Leggins. Optisch Wurst in der Pelle, in Sachen Feeling ein Mix aus Schweiß und Gänsehaut. Aber sie ist rot-weiß gestreift und hat eine Andeutung von Tannenzweigen auf dem Oberschenkel. Heißt: Ich bin witzig! Nur für den Fall, dass er das nicht binnen der ersten drei Sätze im Gespräch merkt. Und außerdem hat sie nur fünfzehn Euro gekostet. Was den Look perfekt macht: Ohrringe in Schleifenform, mit roten Glöckchen dran. So hört man mich schon von Weitem. Dazu gibt es knallrot lackierte Fingernägel, dunkel geschminkte Augen und ganz viel Hüftschwung. Es muss also klappen! Heute Abend finde ich einen neuen Kerl.

Eilig ziehe ich an meiner Zigarette, während ich den Blick langsam über die Grüppchen links und rechts von mir schweifen lasse. Auch hier ist die Stimmung ausgelassen. Ballermann in Winterjacken. Eine Truppe Männer steht zehn Meter entfernt. Ich schnappe Satzfetzen auf, dann schallendes Gelächter. Einer schaut rüber, wirkt gelangweilt. Groß ist er, bestimmt 1,90 Meter. Olivgrüne Winterjacke, Jeans, gerade geschnittenes Gesicht, kurze Haare, alles sehr aufgeräumt. Könnte genau mein Typ sein. Jedenfalls keiner dieser Hipster, die einem in Berlin sonst alle fünf Meter begegnen. Dieser hier sollte «mit beiden Beinen im Leben stehen», wie es ab und an mal auf den Datingplattformen heißt, die ich vor ein paar Tagen wieder aktiviert habe. Meint: Vollzeitjob, Auto, noch keine Therapie gemacht, im Sommer Grillen mit den Jungs, im Winter Couch und Glühweintreffen auf dem Weihnachtsmarkt.

Grillen und Glühwein geht auch mit einem Hipster, nur bekommt man da zusätzlich noch tiefschürfende Gedanken zur Weltherrschaft der Linken verabreicht. Fahrräder spielen eine große Rolle, auch Roadtrips mit einem klapprigen Van, dazu Craft-Bier. Mit Autorität hat er ein Problem. Die runtergerockte Zwei-Zimmer-Bude in Kreuzkölln mit zusammengezimmerter Küche, die bei nüchterner Betrachtung knapp noch als Sperrmüll durchgeht, ist für ihn gelebte Kapitalismus-Kritik. Man kann auch schlicht feststellen, dass der Typ in seinen 35 Lebensjahren nicht sonderlich viel auf die Kette gekriegt hat.

Die olivgrüne Winterjacke schaut noch immer rüber. Ist das ein abschätziger oder ein belustigter Blick? Seine markanten, aber glatten Gesichtszüge zeigen keine Regung. Ich sollte da jetzt nicht so konsequent hingaffen. Sonst sieht er mir meine Bedürftigkeit an. Lieber cool tun. Außerdem will ich eh wieder rein. Es ist viel zu kalt, und ich muss mich hinsetzen und meinen eingeklemmten Bauch entspannen.

Vorbei an den Biertischen. Die ersten Paare sind aufgestanden und tanzen vor einer kleinen Bühne, auf der zwei Männer in Lederhose, Weste und Karohemd Festzeltschlager singen. Ich habe nie verstanden, wie man so etwas freiwillig hören kann. Gleichzeitig mag ich die Atmosphäre in Brauhäusern, vor allem im Winter. So warm und gemütlich.

«Alter, Larissa. Hol mich hier raus», sagt Ida, als ich wieder neben ihr am Tisch sitze. «Och, wieso? Sonst siehst du so was nur bei RTL2», sagt Sara, die einen Platz weiter sitzt und mit abfälligem Blick die schunkelnden Frauen und Männer auf der Tanzfläche beobachtet. Ida ist der Goldschatz der Truppe. Hört mit einer Engelsgeduld zu, wenn ich alle zwei Wochen von einem neuen Männer-Reinfall erzähle. Und Sara ist das, was ich gerne wäre: wirklich lässig und mit herrlich trockenem Humor.

Ich folge Idas und Saras Blicken. Gemütlich schieben ein paar Herren ihre Frauen über das Parkett. Zwei wiegende Schritte vor, zwei zurück. Und wieder vor und zurück. Kleine Drehung. Und dann alles wieder von vorne. «Ob wir da je hinkommen?», frage ich. «Wahrscheinlich eher nicht», sagt Ida zaghaft, «denn ich kann nur mit dem Hintern wackeln. Und das sieht mit sechzig nicht mehr gut aus.» – «Sieht das nicht immer nicht gut aus?», ätzt Sara und grinst hämisch.

Aber das meine ich nicht. Ich meine so ewig und drei Tage mit jemandem zusammen zu sein und manche Dinge schon so tausendfach gemacht zu haben, dass man sie im Schlaf runterbeten kann. Einem der Männer fallen gleich die Augen zu, so routiniert macht er das. Und dabei sieht er total zufrieden aus. Es mag sein, dass zwanzig Jahre Ehe und der immer selbe Partner ermüdend sein können. Eingefahren und langweilig. Aber es ist auch Gewissheit und Sicherheit. Und überhaupt mehr als das, was mir in meinen vier Dating-Apps begegnet. Poly, offene Beziehung, Freundschaft plus – alles, nur nix Festes. Das kann mindestens genauso zermürbend sein wie das Wissen, jeden Abend mit derselben Person am Tisch zu sitzen.

«Bist du noch da?», fragt Sara und stößt mich mit dem Ellenbogen an. «Klar. Hab ich was verpasst?» Sara und Ida starren gebannt auf eine Tischgruppe etwa fünfzehn Meter weiter. «Was ist da los?», frage ich und versuche, etwas Bestimmtes auszumachen. Rund zwanzig Männer, dazwischen eine Frau. «Wir überlegen gerade, was die beruflich machen», sagt Sara und grinst breit. «Bauarbeiter, glaube ich», sagt Ida. «Und ich tippe auf Handyverkäufer», fügt Sara hinzu und grinst noch breiter.

Die Männer in Jeans und T-Shirt sind alle recht muskulös. Der ein oder andere hat einen kleinen Bauch, aber generell wirken sie wie Anpacker. Und dazwischen steht der eine in der olivgrünen Jacke. «Der eine da hat draußen die ganze Zeit meine Strumpfhose gemustert», sage ich. «Wer?» Sara ist plötzlich hellwach. «Wer, wer?» – «Der in der olivgrünen Jacke.» – «Ach, sieh mal an.» Sie zieht die Augenbrauen hoch. «Ja, dann, Attacke! Dann kannst du auch gleich herausfinden, was die beruflich wirklich machen.»

Langsam erhebe ich mich von der Bank. Ida guckt erschrocken, Sara lacht. Aber der Plan steht. Ab geht's in Richtung Herrengedeck. Auf dem Weg überlege ich mir, ob ich wirklich schon so viel getrunken habe, dass ich einen verunglückten Flirtversuch darauf schieben könnte. Ich glaube nicht. Aber morgen erinnert man sich eh nur noch an die Hälfte des Abends. What happens at Weihnachtsfeier, stays at Weihnachtsfeier. Und nun ist's auch egal, denn jetzt stehe ich hinter dem Mann in der olivgrünen Jacke.

«Hi!» Ich beuge mich seitlich an ihm vorbei, sodass ich in sein Blickfeld gelange. «Oha.» Er zuckt ein bisschen zurück, dann grinst er. «Eiskalt von hinten. Wie geht's?» Ich bin erwartungsvoll. «Gut. Und selbst?» – «Auch gut.» – «Wie läuft die Party?» – «Joar, ganz gut.» Er nimmt einen Schluck Bier. Schweigen. Und nun?

«Meine Freundinnen und ich haben uns eben die Frage gestellt, was ihr so beruflich macht», versuche ich. Er lacht auf. «Rate doch mal.» So was hasse ich. Ganz beliebt auch bei der Frage nach dem Alter. Anstatt es einfach zu sagen! Es gab noch keine Antwort, die mein Leben dermaßen aus den Fugen geworfen hätte, dass dieses Was-würdest-du-denn-tippen-Ding jemals spannend gewesen wäre. Aber gut.

«Wir haben auf Bauarbeiter getippt. Oder Handyverkäufer.» Lautes Lachen. Er überlegt kurz, dann: «Ich bin Feuerwehrmann.» Bilder in meinem Kopf. Dicke Rauchschwaden im stockdunklen Flur eines Mehrfamilienhauses. Weinende Kinder. Eltern in Panik. Schreiende Bewohner im achten Stock. Eine Katze auf einem Baum. «Nicht schlecht», sage ich. Er grinst. «Und das mit dem Bauarbeiter war auch nicht so verkehrt. Zumindest bin ich Zimmermeister.» – «Ah, du rettest also nicht nur Leben, sondern bist auch noch handwerklich begabt.»

Wieder Pause. Er schaut auf sein Bier. Nimmt einen Schluck. Dann schaut er in den Raum. Irgendwie klemmt das hier. Jetzt lasse auch ich den Blick durch den Raum schweifen. Die Holzpfeiler an den Decken sind mit grünen Tannenzweiggirlanden dekoriert, an denen rote Christbaumkugeln hängen, dazwischen große rote Schleifen. So schlecht bin ich doch eigentlich nicht im Quatschen, überlege ich, während ich eines der Tannengestecke hypnotisiere. Wie viel dieses Plastikbündel wo gekostet hat? Einfach nicht nachlassen. «Du bist mir vorhin schon aufgefallen», sage ich, «beim Rauchen.»

Er deutet auf meine Strumpfhose: «Du mir auch.» – «Die ist klasse, oder?» – «Na ja, geht so.» Kurze Pause, dann sagt er: «So was ziehen nur zwei Sorten Mensch an. Vielleicht drei.» Ich bin gespannt. «Erstens Leute, die null Geschmack haben. Zweitens die, die sich locker machen können. Drittens kleine Mädchen.»

Autsch. Aber egal, ich habe nicht mehr viel zu verlieren. Wir reden noch kurz über das Lokal und die Stimmung, so richtig fetzig läuft das Gespräch nicht. «Gibst du mir jetzt eigentlich deine Nummer?», höre ich mich plötzlich fragen. Holla die Waldfee! Er grinst: «Ich bin mir noch nicht sicher.» Ich versuche, geheimnisvoll zu lächeln. Ehrlicherweise sieht es wohl nur gequält und schief aus. «Gut. Kannst du dir ja noch überlegen und mir dann sagen, wenn wir später noch eine rauchen gehen», gebe ich die Selbstbewusste. Er lächelt nur, dann drehe ich mich um und schlingere zu meinem Tisch zurück.

«Und?», fragt Sara. Sie grinst schelmisch, als ich mich wieder setze und dabei fast eine rote Kerze umniete, die auf dem Tisch steht. Warum zur Hölle stellt man diesen Kitschkram hier ab? Bis es brennt. «Feuerwehr.» – «Ne?!» –

Larissa Hoppe

«Doch.» – «Nicht schlecht. Und was hast du noch so mit ihm besprochen? Hat ja ein bisschen länger gedauert», ulkt Ida. «Eigentlich war es gar nicht so aufregend. Also, er hat gesagt, was er macht, und ich hab gesagt, was ich mache. Und dann habe ich nach seiner Nummer gefragt.» – «Und?» – «Na, er hat gesagt, dass er sich noch nicht so sicher ist.» – «Hä?» Ida schaut irritiert zu Sara, die leicht den Kopf schüttelt. «Ja, keine Ahnung. Vielleicht will er sich interessant machen, ein bisschen Spannung aufbauen.»

«Und nun?» Ida schaut Sara und mich fragend an. «Meinte ich, dass er darüber nachdenken soll und wir dann später noch eine rauchen gehen können.» – «Aha», sagt Sara spröde, «klingt interessant. Also gut. So professionell. Irgendwie …» – «Na, er kann ja auch zu mir kommen.» – «Weiß er denn, wo du sitzt?» – «Ich glaube. Ich hab zumindest in Richtung unseres Tisches gezeigt.» – «Aha. Joar, dann … warten wir mal ab.»

Aber es stimmt schon. Wozu die Prinzessin auf der Erbse machen? Ich stehe wieder auf. Sara wirft mir einen skeptischen Blick zu: «Was hast du jetzt vor?» – «Ich gehe da wieder hin. Ich will ja was von ihm.» – «Was du nicht sagst. Aber wenn du einen Rest Würde behalten willst, sagst du Bescheid, ne? Wir helfen auch.» Doch das höre ich nur noch mit einem halbem Ohr.

«Tach», sage ich und stehe vor Anspannung schnurstracksgerade vor ihm. – «Ah, du schon wieder. Das ging ja schnell.» – «Ja, toll, oder? Kommst mit?»

Er lacht, folgt mir aber nach draußen. «Journalistin also», sagt er, nachdem wir unsere Zigaretten angezündet haben. – «Jap.» – «Und, ist's cool?» – «Ja, sehr sogar.»

Er nickt. «Und du bist Single?», fragt er. Ich nicke nur. Irgendwie fühle ich mich ertappt. «Seit wann?» – «Zwei

Monate.» Kurze Pause. «Bist du denn Single?», frage ich. –
«Hmmm.» – «Wie hmm?» Wir. Finden. Einfach. Keinen.
Gesprächsfluss. Anstrengend! Es hilft nur eins: noch mehr
Alkohol! Schnell hole ich noch ein Glas Wein.

«Dein Alter kenne ich auch immer noch nicht», stellt
er fest, als ich wieder vor ihm stehe, «geschweige denn
deinen Namen.» – «Stimmt.» Ich drücke die Zigarette aus,
um mir direkt die nächste anzustecken. «Larissa. 33. Freut
mich.» Er nickt: «Stefan, 37. Freut mich auch. Und vielleicht sollten wir noch mal neu starten?» – «Ja. Irgendwie
hat das komisch angefangen.» – «Ja.» Er schaut auf seine
Schuhe. Ich schaue auf die anderen Grüppchen, die vor
einem Glühweinstand stehen. Oder vor der Bahn fürs Eis-
stockschießen. Auch hier ausgelassene Stimmung beim
Versuch, die anderen auszustechen.

Ehrlicherweise glaube ich ja, dass wir niemals ein aus-
gewogenes Gespräch führen werden. Bei manchen Kombi-
nationen ist das so. Die Chemie stimmt einfach nicht. Man
findet sich interessant, aber dabei bleibt es auch. Abseits
von ein bisschen verbalem Pingpong herrscht Ödnis. Die
Reibung erzeugt das positive Gefühl, ist sie nicht da, wirken das Gegenüber und jede ruhige Situation quälend fade
und zäh. So muss man sich stets entscheiden: Rauferei
oder Belanglosigkeit. Etwas anderes geht nicht.

«Und was suchst du so?», fragt er und steckt sich die
nächste Zigarette an. Ich muss laut lachen. «Das nennst
du neu anfangen?» – «Nee, nicht richtig. Aber vielleicht
klappt es jetzt besser, wo wir die Eckdaten voneinander
wissen.» – «Kann ich dir nicht genau sagen», antworte ich.

Schweigen. Ich bin mir selbst nicht sicher, was ich suche.
Eine gängige Antwort bei 33-jährigen Frauen: «Den Vater
meiner Kinder.» Aber so einfach ist das nicht. Und wenn

Larissa Hoppe

man das Modell «Noah, Leonie, Hund, Haus, Garten, Thermomix» gar nicht verfolgt, muss man überlegen, welches Lebensziel man stattdessen angehen könnte. Klar, Frau mit zehn Katzen, aber das geht ja immer. Ich meine, abgesehen davon. Ein Mehrgenerationenhaus, damit ich mir die Hausarbeit mit der alten Gertrude und der pubertierenden Annalena teilen darf? Alleine in den Tiefen Brandenburgs, um ungestört mit meinen Tomaten ins Zwiegespräch zu gehen? Eine WG, in der man sich bei launigen Abenden gegenseitig versichert, dass alle Bekanntschaften komplette Idioten sind und man selbst gänzlich frei von Makeln ist? Als Femme fatale auf der Jagd, um am Ende doch immer alleine einzuschlafen?

«Was suchst du denn?», gebe ich die Frage an ihn zurück. Eine Antwort werde ich darauf nicht mehr bekommen.

«Larissaaaa», tönt es hinter mir. Brigitte. Mit ausgestreckten Armen und unnatürlich breitem Lachen torkelt sie auf mich zu. Ihre blonden und eigentlich immer akkurat aufgeföhnten Haare sehen wild aus, die Augen sind glasig. Brigitte ist eine der Seniorinnen unserer Gruppe. Circa 55 Jahre alt. So genau habe ich mich mit ihr nie beschäftigt. Sie sich mit mir auch nicht. Erst seit ich die Plätze zuteile, redet sie überhaupt mit mir. Vorher hat sie mich kaum eines Blickes gewürdigt. Was ich sicher weiß: Brigitte und ihr Mann, Walter, haben ein handfestes Alkoholproblem. Eines, wie es die Schönen und Reichen haben, die in Dahlem wohnen.

So wie Brigitte. Sie macht keinen Hehl daraus, dass sie jeden Samstagvormittag mit «den Damen» ins KaDeWe geht, um das ein oder andere Gläschen Champagner «zu genießen». Vor allem jetzt, zur Weihnachtszeit. Das festlich geschmückte Edel-Warenhaus sei dann besonders schön. Ihr

Whatsapp-Bild zeigt, wie sie genüsslich den Kopf in den Nacken legt und ein Glas Wein kippt. Und auf Facebook sieht man sie mit ihren «Damen» beim «Sonntagsbrunch» in großen Gärten oder auf schicken Terrassen, mit Stoffservietten, die auf gediegenen Holztischen drapiert wurden. Es wird immer Blüschen getragen, Bleistifthose und viel Perlenkette bei erschreckend wenig Charme. Aber das passt zu Walter. Auch er ist einfach nur laut, selbstgefällig und meint, dass ihm niemand das Wasser reichen kann – bis auf das Servicepersonal im Vereinsrestaurant, das er pampig herumkommandiert.

«Larissa, es macht so viel Spaß», flötet Brigitte, «aber ich muss leider schon gehen.» – «Oh nein, das ist ja schade», flöte ich noch etwas höher zurück, «wir sind doch gerade mal zwei Stunden hier.» – Brigitte versucht, eine möglichst betrübte Miene aufzusetzen. «Jaaa, ich weiß, aber gleich morgen früh habe ich einen Arzttermin. Blutdruck. Und da muss ich mich von meiner allerbesten Seite zeigen.» Sie lacht laut auf. Und dann fällt ihr Blick auf Stefan.

«Oh, hallo. Wer ist das denn?» Sie wirft mir einen verschwörerischen Blick zu. Ehe ich antworten kann, hat sie sich ihm zugewandt: «Freut mich. Ich bin Brigitte.» Für einen kurzen Moment wirkt Stefan unsicher und beschließt dann mitzuspielen.

«Freut mich auch», sagt er freundlich lächelnd und gibt ihr die Hand. Brigitte streicht sich ein paar zerzauste Haare zurück. «Ich finde es immer toll, wenn ich neue Mitglieder kennenlerne.» Inniger Blick zu ihm. «Wann spielst du denn immer? Ich darf doch sicher ‹Du› sagen? Wir im Verein sind ja eine große Familie.» Ja, ganz richtig, denke ich, und du könntest seine Mutter sein. Aber Stefan scheint Spaß zu haben, warum auch immer. Interessiert und noch

Larissa Hoppe

immer freundlich lächelnd, beobachtet er, wie sie sich die nächste Haarsträhne glättet.

«Spielst du gerne Doppel?», fragt sie weiter. «Ich finde es immer toll, wenn man einen starken Partner an seiner Seite hat.» Ich möchte sterben.

«Wollen wir eigentlich mal wieder reingehen?», werfe ich ein. «Mir ist kalt. Und wolltest du nicht auch nach Hause, Brigitte?»

Sie macht eine wegwerfende Handbewegung. «Aaah, wir plaudern ja gerade so schön. Und so jung wie jetzt kommen wir nicht mehr zusammen!» Überdrehtes Lachen.

«Wir können ja noch eine rauchen», sagt Stefan milde und steckt sich eine an.

«Sehr schön», ruft Brigitte aus, «ich mag entscheidungsfreudige Männer.»

Was wird denn das, wenn's fertig ist? Das ist längst nicht mehr nur nervig, das ist hochnotpeinlich. Finde ich. Aber Stefan ist ganz bei ihr. Die beiden plaudern und feixen und lachen. Immer wieder wirft sie ihm tiefe Blicke zu oder streicht über seinen Arm. Puuh. Irgendwie müssen wir zurück auf den Boden der Tatsachen. Das hier ist mein Date. Und Brigitte wird jetzt schön artig zu Walter nach Hause fahren und ihm sagen, wie öde hier alles war. Sie denkt gar nicht daran. Sie hakt sich in Stefans Arm ein, schaut ihm lange in die Augen. Mir wird schlecht.

«Ich muss echt mal wieder rein», sage ich. «Kommst du mit, Stefan?» Er schaut entschuldigend zu Brigitte. «Ich bringe eben die junge Dame zurück an ihren Platz, und dann komme ich mit frischem Wein zurück.» Vorsichtig löst er ihren Arm.

«Was war das denn?», zische ich, während ich über Kies zum Eingang stakse. «Ist ja nett, dass du höflich bist, aber so sehr wäre gar nicht nötig gewesen, glaube ich.» – «Ich dachte, ihr kennt euch besser, und ich wollte einen guten Eindruck hinterlassen.» – «Das ist dir gelungen», sage ich trocken.

Als wir die Tür zum Restaurant öffnen, kommen uns seine Kameraden entgegen. Man wolle weiterziehen. Er tippt noch schnell meine Nummer in sein Handy, seine gibt er mir nicht. Dann verschwindet er hinter dem Windfang.

Auf dem Weg zu meinem Tisch fühle ich mich sehr nüchtern. «Und?», fragt Sara. «Tjoar. Er hat meine Nummer. Und will sich melden.» – «Ja Mensch, dann ist doch gut.» – «Hmmm...» Ich spiele mit meinem Handy.

«Aaach, der meldet sich schon», sagt Ida. Sara dreht mein Handy mit dem Bildschirm nach unten auf den Tisch. Und erstarrt, als sie wieder nach oben schaut. «Sag mal, der Typ und Brigitte ziehen noch weiter?» – «Hä, wo siehst du das?» – «Na da, draußen, am Taxistand.»

Tatsache! Der Blick aus dem mit Kunstschnee beschmierten Fenster ist nicht gut, aber auch aus dreißig Metern Entfernung kann man erkennen, wie Stefan Brigitte die Autotür aufhält. Ungelenk tänzelt sie um ihn herum, hält seine Hand. Sie schreit vor Lachen. Und Stefan? Der gibt noch immer den Gentleman. Was will er von ihr? Erben? Schließlich lässt sich Brigitte behäbig auf die Rückbank des Mercedes plumpsen.

«Äh, was ist da los, Larissa?» Ida und Sara starren ungläubig nach draußen. Ich erzähle von tiefen Blicken, übergriffigen Fragen, Fremdscham. Ida und Sara nicken betroffen. «Hmm», sagt Sara schließlich, «ich glaube, den solltest du dir aus dem Kopf schlagen. Selbst wenn er sich meldet.»

Wir bestellen noch eine Runde, obwohl ich keine Lust mehr habe. Der Wein schmeckt sauer, und es ist unerträglich laut. Ich will ins Bett. Endlich diese unbequeme Weihnachts-Leggins ausziehen. Außerdem müssen diese kitschigen Schleifen-Kugel-Ohrringe raus. Ich will nicht permanent wie 'ne Kuh auf der Alm klingen. Und je schneller ich schlafe, desto eher ist der Tag nach der Feier. Vielleicht mit einer Nachricht von Stefan.

Aber nein. Als ich am nächsten Morgen auf mein Handy schaue, ist da nichts. Zumindest nicht von ihm. Dafür von Brigitte. «Liebe Larissa, ich wollte Dank sagen für diesen ganz wunderbaren Abend! Stefan war so reizend. So aufmerksam ... Danke, dass du diesen Kontakt hergestellt hast. Haben uns direkt wieder verabredet. Besonders frohe Festtage dir, deine Gitte.»

Matthias Heine

Die letzte Karte

Es war einer dieser stimmungsvollen Sonntagnachmittage in der Vorweihnachtszeit. Am Adventskranz war die erste Kerze schon so weit heruntergebrannt, dass akute Feuergefahr bestand, In der Küche roch es nach frisch gebackenen Keksen, nach Wachs und nach Vollkorn-Mehlstaub, der in der Nase kitzelte. Ich drehte die verjazzten Weihnachtslieder lauter, um das Geschrei der Italienerin im Hinterhaus zu überdecken, die auch im milden Dezember noch bei weit geöffnetem Fenster vögelte, und fühlte mich als Opfer des Klimawandels.

Anna ließ sich nicht anmerken, ob sie gehört hatte, dass «diese arme Frau wieder so schreckliche Schmerzen hat» – wie sie es bei früheren Gelegenheiten interpretiert hatte. Wobei ich mir nicht sicher bin, ob das nicht geflunkert war. Meine Tochter betrachtet ihren Vater immer häufiger als empfindlichen alten Mann, der der Schonung bedarf.

Als hätte sie etwas von meinem aufkeimenden Verdacht geahnt und wollte jetzt schnell ablenken, wechselte Anna das Thema (sie hatte vorher ausführlich aus ihrer aktuellen Lieblingsserie erzählt).

«Ich brauche Weihnachtskarten.»

«Sind die zehn, die ich dir gegeben habe, schon alle aufgebraucht?»

«Ich hab alle weggeschmissen. Die sind beschissen geworden.»

Meine Tochter gehört nicht zu den Kindern, die für jedes Krickelkrakel von kreischend herumtanzenden Eltern gefeiert werden. Sie kann mit ihren zehn Jahren schon ganz gut zwischen anspruchslosen Gelegenheitsarbeiten und gelungenen, ambitionierten Produkten unterscheiden. Dennoch wollte ich das Ergebnis jetzt erst mal sehen. Die Karten kosteten zwei Euro pro Stück. Das war kein Schmierpapier, das man einfach so wegwirft.

«Sind die noch im Papierkorb?»

«Nein. Ich habe sie gleich weggeworfen, als ich bei Gabriele raus war.»

«Hat Oma, äh Gabriele, dir nicht geholfen?»

Das war die Idee gewesen. Die Großmutter, die darauf besteht, mit dem Vornamen angeredet zu werden, sollte, als Anna vor zwei Tagen bei ihr war, ein bisschen Rechtschreibkorrektur betreiben und Hilfestellung leisten, wenn die Ideen nicht reichten. Mir hätte klar sein müssen, dass meine Schwiegermutter nicht der Typ Oma ist, der mit bewährten Festtagsfloskeln auf die Sprünge hilft und am Ende aus der Schublade schöne Sondermarken holt, die sie vor ein paar Jahren gekauft hat, «weil man damit auch was Gutes tut».

«Doch. ‹Geholfen› hat sie mir.» Anna malte lässig die ironischen Anführungszeichen in die Luft. «Ich musste erst mal alles auf ein Schmierblatt schreiben, und dann sollte ich es auf die Karte abschreiben.»

«Ist doch gut.»

«Und dann hat sie immer so Ideen gehabt und gesagt, was ich schreiben soll. Das war voll doof.»

«Vielleicht wollte sie dir nur helfen, weil sie dachte, dir fällt nichts ein. Was hat sie denn vorgeschlagen?»

«Na, sie hat gefragt, ob ich nicht gendern will.»

Jetzt musste ich mir eine diplomatische Antwort überlegen. Anna ist als stellvertretende Klassensprecherin Mitglied des «Schüler:innenparlaments» ihrer Grundschule. Nie hat ein alternder weißer Mann eine dieser Wortschöpfungen mit Doppelpunktpause so olympisch belustigt ausgesprochen, wie es meine Tochter bei «Schüler:innenparlament» tut.

«Und, hast du es gemacht?»

«Ich habe ihr gesagt, dass ich das bescheuert finde. Alles wird dadurch länger. Und für den Doppelpunkt muss man immer mitten im Wort anhalten.» Anna schreibt eine schöne, gebundene Handschrift, die unter uns die «Papaschrift» heißt. Es ist die lateinische Schrift, die ich in der Schule gelernt habe und die sie schöner findet als das, was heute als Norm gilt.

«Was hat Oma darauf geantwortet?» Widerspruch gehört nicht zu den Phänomenen, die in Gabrieles Vorstellung von gelungener Konversation großen Raum einnehmen. Mein Schwiegervater hatte die Probleme, die sich daraus im ehelichen Zusammenleben ergaben, gelöst, indem er irgendwann einfach gar nichts mehr sagte. Seine Frau unterstützte das, indem sie sein Schweigen mit Sätzen interpretierte wie: «Herbert mag nicht, wenn …», «Herbert meint …» oder «Herbert sagt immer …» Letzteres war Hochstapelei, denn Herbert sagte bestimmt nichts *immer*. Wenn er einmal das Wagnis einer Äußerung eingegangen war, kam es ihm nicht in den Sinn, sie jemals zu wiederholen. Mich hatte er sofort als eine jener Seelen erkannt, die lieber zu wenige als zu viele Meinungen haben. Mit ihm konnte ich ganze Bundesligaspieltage vor dem Fernseher verfolgen, ohne ein einziges Wort zu reden. Einmal sagte er in der Küche, als meine Schwiegermutter außer Hörweite war, zu seiner Tochter: «Du hast so einen netten Mann!»

Als die Schweigetaktik nicht mehr aufging und meine Schwiegermutter zunehmend von ihm verlangte, sich zu «positionieren», obwohl sie das bisher gut für ihn erledigt hatte, und als die Bundesliga für seinen Verein immer trostloser wurde, entschied er sich zu sterben. Seine Frau brauchte eine Zeit, bis sie merkte, dass er tot war.

Das ist nun mehr als ein Jahr her, und Gabriele hat die Lücke mit noch mehr Yoga, noch mehr Engagement und noch mehr Rechthaben gefüllt.

«Sie wollte wissen, ob du mir gesagt hast, dass ich nicht gendern soll.»

Dass meine Schwiegermutter mich verdächtigte, der ideologische Missetäter zu sein, der das weiche Kindergemüt mit antifeministischer Propaganda vergiftet, entsprach dem üblichen Lauf der Dinge. Bis heute lässt sie gegenüber ihrer Tochter durchblicken, sie hätte «was Besseres» bekommen können. Es kommt ihr nicht in den Sinn, dass ich für Hannah gerade attraktiv war, weil ich nicht der mütterlichen Idee von einer angemessenen Partie entspreche.

Wie sich herausstellte, hatte Anna zunächst ihre Großmutter darüber aufgeklärt, dass ihr Papa nie mit ihr über solche Sachen redet. Was stimmt. Den Anti-Gender-Vorbehalt hat sie von ihrer Klassenlehrerin, einer patenten älteren Frau aus dem Osten, die sich gern als «Lehrer» bezeichnet.

Schließlich fing Anna an, erst mal darauf loszuschreiben. Sie war sich sicher, nicht gendern zu müssen, weil sie nichts von Lehrern, Erziehern oder Schülern erzählen wollte.

«Aber dann wollte Oma wissen, wer die Leute sind, an die ich schreibe. Ob die überhaupt Weihnachten feiern. Und ob ich denen schon mal geschrieben habe. Sie hat mir erklärt, dass es Leute gibt, die nicht an Jesus und das alles glauben. Ich habe ihr gesagt, dass Lien nicht mal weiß, wer Jesus ist, und trotzdem viel mehr zu Weihnachten geschenkt bekommt als ich.»

Das Wohlstandsgefälle zwischen der Familie von Lien, wohlhabende Euro-Chinesen, und uns war seit der ersten Grundschulklasse immer wieder Thema.

Anna erläuterte ihrer Großmutter – und nun mir – die Weihnachtsgepflogenheiten und möglichen kulturellen Sensibilitäten all ihrer Freundinnen und Kartenempfänger: «Bei Sigrun bringen dreizehn Weihnachtstrolle die Geschenke» – das Mädchen ist aus Reykjavik – «und ich hab noch nie gehört, dass die in der Familie von Jesus reden.»

Es ist nicht so, dass Anna nicht wusste, worum es bei Weihnachten mal gegangen war. Sie hatte im Krippenspiel bei Pastorin Pringsheim so überzeugend den Herodes gespielt, dass jeder Bond-Schurke dagegen verblasste und einige kleinere Kinder beruhigt werden mussten.

«Ganz komisch wurde Oma dann, als sie hörte, dass Ilja Ukrainer ist.» Ilja ist einer der Fußballtrainer meiner Tochter. Auch er sollte eine Karte und ein kleines Geschenk bekommen.

«Sie hat gesagt, dass da viele Juden leben und dass die beleidigt sind, wenn man ihnen ‹Frohe Weihnachten› wünscht. Und Muslime auch. Aber in meinem Verein gibt es ziemlich viele Türken und Araber. Und die bringen den Trainern immer die dicksten Geschenke zur Weihnachtsfeier. Die Trainer hatten auch schon mal Weihnachtsmannmützen auf, und die Frau, die uns den Kinderpunsch eingeschenkt hat, trug so ein Leuchtgeweih. Oma hat gemeint, man muss trotzdem genau überlegen, wem man frohe Weihnachten wünscht. Aus Höflichkeit. Und ob mein Vater mir so was nie erklären würde. Da habe ich gesagt, dann muss ich auch keine Weihnachtskarten schreiben, wenn die Leute doch nur beleidigt sind. Da spiele ich lieber Hay Day.»

Es war für einen Moment still im Zimmer und auch draußen.

«Aber am Ende hast du die Karten doch geschrieben? Sonst hättest du sie ja einfach wieder mitbringen können und musstest sie nicht wegschmeißen.»

«Sie hat mir dann etwas diktiert, wo Weihnachten gar nicht mehr drin vorkam. Nur noch so was wie ‹schöne ruhige freie Tage›. Nicht mal ein frohes neues Jahr. Weil Gabriele meinte, für Muslime, Juden und auch für Orthopäden fange das Jahr gar nicht Silvester an.»

Ich verzichtete darauf, ihr zu erklären, dass meine Schwiegermutter vermutlich von «Orthodoxen» gesprochen hatte. Ihr Pensum an Erwachsenenbesserwisserei für dieses Jahr war ihr bereits vollständig verabreicht worden.

«Wenn Türken und Araber von Silvester beleidigt sind, warum knallen die dann immer so viel? Hussein hat neulich sogar zum Training ein paar Riesenböller mitgebracht. Und die hat er dann am Platz gezündet. Das gab dann Ärger mit Ilja. Der hat ziemlich gebrüllt. Aber ich glaube nicht, weil er beleidigt war. Machst du mir noch einen Kakao, Papilein?»

Während ich zum Herd ging und die Milch aufsetzte, brach es aus Anna heraus: «Ich will eine Oma wie in dem Video von Deine Freunde. Eine Oma, die man Oma nennen darf. Und die mir immer Schokolade gibt und die mir alles erlaubt, was ihr mir verbietet. Nicht eine, bei der es immer nur getrocknete Früchte gibt und Kuchen, der nach nichts außer nach gesund schmeckt.»

In der Großelternlotterie hatte Anna in der Tat «superblödes Pech» gehabt, wie sie selbst es ausdrückte. Meine eigene Mutter war schon tot, als sie geboren wurde. Einen Vater dazu hatte es nie gegeben. Der Zufallsbekannte, der sich 1973 in einer lauen Sommernacht bei einem dänischen Rockfestival im Zelt darauf verlassen hatte, dass die Frau, die er vollkommen zugedröhnt beschlief, die Pille nimmt, hatte einen Allerweltsvornamen und keinen Nachnamen. Meine Mutter erzählte später gern, er sei hübsch gewesen, «aber ein bisschen doof – so wie du, mein Schatz». Ihre Althippiefreundinnen, von denen mindestens zwei mich verführt hatten, lachten dazu.

Ich bezweifele, dass meine Mutter den Idealvorstellungen Annas von einer Großmutter entsprochen hätte. Aber mehr Schokolade hätte es bei ihr sicher gegeben. Sie hatte immer welche im Haus, um den Heißhunger nach dem Kiffen zu stillen.

Als der Kakao vor ihr stand und sie gierig daraufgepustet hatte, um ein winziges abgekühltes Schlückchen von der Oberfläche wegschlürfen zu können, schaute mich Anna entschlossen an: «Ich will erst mal nicht mehr zu Oma. Und ich glaube, die ist auch ziemlich sauer auf mich.» Das sagte sie nicht wie eine zerknirschte Enkelin, die den Zorn der Großmutter fürchtet, sondern triumphierend.

«Warum sollte sie sauer auf dich sein? Gibt es da etwas, das du mir noch nicht erzählt hast?»

«Also, erstens weil ich die Karten nicht in die Papiermülltonne geschmissen habe, sondern in den Biomüll, einfach weil ich so wütend auf Gabriele war und sie mir doch jedes Mal erklärt, wie man Müll trennt. Und da liegen sie jetzt obendrauf. Wenn sie die findet, wird sie stinkwütend sein.» Ich konnte nicht umhin, die Perfidie dieser Provokation zu bewundern und schon wieder ein bisschen stolz auf mein Kind zu sein.

«Und zweitens ...»

«Was zweitens?»

«Dann war da noch das mit dem Weihnachtsgeschenk.»

«Was ...?»

Weiter kamen wir erst mal nicht, weil im Nebenzimmer jetzt meine Frau so laut geworden war, dass wir beide ein bisschen erschraken. Sie hatte dort seit über einer Stunde still mit dem Kopfhörer auf dem Sofa gelegen und klassische Musik gehört. Manchmal schlief sie dabei ein. Jedenfalls hatten wir beide ihre Anwesenheit fast vergessen. Nun telefonierte sie. Ich konnte zunächst nicht hören, worum es ging, aber an der unterwürfigen Art, in der meine Frau mit der Person am anderen Ende der Leitung redete, schloss ich schließlich, dass es wohl ihre Mutter sein musste.

«Gabriele», sagte meine Tochter fast so ironisch beschwingt, wie sie sonst «Schüler:innenparlament» sagt. «Gut, dass ich meine Kekse schon alle aufgegessen habe. Ich schätze, wenn Mama sich das jetzt eine Stunde lange anhört, wird sie mir keine mehr geben.»

«Es ist nicht leicht, die Enkelin einer Frau zu sein, die nicht Oma genannt werden will. Aber es ist noch schwerer, die Tochter einer Frau zu sein, die auch nicht Mama genannt werden will.» Meine Psychostrategie stand fest: Jetzt kam es darauf an, die Reihen innerhalb der Familie zu schließen. Also der Familie, die in dieser Wohnung lebte und nicht in einem weitgehend leeren Haus am Stadtrand.

Wir lauschten nun beide der recht einseitig geführten Konversation, bei der meine Frau nur gelegentlich «Das kann ich mir nicht vorstellen, Gabriele», «Das hat sie bestimmt nicht ernst gemeint» und «Nein, du täuschst dich in ihm, so was würde er nie tun» erwiderte und dann minutenlang nur «Ja, ja» oder ein lang gezogenes beschwichtigendes «Nein» in den Redestrom ihrer Mutter einflocht.

«Popcorn!», forderte Anna nun leicht süffisant.

Ich beschloss, die Stimmung wieder in ernstere Bahnen zu lenken. «Was war eigentlich das Zweite, womit du Gabriele so aufgebracht hast?»

«Als wir fertig waren, wollte sie wissen, was ich mir zu Weihnachten wünsche.»

«Und du hast dir etwas Teures gewünscht? Ich habe dir doch gesagt, dass ein Rennrad nicht drin ist. Und außerdem wünscht man sich so was im Frühjahr, nicht im Winter.»

«Na ja. Winter ...» Da waren sie wieder, die gesprochenen superironischen Anführungszeichen. Draußen war es 18 Grad. «Aber klar: Ich weiß schon, dass Gabriele gerade nicht so viel Geld hat.» Einige Wochen zuvor hatte sie uns tränenreich klargemacht, dass der Austausch ihrer Ölheizung gegen eine Wärmepumpe sie wahrscheinlich zwingen würde, entweder ihr Haus oder alle noch funktionierenden Organe zu verkaufen.

«Was hast du dir denn von ihr gewünscht?»

«Ich habe mir ein Indianerkleid gewünscht. Und so eine schwarze Perücke mit Zöpfen.»

«Ups!»

«Du sollst das nicht sagen, Papa. Bei dir klingt das irgendwie komisch.» Das zutreffende Wort «bescheuert» verkniff sie sich freundlicherweise.

Deshalb war Gabriele also auf dem Kriegspfad. Deshalb wurde ihre Tochter drüben im Wohnzimmer an den seelischen Marterpfahl gestellt. Deshalb stiegen über dem Haus am Stadtrand Rauchzeichen in der Form von Totenköpfen auf. Allmählich gingen mir die Wildwestfilmklischees aus.

Es waren also nicht nur die Karten, die Gabriele bestimmt mittlerweile in der Biomülltonne gefunden hatte. Es war die Enttäuschung über eine Enkelin, deren Spielfantasien und Geschenkwünsche allem, woran sie glaubte, hohnsprachen. Ein Indianerkostüm – das war in ihren Augen vermutlich noch schlimmer als eine Barbiepuppe.

Wundern tat ich mich dennoch ein bisschen. Anna hatte bisher keinerlei Neigung zur kulturellen Aneignung der Trachten nordamerikanischer Indigener erkennen lassen. Woher kam plötzlich dieses Interesse? Die Phase, in der sie Filme mit dem edlen Öko-Indianerjungen Yakari gerne gesehen und ihr Fahrrad wie dessen Pferd «Kleiner Donner» genannt hatte, lag nun schon ein paar Jahre zurück. Keine Ahnung, warum sie sich auf einmal ein Indianerkleid wünschte, andererseits: Warum nicht? Die Zahl der Indianer in unserem Viertel, die sich von so einem Kostüm diskriminiert fühlen könnten, hielt sich in Grenzen. Und es war definitiv einer der preiswertesten Wünsche in den vergangenen Jahren.

«Okay. Dann kriegst du das Indianerkostüm eben von uns.»

«Aber Papa, ich will doch gar kein Indianerkostüm. Niemand, den ich kenne, spielt Indianer. Das habt ihr gemacht, als ihr Kinder wart. Da waren die Indianer auch noch mehr so wie in deinen alten Filmen. So coole Typen, die sich lautlos anschleichen, mit Äxten werfen und supergut Bogen schießen. Yakari ist ein Streber. Und sein Adler ein komischer Angeber. So will keiner sein. Aber vor ein paar Jahren war ich noch in der Kita. Und da war Karneval. Und Gabriele hat mich so komisch gefragt, ob irgendwer

Matthias Heine

im Indianerkostüm gekommen sei. Das ist mir in dem Moment wieder eingefallen. Nicht schimpfen, Papa! Ich war so wütend wegen der Weihnachtskarten. Und in Wirklichkeit wünsche ich mir eine AirUp-Flasche, Chucks, alle Harry-Potter-Bücher als Hörbuch, die Fußballschuhe von Alex Popp, endlich ein Smartphone und natürlich immer noch ein Rennrad.»

Ubin Eoh

Holy Shit

«Wat stinkt'n hier so nach Furz?», fragte Paul, als er reinkam. «Das ist Kimchi, du Bauer», sagte meine Schwester
Milla.

Die beiden waren seit drei Jahren ein Paar, und ihre Love
Language bestand daraus, sich gegenseitig zu beleidigen.
Paul war eher ein klassischer Ronny, seine Lieblingsfloskel
war: «Allet jut bei dir, haste Trüppa in' Schlüppa?» Bei ihm
gab es gestopften Jakordia-Tabak in Zigarettenhülsen und
Pullis, die nach Aldi-Feinwaschmittel rochen. Er empfand
sich als Punker, hatte nicht viel Ahnung von Politik, war
aber «jegen dit Süstem und Kapitalismus».

Meine Schwester hat Soziale Arbeit studiert und arbeitete in einer Einrichtung für betreutes Wohnen für schwer
erziehbare Kinder. Als Paul seinen Zivildienst dort absol-
vierte, hatten sie sich kennengelernt. Paul nervt oft, aber
ich finde ihn auch maximal gemütlich. Er bringt uns zu
Familienfesten immer riesige Haribo-Zylinder gefüllt mit
Mäusespeck und Colorado aus der Metro mit.

Jedenfalls fand er, dass es nach Furz roch, als er an
Heiligabend unsere Kreuzberger Wohnung betrat. In der
Wohnung bin ich mit meiner alleinerziehenden Mutter
im Dauerhustle und mit drei Geschwistern aufgewachsen.
Fünf Minuten vom Kotti entfernt. Wir waren in den Neun-
zigerjahren die einzige koreanische Familie in Kreuzberg
zwischen Türken, Arabern und Waldorfschuldeutschen.
Und ein paar Hochhausdeutschen, Melanie und Steven, die

immer leere Caprisonnen zerknallt und nachts noch Klingelstreiche gemacht haben. Wir waren mental irgendwo dazwischen, in einem Alt-68er-Wohnprojekt lebend, zwar knapp über die Runden kommend, aber immer mit Vollkornbrot, Tartex und Eiern aus dem Bioladen versorgt.

Und natürlich mit Kimchi, als es noch nicht cool war. In unserer Altbauwohnung stand ein skurriler Möbelmix aus Poco Domäne und antiken Holzschränken (die nach kürzester Zeit von uns Kindern mit Fußballstickern aus Duplo und Hanuta beklebt wurden). Anderen würde ich den Stilclash als «Koreanische Lebendigkeit trifft auf deutsches Bildungsbürgertum» verkaufen, um das Ganze attraktiv zu framen.

Mama ist im armen Nachkriegskorea aufgewachsen, als blutjunge Krankenschwester hergekommen, hat sich als politische Aktivistin und Selfmade-Unternehmerin ihren Weg gebahnt. Sie war immer hinterher, dass wir gesund aßen, auf solide Schulen gingen, keine komischen Freunde hatten (hatten wir natürlich trotzdem) und auf die Klassenfahrten mitfahren konnten.

Und sie wollte auch immer, dass wir die Feste feiern, die unsere deutschen Mitschüler und Freunde feiern. Ich glaube unter anderem, damit wir nicht traurig waren und «dazugehörten», was ja nicht gerade der rote Faden unseres Lebensgefühls als sogenannte «einzige Schlitzaugen vom Kotti» war. Fasching, Ostern, Weihnachten – alles hart durchgezogen, alles auf Mamas Nacken, die sich ab und zu von den Omas und Opas, die sie als medizinische Kraft pflegte, «Hau ab, scheiß Ausländer» anhören durfte, damit ich an Ostern eine Ballerinabarbie aus dem Busch fischen konnte.

Dezember war für mich eine extrem magische Zeit, vielleicht, weil wir dann am dollsten dazugehörten, als

Weihnachts-praktizierende Familie. Ich fand es auch super, dass viele meiner muslimischen Freunde Weihnachten nicht feierten, das katapultierte mich im Ausländer-Assimilier-Ranking nach oben, und ich kam dem Status eines richtigen Almans etwas näher.

Jedes Jahr kam unser Tchibo-Plastik-Adventskranz zum Einsatz, wachsbetropft und stolz stand er mit einer bis vier brennenden Kerzen auf dem Tisch, die Drahtzweige potent nach oben gebogen. Zu Nikolaus waren unsere kleinen Kinderschuhe zu unserer großen Freude bis oben hin vollgestopft. Stopfen gehört definitiv zu den Top-Skills unserer Messie-Familie. Ich weiß noch, dass ich große Angst hatte, dem Nikolaus in der Nacht zu begegnen, während er in meiner Vorstellung mit Gewalt meine Schuhe vollstopfte.

Ein paar Tage vor Weihnachten kauften wir einen Baum, immer einen der erschwinglicheren Exemplare, kleine aussortierte Freakbäume. Wir schmückten ihn mit allem, was uns in die Quere kam. Während meiner Mama gediegene Skifahrerfiguren aus Holz und Glaskugeln am Herzen lagen, beluden meine Geschwister und ich den Baum mit Plastikanhängern aus Überraschungseiern und blinkenden Lichterketten vom türkischen Markt, aus denen sogar piepsende Weihnachtslieder krakeelten. Die dünnen Zweige hingen totgeschmückt herunter, und wir waren unendlich stolz auf unser Prachtstück.

Wir hatten nie ein wirkliches kulinarisches Konzept an Heiligabend, irgendwie koreanisch, alles zusammengewürfelt, oft Raclette. Einmal hatten wir Gäste, die Ente zubereiteten, aber wir befanden einstimmig, dass die Ente nach nassem Hund riecht, und haben uns nie wieder an einen Geflügelbraten herangetraut. Das Weihnachtsfest ist dann meistens in eine koreanische Karaokeparty ausgeartet, vorher gab es ein paar Alibi-Weihnachtslieder, und auf Wunsch meiner Mutter wurde «die Internationale» angestimmt.

Okay, jetzt mal zurück zu Paul. Es war der 24. Dezember und extrem wuselig in unserer Küche, als er reinkam und den Furzgeruch feststellte. Dieses Jahr sollte alles anders werden. Ich hatte einen neuen Freund, Maurice, ein Mann von Welt aus Wien, der dort eine Galerie mit Bar betrieb, die von der Presse lobend gefeaturt wurde. Er war der Inbegriff von Coolness. Es war komplett um mich geschehen, und ich wollte, dass er der Vater meiner Kinder und neben mir begraben würde, nachdem wir 80 Jahre glücklich verheiratet waren.

Am Anfang einer Beziehung tue ich immer so, als wäre ich eine andere Person, um mich attraktiver zu machen. Ist ja wahrscheinlich normal, aber ich zieh das echt durch. Ich lüge, dass ich viermal die Woche Yoga mache, für mein Leben gern und viel koche und ein Fan von Nouvelle-Vague-Filmen bin. Ich besuche einmalig einen Poledancekurs, um dann zu sagen, dass ich das halt ab und zu mache, just for fun. Ich laufe, wenn er mich besucht, zu Hause in einem sexy Kimono rum, anstatt wahrheitsgemäß die verbeulte Jogginghose anzuziehen. Und rein zufällig liegen ein paar kunsttheoretische Bücher verteilt in der Wohnung, die ich am Vorabend per Express bei Amazon bestellt habe.

Bisher hatte ich Erfolg mit der Nummer, die Typen sind immer zumindest eine Weile geblieben. Aber bei dem Wien-Kandidaten musste ich eine Schippe drauflegen. Den wollte ich für die Ewigkeit. Seit drei Monaten waren Maurice und ich zusammen, ich hatte bereits seine Familie in Wien kennenlernen dürfen. Er kam aus richtig gutem Hause, mit vier Meter hohen Wänden, Fischgrätparkett, Flügeltü-

ren, frischen Blumensträußen und einer krassen Biblio-
thek zu Hause. Sein Vater ist eine Wiener Künstlerlegende
und seine Mutter Designprofessorin. Intellektuell, zeit-
geistig und einfach peak stilvoll. Halt das Gegenteil von
Paul.

Maurice' Eltern waren über Weihnachten nach New York
geflogen, ich konnte ihn nicht nicht einladen. Außerdem ist
meine Familie ja supercharming, wenn sie will. Nur meine Geschwister und der Anhang sind oft peinlich, weil die
Prio immer ist, sich gegenseitig zu ärgern. In unserer Fa-
milien-WhatsApp-Gruppe, die mein Bruder liebevoll «The
Schingschangschongs» getauft hat, hatte ich sie bereits in
einer langen Sprachnachricht gebrieft. Keine Beleidigungen,
keine Gossensprache, kein Plastik-Christbaumschmuck,
nichts Blinkendes, keine weirden Geschenke, keine unan-
genehmen Fragen oder peinlichen Anekdoten.

Ich war im November zu einem Adventsessen bei Maurice' Eltern eingeladen gewesen und hatte noch nie so
einen krassen Baum gesehen. 8000 Meter hoch, nur mit
den feinsten Glaskugeln, ausgewähltem Schmuck und
echten (!) Kerzen. Da kam in mir die Panik hoch: Alteeeer,
was soll er denken, wenn er zu uns kommt?! Hinzu kam,
dass meine Mutter dieses Weihnachten nicht dabei war, sie
sorgt eigentlich immer für ein bisschen Niveau. Sie war
nach Korea geflogen, um ihre Ruhe zu haben. Stattdessen
war meine Tante aus Köln da.

Trotzdem, der Heiligabend sollte einfach mal ein bisschen erwachsener, gediegener werden. Maurice war
noch im Zug Richtung Berlin, genug Zeit, um meine
Familie ein bisschen zu brainwashen, dachte ich. Ihm
hatte ich unseren Weihnachtsabend als «Korean-Bar-
becue-meets-Swiss-Raclette»-Fusiondinner verkauft. Rot-

käppchen-Sekt hatte ich schon am Vorabend gegen Ruinart Champagner ausgetauscht und in der Karstadt Feinkostabteilung hochwertige Raclette-Zutaten gekauft. Wie gesagt, normalerweise essen wir alles zusammengewürfelt.

Bisher waren meine Schwester Milla, Paul, meine Tante und unser in die Jahre gekommener, einsamer Nachbar Helmut anwesend. Wir warteten noch auf meinen Bruder Jihun. Ich schmiss mich in ein enges, schwarzes Samtkleid, so schick machte ich mich sonst nie. Um die Raclettevorbereitungen hatten Milla und ich uns gekümmert, der Tisch stand schon feierlich gedeckt im Wohnzimmer. Ich hatte extra Gläser und Besteck besorgt, um was Edles zu haben, das zusammenpasst.

Es klingelte, Jihun kam rein. «Warum siehst du aus wie ne Edelnutte, lan?», begrüßte er mich, und ich zeigte ihm den Mittelfinger.

Schön, dachte ich. Das wird richtig schön heute. Unterdessen schnippelte Paul Kimchi, eine Strafaufgabe von Milla. Er klagte: «Dit sieht imma aus wie eema durschn Arsch jezogen! Ick krieg Locken, ey, warum muss ick den Kackjob übernehmen, ey?» Milla sagte trocken: «Du siehst aus wie ausm Arsch gezogen! Nerv nicht!»

Es klingelte, und Maurice stand vor der Tür. Warum? Warum so früh? Ich hatte noch keine Gelegenheit gehabt, um alle Anwesenden zu briefen. Maurice kam rein, er sah so gut aus. So sauber, so schick mit seinem asymmetrisch geschnittenen Comme-des-Garçons-Hemd. Ich stellte ihn allen vor und bot ihm einen Platz am gedeckten Tisch an. Jihun schlug sich ein Geschirrtuch über den Arm, schritt zu ihm und beugte sich zu ihm runter. «Wa wolle bestelle? Ente sü-saue mi ssalfe So-e? Numme neu-u-sexi, ja? Knuspli, ja?»

Oh fuck. *Die* Keule schwang er also. Mein Bruder spielte mal wieder Chinarestaurant. Er liebt es, meine neuen Boyfriends systematisch zu vergraulen, wenn er das Gefühl hat, dass sie mir nicht guttun.

«Haha, Jihun macht sich über die rassistischen Klischees lustig, die so über Asiaten kursieren. Ignorier's einfach!», versuchte ich, es wegzulachen. Maurice lachte gezwungen mit.

Mein Bruder blieb nah an Maurice' Gesicht, immer noch runtergebeugt und säuselte «Wenn du will, mei Swesta makke Massage mi happy ending fü dik, ik makke gute Plei.»

Ich rannte zu ihm und schubste ihn weg. «Alter, Jihun!»

Nach diesem gelungenen Entree setzten sich alle. «Und wat muss man machen, um so'ne Kunst-Bonze zu wern?»

Pauls Blick richtete sich auf Maurice, während er sich drei Scheiben Käse in eine Pfanne haute. «Haha, bin ich des? Des ist mir neu», sagte Maurice irritiert. Ich versuchte, das Thema auf die Schneestürme in Kalifornien und die Klimakrise zu lenken, aber irgendwie ging der Horror weiter.

«Ich habe Sie – wie sagt man so schön neudeutsch – ‹gegoogelt›, Sie haben jüdische Vorfahren?»

Oy vey, Nachbar Helmut lief warm, nachdem er gefühlt seit Stunden nicht geredet und sich bereits Sprechkäse in den Mundwinkeln gebildet hatte.

«Ja, genau, meine Oma väterlicherseits war Jüdin.»

Ah, interessant. Ich habe vorletzte Woche einen Deutschlandfunkbeitrag gehört, von äh, ja, von einer äh… der Name ist mir entfallen! War etwas Ausländisches. Aber, wo war ich stehen geblieben? Nicht Holocaust, sondern, was wollte ich gleich noch erzählen … Ah ja, wie stehen

Sie zum Israel-Palästina-Konflikt? Das ist ja Völkermord, der da passiert von den Zionisten ... Also, ich bin gegen Holocaust, keine Frage, aber was dort passiert» – okay, ich unterbrach dieses demente Arschloch.

«Helmut, iss mal ne Boulette und deinen Kartoffelsalat. Maurice, ignorier es einfach.»

Ich kam mir vor wie in einem dieser Ben-Stiller-Filme, nur dass hier niemand so cool war wie Robert de Niro. Meine wirklich süße Tante versuchte, die peinliche Stille zu brechen.

«Schmeckt es dir, Maurice? Hast du schon Kimchi probiert? Aber pass auf, es ist sehr scharf!»

«Danke, alles sehr leck...»

«Lekkeeee! Lekke gu makke mi Zunge!» Jihun spielte immer noch Chinarestaurant/Massagesalon.

«Hahaha, jeila Typ, ick raste komplett aues! Jihun, Alta, wir beede jegen dit Süstem wa! Eat ze rich», rief Paul scheppernd.

Ich hatte Kopfschmerzen. Wie konnten die so krass nerven?

Wir waren fertig mit dem Essen. Wir gingen rüber ins Wohnzimmer, das ich am Morgen feierlich geschmückt hatte. Und den Baum hatte ich extra auf einen Hocker gestellt, um ihn etwas größer wirken zu lassen.

«In diesem Zimmer hat Ubin mal einen Riesenhaufen gelegt! Das war so eklig!»

«Danke, Milla, vielen Dank!»

«Normalerweise hat sie in die Badewanne gekackt, während wir alle drin waren. Sodass die Kacke wie so'n Korken an der Oberfläche geschwommen ist, iiiih!»

Ich kniff Milla in ihren Arm und flüsterte ihr ins Ohr, dass sie aufhören sollte. Wir sangen *Stille Nacht*, Helmut begleitete uns auf seiner verstimmten Akustikgitarre. Plötzlich rief Paul rein: «Fotze, Fotze, Fotze.» Ich guckte ihn entgeistert an. Ach so, er tat mal wieder so, als hätte er Tourette, einer seiner Lieblingsjokes.

Maurice guckte mich fragend an. Aus seinem gezwungenen Lächeln wurde ein wütend zitternder Mund. Fuck, ich erinnerte mich. Sein verstorbener Cousin Tom, mit dem er aufgewachsen war, hatte Tourette, worunter er in bürgerlichen Wiener Kreisen viel zu leiden hatte.

Wir packten Geschenke aus. Maurice hatte supergute Gins, Trüffelöle und Coffeetable-Bücher für die Familie besorgt, die gerade ausgepackt und bestaunt wurden. Vielleicht kehrte jetzt endlich Ruhe ein. Auch Maurice packte ein Geschenk aus. Mein Bruder guckte ihn erwartungsvoll an. Es waren zwei Flaschen. Eine rote Süß-sauer-Soße und ein Massageöl mit chinesischen Tribals auf dem Etikett. Auf einer Karte stand «Happy Yellow Fever!» gekritzelt.

«Äh, danke», sagte Maurice mit hochrotem Kopf. Jihun lachte so laut und mit aufgerissenem Mund, dass man wie bei Ernie sein Zäpfchen im Rachen flattern sah. Ich hielt Maurice' Hand fest, in der Hoffnung, dass ein Teil von ihm noch mit mir zusammen sein wollte. Er öffnete das nächste Geschenk, dem ollen Zeitungspapier nach zu urteilen, war es von Helmut. Letztes Jahr hat er unsere Geschenke in Zeitungspapier eingewickelt, auf das vorab seine Katze draufgepinkelt hatte. Gelb gewellt und mit bestialischem Gestank. Maurice' Geschenk war ebenso in ausgeblichenes Zeitungspapier eingewickelt. Es schien ein Buch zu sein. Ich hatte Angst. Aus dem Augenwinkel las ich *Die Rothschild-Verschwörung*.

«Pimmel, Pimmel, Pimmel!», grunzte es aus Pauls Richtung. Maurice war kreidebleich. «Wo ist die Toilette bitte?»,

fragte er leise. Ich stand mit ihm auf, um ihn zu begleiten. Hinten an seiner beigen Hose sah ich einen großen
braunen Fleck. Meine Tante hatte ihn wohl auch bemerkt:
«Oh nein, Maurice, war das Kimchi doch zu scharf? Wir
haben noch Erwachsenenwindeln im Schrank!» Maurice
schlurfte fix und fertig aus dem Zimmer und leider auch
aus meinem Leben.

Dort, wo er gesessen hatte, lag nur noch ein zerdrückter
Schokoweihnachtsmann.

Rolf Schumann

Kiefernwälder

Das Dorf, aus dem ich komme, liegt hundert Kilometer südlich von Berlin, in der Ebene eines Urstromtales. Wie alle Orte der Region ist es eingebettet in Felder und Kiefernwälder. In heißen Sommern sind die trockenen Wälder von Bränden bedroht. Doch die Kiefern verströmen einen betörenden Duft. Und dieses harzige Aroma war auch im Winter, in klarer kalter Luft, noch so intensiv, dass es für mich bis heute der Weihnachtsduft geblieben ist.

Zum weihnachtlichen Schmücken waren die Kiefern allerdings ungeeignet. Wegen der langen Nadeln und der nachgiebigen Zweige stellte uns das Anbringen von Lichtern und Schmuck vor Probleme. So viel Mühe wir uns auch gaben, am Ende sahen sie doch immer zerzaust aus. Das machte vor allem meine Mutter traurig. Nach dem Krieg hatte es sie und ihre Eltern als Flüchtlinge in diese Gegend verschlagen. Sie wohnten in einem Bahnwärterhäuschen ohne Strom und fließendes Wasser abseits der Dörfer. An Weihnachten durfte sich ihr Vater in den Wäldern der Bauern eine junge Kiefer schlagen. In Ermangelung des Christbaumschmucks, den sie auf der Flucht hatten zurücklassen müssen, wickelte mein Opa Äpfel in Silberfolie, die er sich von irgendwoher aufgespart hatte, und hängte sie an die biegsamen Äste. Das Ergebnis spendete Trost und war ein Lichtblick in dieser dunklen, von Hunger geprägten Zeit, war aber nicht vergleichbar mit dem, was meine Mutter in ihren Erinnerungen bewahrt hatte. Auch wenn sie noch recht klein gewesen war, so konnte sie sich doch immer noch an die große, wunderschön geschmückte Tanne erinnern, vor der sie als Kind in ihrem früheren Zuhause am Heiligen Abend mit leuchtenden Augen gemeinsam mit ihren Geschwistern gestanden hatte.

Mein Vater kannte diese Geschichte aus der Kindheit meiner Mutter, und um ihr eine Freude zu machen, kaufte er Tannen. Unmittelbar vor Weihnachten konnte man sie bei uns neben dem Konsum-Landwarenhaus erstehen. Sie waren oft licht wie die Regale im Obst-und-Gemüse-Laden schräg gegenüber. Da wir gewohnt waren zu improvisieren, kaufte mein Vater noch einen zweiten Baum. Davon sägte er die schönsten Äste ab, spitzte sie an und steckte sie in die Löcher, die er an Kahlstellen in den ersten Baum gebohrt hatte.

Das war eine beschwerliche Arbeit bei Kälte auf dem kleinen Balkon, aber wir wurden mit einem ansehnlichen Baum belohnt. Dennoch war meine Mutter traurig. Was sie sah, konnte immer noch keinem Vergleich standhalten mit dem Baum aus ihrer Erinnerung. Hinzu kam, dass kurz nach den Feiertagen die eingesetzten Äste abzusterben begannen. Die Nadeln wurden braun und rieselten bei der geringsten Berührung hinunter. Es dauerte nicht lange, und dieses Schicksal ergriff den gesamten Baum. Gleich nach Neujahr hoben wir ihn übers Balkongeländer. Der Aufprall zwei Stockwerke tiefer gab ihm den Rest, sodass er als trauriges Gerippe dalag. Obwohl wir die Wohnung gründlich reinigten, fanden wir noch beim Ostereiersuchen Nadeln in den Ritzen des Fußbodens.

Die Stimmung meiner Mutter wurde auch dadurch gedrückt, dass sie kaum eigenen Baumschmuck beisteuern konnte. Der Glasschmuck – Glocken, Kugeln und Zapfen – wurde in Thüringen hergestellt. Zusammen mit Nussknackern, Pyramiden und Lichterbögen aus dem Erzgebirge wurde er in die ganze Welt exportiert. Im eigenen Land waren diese Raritäten kaum zu bekommen, und wenn, dann nur als zweite Wahl. Allenfalls in der vorrangig belieferten Hauptstadt konnte man dergleichen Kostbarkeiten ergattern. Und es konnte passieren, dass man selbst dort nichts bekam.

Meine Eltern hatten sich mit einer neuen Wohnzimmerlampe beschenkt und benötigten noch eine Kappe zur Abdeckung der Lüsterklemme an der Zimmerdecke. Im größten Kaufhaus des Landes, dem Centrum am Alexanderplatz, gab es mehr als sonst im ganzen Land, beinahe alles, nur keine Kappe für eine Lüsterklemme. Die Verkäuferin war mit dem Problem vertraut. Ihr Tipp: Senf. Die weißen Becher aus dem VEB Lebensmittelbetriebe Bautzen kamen ohne Etikett aus. Den Inhalt verriet nur der Deckel. «Na, da bohren Sie ein Loch in den Becherboden! Den Senf vorher umfüllen!» Das erwies sich als gute Idee. Ein kleines Loch reichte für die Kabeldurchführung. Kein Gast bemerkte je, dass von der Decke über der Lampe ein Senfbecher grüßte.

Aber als das zentrale Erntefest in unserer Gegend stattfand, gab es auf einmal Weihnachtsschmück sogar auf dem Land. Auf dem Festplatz wurde ein Stand errichtet, mit prächtig gefüllten Regalen an Seiten und Rückwand. Gewöhnlich waren wir disziplinierte Schlangesteher. Wenn man zu zweit eine Schlange erspähte, stellte der eine sich an, während der andere vorn nachsah, was es Besonderes gab. Diesmal drängten die Käufer von allen Seiten zu den Auslagen.

Baumschmuck war einfach zu selten, und die Kugeln und Baumspitzen waren in diesem Jahr besonders schön, mit dezenten Farben und angedeutetem Schneeüberzug. Immer mehr Neugierige kamen hinzu und drückten die staunenden Besucher vor ihnen gegen den Stand. Er knarrte, er wackelte. Die Verkäuferinnen liefen in Aufregung zu den Regalen und stützten die Bretter. «Hilfe!», riefen sie. «Polizei!»

Mein Vater nahm mich zur Seite, steckte mir etwas Geld zu und trug mir auf, eine der Kostbarkeiten heimlich zu erstehen. Schon bahnten sich zwei Polizisten den Weg durch die Menge. «Zurücktreten!» Über Volkspolizisten kursierten viele aufmüpfige Witze. Doch wenn sie leibhaftig auftraten, war es empfehlenswert, ihren Anweisungen Folge zu leisten. Die Besucher wichen zurück.

«Was ist hier los?», polterten die Ordnungshüter.

«Der Stand bricht gleich zusammen!», empörte sich eine Verkäuferin. «Die wollen alle den Schmuck!»

«Sie treten jetzt nur noch einzeln heran!», befahl einer der Polizisten der Menge. Ich stand vorn. Einzeln. Unter strenger Aufsicht der Volkspolizei erstand ich nun eine filigrane Tannenbaumspitze aus dem VEB Thüringer Glasschmuck Lauscha.

Ein unverzichtbarer Bestandteil des Christbaumschmucks war natürlich Lametta. Damit das Ergebnis ordentlich aussah, wurde jeder Faden einzeln an den Baum gehängt. Das funktionierte umso besser, je schwerer der Faden war. Das leichte Lametta aus Alufolie riss genauso schnell wie der Geduldsfaden, den man fürs Auffädeln brauchte. Besser war das Bleilametta, das es allerdings nur im Westen gab.

Die Verwandten meiner Eltern hatte es nach dem Krieg in alle Landesteile Deutschlands verschlagen. Einige lebten jenseits der Grenze. Von ihnen bekam man Dinge, die es bei uns nicht zu kaufen gab. Eine Schwester meiner Mutter wohnte in Westberlin. Sie und ihr Mann besuchten uns alle paar Jahre in der Weihnachtszeit und brachten unter anderem das begehrte Bleilametta mit. Doch wenn sie unseren Weihnachtsbaum sahen, rümpften sie die Nase. Am liebsten hätten sie uns auch noch einen Baum mitgebracht.

Aber sie hatten etwas anderes dabei. «Sieh mal, was ich für euch ergattert habe!», strahlte meine Tante. Sie präsentierte neue Nylonstrümpfe. «Oh, wie schön!» Meine Mutter freute sich. «Die gibt es bei uns gar nicht mehr.» Es gab sie nicht mehr. Aber sie waren bei uns hergestellt worden, wie sich bei näherem Hinsehen zeigte. Es handelte sich um Exportware aus dem VEB Chemiefaserkombinat «Wilhelm Pieck» in Rudolstadt-Schwarza.

Bekanntlich konnte nicht alles einfach über die Grenze geschafft werden. Druckmedien durften nicht eingeführt und bestimmte Neuwaren nicht ausgeführt werden. Die neuen Hausschuhe, die meine Mutter ihr geschenkt hatte, zog meine Tante vor der Rückreise ausgiebig durchs winterblasse Gras.

Um die unerlaubte Mitnahme verbotener Dinge in beide Richtungen zu verhindern, fanden Grenzkontrollen statt. Die waren unangenehm. Mein Onkel neigte zu nervösen Schweißausbrüchen. Deshalb versuchte er gar nicht erst, etwas zu schmuggeln. Er ließ alles zu Hause, was auch nur den Anschein eines Verdachts erregen könnte, um nur ja ungeschoren die Grenze zu passieren. Und doch erwischte es ihn.

«Öffnen Sie alle Fächer Ihres Fahrzeugs!», forderte ihn der Grenzsoldat auf. Mein Onkel wischte sich den Schweiß ab und gehorchte. Er öffnete alles, was sich an seinem weißen Ford Capri öffnen ließ. «Auch das hintere Fach der Mittelkonsole!», wurde er angefahren. Ein Fach in der Mittelkonsole? Davon er wusste nichts. Und öffnen konnte er es erst recht nicht. «Gehen Sie mal weg!» Der Grenzer hatte bereits einen Schraubenzieher in der Hand. Und dann hebelte er an einer schmalen Ritze etwas auf, das in einer späteren Modellreihe vielleicht mal als Fach würde genutzt werden können. Nichts befand sich in dem kleinen Hohlraum, kein revisionistisches Druckerzeugnis, kein verbotenes Weihnachtsgeschenk, nicht einmal eine spätkapitalistische Tannennadel.

Andere Verwandte schickten Pakete, an denen auch die professionellen Paketöffner von Zoll und Stasi Freude hatten. Sie enthielten Süßigkeiten und Kleidung und die Dinge, die zur Weihnachtsbäckerei nötig sind, die es aber bei uns nicht oder nur unter dem Ladentisch gab: Zitronat, Orangeat und Rosinen. Ein Cousin meines Vaters war Bäcker in Dresden und hatte meinen Eltern ein besonderes Rezept gegeben. Das Ergebnis war jedem käuflich zu erwerbenden Produkt überlegen. Das lag einfach daran, dass die Rosinen vorab in hochprozentigen Rum eingelegt wurden. Und die Überreste wurden keineswegs weggeschüttet, sondern wohlwollend dem Teig hinzugegeben. Das verlieh dem Stollen ein Aroma, das die Karibik in den sozialistischen Winter holte. Kinder durften nur in unbeobachteten Augenblicken davon probieren.

Die große Pyramide immerhin stammte aus heimischer Fertigung, aus dem Erzgebirge, und wenngleich sie ein Produkt zweiter Wahl war – die erste Wahl wurde exportiert –, schaffte sie jedes Mal ein paar Drehungen. Sie hatte keine festen Etagen, sondern wurde über die Höhe von vier seitlich verlaufenden Streben zusammengehalten. Das ermöglichte einen ungehinderten Blick auf die Figuren dreier Ebenen: Ringelspanbäume, geschnitzte Bäume, Schafe, Hirten, ein gedrechselter Sternträger, geschnitzte Bergleute, natürlich Maria und Josef mit dem Christkind in einer Futterkrippe aus Lindenholz.

«Pyramide steht!», schallte es durchs Wohnzimmer. Die Spitze wurde aufs Lager gesetzt, die Kerzen entzündet. Die Wärme strömte gegen die schräg gestellten Lamellen des Flügelrades, und schon begannen sich die Figuren zu drehen, und zwar für drei bis vier Minuten. Dann blieben sie aus ungeklärten Gründen stehen. Mein Vater blies die Kerzen aus. «Die Neigung jedes Flügels muss exakt 45 Grad sein», erklärte er uns und drehte daran herum. Die Kerzen wurden neu entzündet. Ah! Jetzt drehte das Personal sich mit Schwung! «Na bitte», sagte mein Vater. Die Pyramide wurde langsamer und blieb stehen. «Zweite Wahl», ärgerte er sich. «Kann es auch sein», versuchte meine Mutter zu trösten, «dass Maria die Notbremse zieht, weil dem Jesuskind schlecht wird?» – «Sie hat Angst vor den Kerzen», fiel mir ein.

Brennende Kerzen sind überall mit einem gewissen Risiko verbunden. Und wenn meine Oma mitfeierte, erhöhte sich das Risiko spürbar. Mit neunzig Jahren war sie leicht verwirrt und hörte und sah nicht mehr gut. Vielleicht hatten wir die Pyramide auch fahrlässig nah positioniert. Jedenfalls packte meine Oma ihr Geschenk so munter aus, dass das zurückgeschlagene Papier in die Pyramide geriet, die sich zwar nicht drehte, aber von Kerzen beleuchtet wurde. Sofort stand das Papier in Flammen. Wir schrien auf. Mein Vater packte die Sofadecke und schlug mit aller Kraft das Feuer aus. Das von Oma überkommene

Goldrandgeschirr überlebte diese Rettungsaktion nicht in allen Teilen. Und die Pyramide würde sich nun ganz bestimmt nicht mehr drehen.

Neben den weihnachtlichen Süßigkeiten und Nüssen gehörten auch Südfrüchte auf einen bunten Teller, der für jedes Familienmitglied zurechtgemacht wurde, aber auf dem Land war es schwer, an diese Exoten zu gelangen. Jedes Familienmitglied bekam vor Weihnachten im Geschäft nur eine Apfelsine oder Banane. Ich weiß nicht, wie es in den Städten überprüft wurde. Im Dorf kannte man sich.

«Ihr Mann hat für Sie schon alle Früchte mitgenommen», verhinderte die Verkäuferin süffisant lächelnd einen Doppelkauf. Mein Opa hat mit einem Kaffeelöffel immer noch das Innere der Bananenschale ausgekratzt, um nicht so viel von dieser seltenen Kostbarkeit wegzuwerfen. Kein Wunder, dass mir im November 1989 beim Anblick von Zonen-Gaby und ihrer «Banane» auf der Titanic-Titelseite das Lachen im Halse stecken blieb.

Grundnahrungsmittel waren ausreichend vorhanden, aber um in der Weihnachtszeit an besondere Dinge für die Festtage zu kommen, musste man das Anstehen in langen Schlangen in Kauf nehmen. Meine Frau hatte zwei Schwestern. «Du gehst zum Bäcker, du zum Fleischer, und du holst die Bananen aus dem Konsum!», schickte meine Schwiegermutter ihre Töchter in die vorweihnachtlichen Schlangen.

Mein Vater stammte aus dem Erzgebirgsvorland. In dem Jahr, in dem ich die Baumspitze erstanden hatte, fuhren er und ich in der Vorweihnachtszeit in seine alte Heimat. Meine Mutter wollte meine Oma nicht mehr allein lassen.

Meinem Vater schien das gelegen zu kommen, und unterwegs weihte er mich in seine Überlegungen ein. Ich freute mich über das Vorhaben, doch es gab noch etwas zu tun.

Am Heiligen Abend stellten wir wie immer den Baum auf und schmückten ihn. Da es bereits dunkel wurde, zündeten wir die Lichter an und riefen meine Mutter dazu. Als sie das Zimmer betrat, sagte sie zunächst nichts. Eine dichte Tanne mit sattgrünen Nadeln und einer wunderschönen Christbaumspitze stand vor ihr. Das Licht ließ den übrigen Schmuck glitzern. Meine Mutter stand einen Moment wie versteinert da, dann traten ihr Tränen in die Augen. «Er sieht aus, wie ich ihn in Erinnerung habe», erklärte sie mit brüchiger Stimme. «Wie habt ihr das gemacht? Es ist das schönste Geschenk seit Langem!»

Wir erklärten ihr, wie wir an das gute Stück gekommen waren. Mein Vater war schon beim letzten Besuch mit einem Erzgebirgsförster in Kontakt gekommen und hatte ihm von seinem Wunsch nach einer Tanne erzählt.

«Was?» Der Förster hatte die Augenbrauen hochgezogen. «Viele Leute hier in der Gegend würden lieber eine Kiefer als eine Tanne haben!»

Die Verteilung bestimmter Produkte, selbst wenn es sie gab, blieb in der Planwirtschaft ein Problem. Deshalb blühte der private Tauschhandel. Mein Vater und der Förster waren sich schnell einig geworden.

Auf dem Hinweg hatten wir in unserer Gegend eine frisch geschlagene Kiefer, die sich im Trabi gerade noch mitnehmen ließ, erworben, waren ins Erzgebirgsvorland gefahren und hatten sie dort gegen eine gut gewachsene Tanne getauscht. Und so verbrachten wir das Weihnachtsfest in den Kiefernwäldern ohne Sägen und Stecken mit einer prächtigen Tanne.

Melanie Hofmann

Ein Projekt in Kathmandu

Kurz vor dem ersten Advent steige ich aus dem Flugzeug in eine andere Welt. Bin ich nur einen Tag unterwegs gewesen? Mit Augenringen taste ich mich durch die Schiebetüren. Meine beiden Freundinnen machen einen Riesenradau. Sie haben mit einem Schild gewartet. Das gibt ein Häkchen auf meiner unsichtbaren Liste. Danke, Nicole und Magdalena. Ich wollte immer schon mal mit einem Schild abgeholt werden.

Die letzte gläserne Tür des Flughafens tut sich auf in diesigen Smog. Die Lunge wehrt sich gegen die ersten Atemzüge. Es riecht nach vielen Menschen und nach noch mehr Mopeds. Der dichte Dunst der Stadt hüllt uns ein. Ich versuche, durch den Mund zu atmen. Staub und Abgase lassen die Zähne knirschen. So schmeckt Kathmandu.

Menschen schleifen ihr Gepäck über den brüchigen Asphalt. Fremd klingende Wörter werden in Dauerschleife geschrien. Eine Kolonne verbeulter Minivans hupt sich durch den Parkplatz. Die Türen der Vans sind abmontiert, bei manchen hängen sie funktionslos neben der Öffnung. Männer beugen sich heraus und schreien immer dieselben Worte. Magdalena stopft mich in einen dieser Busse. Mit dem Rucksack schaffe ich es nicht durch den Gang zwischen den abgewetzten Sitzen. Ungefragt wird mir das Ungetüm abgenommen und aufs Autodach geworfen. Hoffentlich bleibt es da. Der Fahrer schreit noch einmal und klopft an die Karosserie seines verbeulten Vans. Dann ruckelt er los. Mein Sitz steht unverschraubt auf dem Boden.

Vom Flugzeug aus wirkte die Stadt riesig, wie dunkles Moos, das den gesamten Boden bedeckt und keinen Platz für anderes lässt. Hier unten erscheint sie fahl. Die Häuserfront ist dicht. An den wenigen Aussichtspunkten, an denen wir vorbeischaukeln, verschwimmt der Horizont im Dunst. Die Tür bleibt offen. Sobald der Fahrer jemanden sieht, schreit er ihm etwas entgegen, immer das Gleiche. «Was schreit er da?», schreie ich Magdalena an. «Unser Ziel!», schreit sie zurück. Manche der Angeschrienen steigen ein, obwohl keine Plätze mehr frei sind, weder Steh- noch Sitzplätze. Aber hier fasst ein Neunsitzer-Bus bei fachgerechter Quetschung fünfundzwanzig Personen. Und ich wollte dem mitteleuropäischen Vorweihnachtsstress entrinnen.

Die Häuser werden höher, die Aussicht bunter. Die Hauptfarbe bleibt lehmiges Braun. Immer öfter blitzt jetzt ein kräftiges Rot auf, Zeichnungen auf Wänden, Punkte auf Gesichtern, auch eingewebt in Stoffe. Dazu intensives Orange, das in Mörsern zu feinem Pulver zerrieben wird und dessen Geschmack ich auf der Zunge zu spüren glaube. Ist das Curry? Zum Trocknen aufgefädelte Chilis baumeln vor einer himmelblauen Wand. Frauen schieben in bunten Stoffstreifen aneinander vorbei. Zwischen den Streifen zuweilen ein kleiner Kopf, eine winzige Hand: Babys, gut eingepackt.

Mopeds sind so voll beladen, dass das eigentliche Gefährt nur noch zu erahnen ist. Reissäcke, Stoffrollen, Ziegen und Kühe. Alles passt auf ein Moped, natürlich auch eine Familie: Mama, Papa und drei Kinder. Die Straßen sind überfüllt. Markierungen gibt es nicht, es würde sich eh keiner dran halten. Verkehrsregeln wird es geben, nur sind sie nicht zu erkennen. Vorrang hat der Schnellste oder der mit der lautesten Hupe. Das funktioniert so gut, dass Mengen überladener Mopeds kollisionsfrei durch enge Gassen gelangen. Allenfalls fehlt hier und da ein Rückspiegel. Würde ich auf einem Moped an einer Kreuzung stehen bleiben, weil jemand von rechts kommt, würde ich eine Massenkarambolage verursachen.

Zwischen den Häusern verflechten sich Stromkabel zu klebrigen Spinnennetzen ohne Struktur. Unterhosen flattern dazwischen und Socken auf von Fenster zu Fenster gespannten Leinen. Mit jedem holprigen Meter, den wir dem Stadtzentrum näher kommen, wird es dichter. Ein Markt. Schalen mit bunten Früchten. Ein üppiger Farbklecks bewegt sich; eine Frau, eingehüllt in bunten Stoff zwischen ebenso bunten Obstschalen. Der Fahrer hängt sich aus der Tür und schreit der Menge die Fahrtrichtung zu. Die Rufe anderer Busschreier mischen sich in den Lärm.

Das Titelbild meines Reiseführers ziert ein tiefentspannt meditierender Mönch. Wo der wohl sitzt? Ich habe bald eine ältere Frau auf dem Schoß und den Ellbogen eines Mannes in den Rippen. Die unebene Straße verschärft das Erlebnis. Düfte wehen herein. Essensaromen mischen sich mit Straßenstaub und dem eigenwilligen Geruch der Dame auf meinem Schoß. Während ich versuche, Quetschungen, Prellungen, Stauchungen gering zu halten, quasseln meine Freundinnen auf mich ein.

Wir sind hier, um die Weihnachtszeit mal anders zu verbringen. Sinnvoll. Ohne Konsumzwang. Sozial. Ein Österreicher verkauft fair geknüpfte Teppiche in Europa, und für die Kinder der Teppichknüpferinnen hat er hier eine Schule errichtet. In der wollen wir helfen.

Die Wohnung, die das Hilfsprojekt zur Verfügung stellt, hat ein paar Eigenheiten. Es gibt nicht genügend Strom, um alle Häuser gleichmäßig zu versorgen. Jedem Stadtbezirk wird ein zweistündiges Zeitfenster zugeteilt. Unseres hat den Jackpot gewonnen: Strom gibt es von ein bis drei Uhr. Nachts. Das muss funktionieren. Die Handys werden also in der Nacht aufgeladen. Und als Kühlschrank muss das kleine Fensterbrett reichen, das außen an der Hauswand befestigt ist. Nachts wird es immerhin vier Grad kalt, bei Tag knapp zwanzig Grad warm.

Die Sonne verschwindet gegen sechs Uhr abends. Brauchen wir im Advent künstliches Licht? Wir haben Kerzen. Teelichter. Licht ist eigentlich nicht das Problem. Aber Magdalena macht eins daraus. Sie hat sich Hals über Kopf in einen Nepalesen verliebt und kommt spät am Abend nach Hause. Dann dreht sie das Licht auf, wundert sie sich kurz, warum nichts passiert – ach ja, kein Strom! –, und geht im Dunkeln ins Bett. Pünktlich um ein Uhr nachts, denn die nepalesische Stromversorgung ist zuverlässig, springt das Licht an. Kein Problem für Magdalena. Sie wacht nicht auf von der plötzlichen Festbeleuchtung. Nur Nicole und ich. Einmal ist das verständlich, zweimal auch, sogar eine ganze Woche ist das verständlich. Aber es geht zwei Monate lang so.

Und auch die Teelichter sind nicht unproblematisch. Denn gekocht wird mit einem einfachen Gasherd. Und der ist so einfach, dass keine Dichtungen vorhanden sind. Gas wird hier nicht mit Geruchsstoff versetzt. Doch wenn alles leise ist, hören wir das Zischen. Das erste Streichholz kostet Überwindung. «Komm, es ist doch Advent, die Zeit der Zuversicht!» Ja, Glauben hilft. Es ist erstaunlich, wie schnell man sich daran gewöhnt, entspannt offenes Feuer neben einer undichten Gasquelle zu entzünden. «Nun brauchen wir nur noch einen Weihnachtsbaum! Es gibt doch Kiefern im Himalaja?» Kekse haben wir von zu Hause mitgebracht.

Aber zunächst mal sind wir für das Hilfsprojekt da. Für die Schule. Niemand hat uns ein Einsatzgebiet zugewiesen. Also organisieren wir was. Zu Hause wird im Advent die Wohnung geputzt. Hier veranstalten wir mit den Kindern eine Reinigungs- und Sammelaktion am Bach. Der ist zugemüllt mit Plastiktüten, Wasserflaschen, zerschlissenen Reissäcken, Schläuchen, Verpackungen von Süßigkeiten. Nur, wohin damit? Die Kinder wundern sich auch. Das alles gehört sich doch so! Das ist der Müll, den sie über Wochen selbst in den Bach geworfen haben. Dazu ist er da!

Es gibt viele solcher Baustellen. Aus unserer Sicht zu viele. Uns dämmert, was schon anderen Freiwilligen aufgegangen sein soll: dass wir hier nicht unbedingt gebraucht werden. Dass dagegen womöglich wir so ein Projekt brauchen. Weil wir auf der Suche sind nach einer Aufgabe, nach einem Sinn. Der tut sich nicht auf. Wir lassen uns von den Kindern beibringen, wie man Linsensuppe und heißen Reis stilvoll mit den Fingern isst. Das muss erst mal reichen.

Magdalena, rätselhaft verliebt in den schlanken Vijay, wird durch dessen unüberschaubare nepalesische Verwandtschaft geschleppt. Nicole und ich begleiten sie zuweilen wie Brautjungfern. Alle diese faltenreichen Frauen und Männer scheinen dem jungen Mann zur tollen Frau aus Europa zu gratulieren. Magdalena lächelt stumm. Entweder es ist wirklich die große Liebe. Oder sie versteht nicht, dass sie hier als die zukünftige Mäzenin vorgestellt wird.

Jetzt ist die nächste Oma dran – wie viele hat der Mann eigentlich? Magdalena freut sich jedenfalls. Und wir sind neugierig. Um einander zwischen begeisterten Verwandten und Kindergruppen aufspüren zu können und um demnächst den Weihnachtsbaum zu bestellen, benötigen wir lokale SIM-Karten.

Die gibt es in einem Viertel, das sich weiter bergauf befindet. Kathmandu liegt über tausend Meter hoch. Nicht auf einer Hochebene, sondern auf vielen Hügeln oder, für mein Empfinden, auf Bergen. Einen davon müssen wir für die SIM-Karten auf unbefestigten Pfaden erklimmen. Der Mount Everest liegt hundertsechzig Kilometer entfernt. Dieser steile Anstieg scheint eine Art Ausläufer zu sein. Mir reicht er als Übung.

Und da oben liegt tatsächlich ein Shop. Er sieht aus wie alle Shops, in denen wir bisher waren. Meist ist es der unterste Raum eines Wohnhauses. Große Teile der Familie sitzen dort und warten darauf, dass etwas passiert. Drei Europäerinnen gleichzeitig im Geschäft sind ein rares Ereignis und spannend, wenn sie sich nicht verständlich machen können.

Magdalenas Beinahe-Verlobter ist mitgekommen. Er erklärt der interessierten Großfamilie, was wir wollen. Sogleich wird hektisch in allen Schubladen gekramt. Schließlich fördern kundige Hände etwas zutage. Keine SIM-Karte. Sondern ein Formular. Dieses Papier wird uns feierlich ausgehändigt. Oh. Es steht nichts drauf. Es ist nur ein leerer Zettel.

Aber der ist wichtig! Auf den sollen wir nun zuerst unsere Namen schreiben und darunter unsere Fingerabdrücke setzen, alle zehn. Das habe ich nicht mal bei der Einreise machen müssen. Der zweite Schritt ist noch schwieriger. Wir sollen Namen aufschreiben, und zwar diejenigen der letzten vier Generationen väterlicherseits. Natürlich nur diejenigen der Männer. Wir wechseln ratlose Blicke. «Weißt du, wie dein Urgroßvater hieß?» – «Und dein Ururgroßvater?»

Ich kenne die Geschichten um einen Urgroßvater Graspopo, nur glaube ich nicht, dass das der Name ist, der auch im Reisepass stand. Nicole und Magdalena lassen sich kein Unwissen anmerken. Schwungvoll schreiben sie irgendwas hin. Natürlich! Rasch erfinde ich einen Heinz Ferdinand, Otto Fritz und Franz Josef und gebe den Zettel selbstbewusst wieder ab. Dankbare Anerkennung. Was denken die wohl, was wir mit den Handys vorhaben? Die Urgroßeltern anrufen?

Gut vernetzt kehren Nicole und ich in unsere Wohnung zurück. Magdalena lässt Oma-Herzen höherschlagen.

Und nun rückt das Weihnachtsfest heran. Magdalena dreht jeden Abend im Dunkeln das Licht auf, damit es wenigstens nachts um eins anspringt. Wir zünden Adventskerzen an, und der Herd explodiert nicht. Von den Keksen ist kaum noch was übrig. Das ist auch in der Heimat so gegen Ende Advent. Für jede von uns ist es das erste Mal, dass wir nicht zu Hause sind um diese Zeit. Es fühlt sich einschüchternd an. Als wäre die Welt, die wir kennenlernen wollten, doch etwas zu groß. Religiös sind wir nicht. Aber es ist ein Fest der Familie. Und die ist gerade weit weg.

Also werden wir unsere eigene Feier ausrichten. Mit einem Festessen, mit kleinen Geschenken, einem Christbaum. Die Geschenke werden das geringste Problem sein. Märkte gibt es überall, hübsche Dinge auch. Das Festessen wird anders schmecken als zu Hause aber mit etwas Glück nicht weniger lecker. Die wunderbaren Samosas, die Teigtaschen, müssen unbedingt auf den Tisch. Gleich ums Eck gibt es eine alte Frau, die auf der Straße diese Köstlichkeiten in einer rostigen Schüssel frittiert. Die Farbe des Fettes legt nahe, dass einiges vom Rost ins Essen gelangt, aber vielleicht macht gerade das die perfekte Würze.

Man verständigt sich mit ihr durch Mimik und Handzeichen. Ich lächele sie breit an und halte drei Finger in die Luft. Sie lächelt ebenso breit zurück und packt vier Samosas ein. Ihr Lächeln lässt nur halb so viele Zähne zu erkennen, dafür umso mehr Wärme. Sobald sie mich sieht, winkt sie. Ich fühle mich fast schon einheimisch.

Beim Weihnachtsbaum allerdings werden wir Hilfe brauchen. Wir fragen die Lehrer. Zur Antwort bekommen wir von jedem dieses sonderbare Kopfwackeln. Es ist eine Mischung aus Nicken und Kopfschütteln und heißt auch ungefähr das. In diesem Fall: keine Ahnung. In den ersten Wochen in dieser ausufernden Stadt haben wir aufgrund dieses Kopfwackelns viele Umwege genommen. Wenn jemand kopfwackelnd in eine Richtung gezeigt hat, sind wir dem Hinweis gefolgt. Ein Anfängerfehler. In Nepal ist es unhöflich, Nein zu sagen. Niemand wird sagen: Ich weiß es nicht! Kopfwackelnd in eine Richtung zu zeigen, ist höflicher. Zeitsparend ist es für die Fragenden nicht, aber spannend. Die großen Plätze und hinduistischen Tempel hat jeder Tourist gesehen. Aber wer kann schon von sich behaupten, fast alle Sackgassen in Kathmandu erkundet zu haben?

Wir fragen den Schulleiter. Er ist Hauptansprechpartner für uns Freiwillige. Nach dem ersten erschrockenen Kopfwackeln beginnt er zu grübeln. Er hat schon davon gehört, dass in einigen Ländern Weihnachten gefeiert wird und dass dafür Bäume ins Zimmer gestellt werden. Das ist sonderbar, und vor allem geht es hier nicht, eröffnet er uns. Denn das Fällen von Bäumen sei verboten.

Tatsächlich? Es gibt grandiose Banyanbäume und hohe Salbäume, die als heilig gelten. Aber es gibt doch auch Kiefern? «Ist auch das Fällen verkümmerter Nadelbäume verboten?», frage ich. «Das Fällen krummer, verwachsener, windschiefer Kiefern? Was passiert, wenn man so etwas absägt?» Sein Blick wird ernst und traurig. «Dann kommt die Polizei.»

Wir können das nicht glauben. Wir verharren stur und bekümmert vor seinem Schreibtisch. Der ernste Mann legt die Stirn in Falten. Ja, er wird weiter nachdenken. Das kann dauern. Und es dauert. Stille. Nur Nepals Kiefernwälder rauschen. Und dann kommt Bewegung in den Mann: Ja. Er hat eine Idee. Er wird uns einen Baum besorgen. «Aber nur etwas Kleines! Keinen ganzen Baum! Mehr so etwas wie eine Spitze. Zumindest etwas Grünes.» Wir trauen uns zu fragen: «Etwas mit Nadeln?» – «Mit Nadeln.» Das hört sich doch vielversprechend an!

Am verabredeten Abend warten wir auf seinen Anruf. Wir sollen erfahren, wann er ihn bringen wird, den Baum, und auf welche Weise die konspirative Übergabe stattfinden soll. Endlich läutet das Handy. Nein, unmöglich, er könne ihn nicht bringen. Das sei zu gefährlich. Wir müssten ihn holen.

Dann tun wir das. Wir sind drei Magierinnen aus dem Abendland auf geheimer Mission. Die Anschrift weist in eine entlegene Gegend. Wir müssen raus aus dem Gewusel der inneren Stadt. Über die großen Plätze, vorbei an den Tempeln. Ein Äffchen schwingt sich über die Straße, mit einer Digitalkamera in den Pfoten, verfolgt von einer aufgeregten Dame mit einer Banane in der Hand. So was kommt häufiger vor.

Dann werden die Straßen schmaler. Gepflastert sind sie nun nicht mehr. Doch Google Maps funktioniert noch. Das Tageslicht verabschiedet sich. Und mit den Pflastersteinen ist auch die Straßenbeleuchtung verschwunden. Spärliches Licht dringt noch aus den Fenstern der schiefen Häuser. Seitenstraßen, verschmutzte Gassen, Pfade. Wir folgen der Route. Die bebauten Viertel enden.

Und da – da steht er! Dunkel gekleidet im Dunkeln. Der Schulleiter. Er ist sichtlich nervös. Er späht nach allen Seiten und bemüht sich, hinter seinem Rücken zu verstecken, was wir begehren: den Weihnachtsbaum. Nun hat er uns entdeckt. Er überquert den Weg. Er überreicht uns die illegale Beute. «Das ist mein Hilfsprojekt für Sie!» Und eilt davon. In der Schule regiert er besonnen, gutmütig, weise. Hier befindet er sich auf der Flucht.

Wir stehen verdattert da und betrachten den Baum. Oje. Es handelt sich um einen Ast, an dem traurig fünf dürre Zweige hängen. Mit Nadeln, ja. Aber an etlichen Stellen sind sie bereits abgefallen. Ob der Schulleiter lange danach suchen musste? Mit drei Streifen Lametta wäre das Gerippe überlastet. Dürfen wir denn nun dieses kümmerliche Gewächs durch die Straßen tragen?

Der Weg hierher war weit, der Weg zurück wird nicht kürzer sein. «Müssen wir uns was zurechtlegen, falls jemand fragt, woher wir das haben?» Magdalena winkt ab: «Pah!» Sie weiß eine nepalesische Großfamilie hinter sich, die sie überall rausboxen würde. Allerdings müsste sie dann wohl heiraten.

«Ich dirigiere!», erklärt Nicole. Sie hat schon viele Krimis gesehen. Ich soll mir den Baum unter die Achsel klemmen,

Melanie Hofmann

und sie wird uns mit Google Maps über die allerwinzigsten Steige lenken. «Denk an die lokale SIM-Karte!», gebe ich zu bedenken. «Vielleicht werden wir bereits überwacht?»

Es ist das Abenteuer verwegener Weihnachtssüchtiger. Magdalena sichert nach hinten ab. Nicole schleicht unauffällig von Ecke zu Ecke, immer nach Leuten Ausschau haltend, die uns den illegalen Baum abnehmen könnten. Nach jedem verschwörerischen Handzeichen folgen wir ihr. Als eine Silhouette um die Ecke biegt, wirft Magdalena ihren Schal über das Bäumchen. Das ist mal eine Idee! Jetzt sieht es wie ein Ballen Stoff aus, aus dem ein Bügel mit Nadeln sticht.

Schräge Blicke mustern uns, doch dabei bleibt es. Kleine Lichter sind hinter den Fenstern zu sehen, aber keine Gesichter. Zwischen den Dächern flattern Gebetsfahnen, kleine, bunte Vierecke aus Stoff, auf denen fromme Texte geschrieben stehen. Ist die Gebetsfahne zerrissen, bedeutet das, dass der Wind schon viele Gebete mitgenommen und in die Welt getragen hat. Diejenigen, die jetzt über uns flattern, sind neu. Das bedeutet, dass wir bald zu Hause sind. Denn in den von Touristen besuchten Vierteln werden die Fahnen häufig erneuert.

Endlich kommt die Wohnung in Sicht. Das Bäumchen wirkt mittlerweile noch gerupfter. Das Gequetsche durch den schmalen Stiegenaufgang tut ihm auch nicht so gut. Willkommen in der Weihnachtswohnung. Wir stellen es ins Eck, vor den Lichtschalter. Dort lehnt es schief an der Wand, und dort wird es vorläufig bleiben. Einen Christbaumständer haben wir nicht. Und in diesem Fall reicht vielleicht eine Vase.

Ich sammle rasch jede einzelne Nadel auf, die im Stiegenhaus abgefallen ist. Ein Stockwerk über uns wohnt ein deutscher Fotograf, der für das Schulprojekt ein Werbevideo dreht. Dem werde ich eine Nadel unter die Türe schieben. Frohe Weihnachten.

Aus einer silbrigen Plastikverpackung basteln wir ein wenig Lametta. Auf zusätzliche Kerzen verzichten wir. Wir wollen das Schicksal nicht herausfordern. Das tägliche Candle-Light-Dinner neben dem Gasofen verbraucht schon alles Glück, das uns dreien zusteht.

Der Menüplan steht. Semmelknödel mit etwas Rotkrautähnlichem und Samosas. Ein Berg von etwas, das so tut, als sei es Weißbrot, wird in Würfel geschnitten. Was Grünes zum Würzen liegt schon daneben. Das Kraut blubbert im Topf. Auf der Suche nach einer Schüssel, die den Knödelteig fassen kann, durchwühlen wir die Küche. Winkel kommen zum Vorschein, von denen wir bisher nichts wussten. Aber keine Schüssel.

Unser Blick wandert zu der beeindruckenden Sammlung an mächtigen Klangschalen. Sie sind den Sternzeichen zugeordnet. Eine immer größer als die andere, und die Wassermannklangschale ruft geradezu nach Knödelteig. Wird man uns aus der Wohnung werfen, wenn wir eine Klangschale zweckentfremden? Es spielt keine Rolle mehr. Wir befinden uns jetzt ohnehin schon jenseits der Grenzen des Gesetzes.

Und so werden die Semmelknödel wenigstens spirituell ausgeglichen. Ein heimeliger Geruch zieht durch die Wohnung und vermutlich auch als Weihnachtsgruß zu den Nachbarn. Magdalena hatte noch keinen einzigen schlechten Tag, seit sie gelandet ist. Nicole und ich schlafen seit ein paar Tagen richtig gut. Es liegt am Weihnachtsgestrüpp, das mit seinen letzten Nadeln den Lichtschalter verdeckt. So werden Wünsche fromm erfüllt.

Sören Sieg

Ohne Stimme auf Tournee

Klaas traf es als Ersten. Diesmal schon Ende November auf der Tour durch Nordfriesland. «Also Karl Lauterbach», sagte er und verstummte. Wir saßen in der kalten Umkleide der Turnhalle in Leck. Gleich sollten wir singen. «Wenn der tatsächlich Affenpocken hat...» Klaas räusperte sich, und das Räuspern ging in einen Hustenanfall über.

«Alles gut!», keuchte er, lief rot an, schnäuzte sich, hustete noch einmal und grinste. Wir sahen ihn an und wussten: Nichts war gut. Wir hatten den 25. November. Bis Weihnachten lagen 21 Auftritte vor uns. Manchmal zwei an einem Tag.

In Husum nahm Klaas selbst im überheizten Restaurant seine beiden großen Halstücher nicht ab, in Klanxbüll ernährte er sich nur noch von Isla Moos. Unser Leadsänger hatte sich erkältet.

Wir waren mit unserer A-cappella-Gruppe *Singtonic* seit siebzehn Jahren unterwegs, seit zwölf Jahren lebten wir von den Konzerten, und es gab nur ein Problem: Die Hälfte des Jahresumsatzes machten wir mit unserem Programm *Weihnachten mit Singtonic*. Also zu jener Zeit im Jahr, in der erstens alle Stadttheater, Kleinkunstbühnen und Kulturhäuser ausverkauft waren und zweitens die höchste Zahl von Viren in Bussen und Bahnen, Hotels und Restaurants, Theater und Musikbühnen auf uns lauerte.

Wenn man Sänger ist, geht eine Erkältung nicht am Hals vorbei. Nein, sie bewegt sich zielstrebig auf den schwächsten Punkt zu, die Stimmbänder. Zuerst werden sie rot und schwellen an, die Stimme wird rauer, die hohe Bruststimme schlägt nicht mehr an, das Timbre wandelt sich in Richtung Tom Waits und Rod Stewart. Irgendwann schließen die Stimmbänder nicht mehr, man kann nur noch leise sprechen und mit Kopfstimme singen.

Legt man sich dann nicht ins Bett, sondern tourt weiter durch ungeheizte Kirchen und Sporthallen, kann man wenige Tage später weder sprechen noch singen, und kein Medikament kann eine schnelle Heilung erzwingen. Stimmbänder sind stur. Unser halbes Jahresgehalt hing am Verlauf der vorweihnachtlichen Erkältungen.

Klaas war prädestiniert. Er rauchte, kiffte, feierte, trank *Moscow Mule* und *Bloody Mary* und verbrachte die auftrittsfreien Abende in Clubs, tanzte bis vier und sah dann bis sechs Uhr morgens Netflix. Ein Dauersingle, der aus der Pubertät nie herausgekommen war. Wir hatten schon überlegt, eine Art Verfassung für unsere Band zu schreiben, nur um Klaas verbieten zu können, im erkälteten Zustand in der entscheidenden Weihnachtssaison feiern zu gehen.

In Husum konnte ich mithören, wie er gleich nach Ankunft im «Husumhus» auf den örtlichen Tontechniker zuschlenderte und fragte, welche Clubs nach Mitternacht noch aufhätten. In Husum! Nach Mitternacht! Wo sollte das enden, da er jetzt schon heiser war und schniefte.

Am Ende der langen Weihnachtstournee stand ein Konzert im ausverkauften Stadttheater meiner Heimatstadt Elmshorn. 600 Leute. Alle meine früheren Lehrer und Mitschüler, meine Mutter mit ihren Canasta-Frauen, mein Patenonkel. Es konnte nicht sein, dass dieser Auftritt Klaas' Feierwut zum Opfer fiel.

In den Stunden vor dem Auftritt suchte ich nach einer Gelegenheit, ihn darauf anzusprechen. Es hieß vorsichtig sein, denn Klaas hörte Komplimente gerne, Kritik weniger. Ich stellte ihn am Cateringtisch bei den Gummikäsebroten.

«Klasse, wie du gestern den Julio Iglesias abgeliefert hast», begann ich. Man soll Kritik in ein Sandwich aus leckeren Komplimenten verpacken. «Die Leute sind ausgerastet!»

«Joa, waren gut drauf», murmelte Klaas und hustete in seine Hand.

«Für mich war die Nummer der Höhepunkt des ganzen Abends!», behauptete ich. Klaas schnäuzte sich. Erschreckend viel Schnodder fand seinen Weg ins Taschentuch.

«Sag mal, Klaas, eine Frage ...»

«Der Club? Mach dir keine Sorgen. Hab ich jemals einen Auftritt abgesagt?»

Er hatte recht. Er war zwar immer krank in der Weihnachtssaison, hielt aber auch immer durch, jammerte nie und lächelte stets. Im Notfall krächzte er seine Solonummern – den rührseligen Biker, den Tannenbaumrapper, den plattdeutschen Elvis – stimmlos ins Mikrofon. Eher würde er tot umfallen als einen Auftritt absagen. Wenn wir eine Familie waren, dann war er der große Bruder, auf den man sich verlassen konnte.

«Aber ganz ehrlich ... glaubst du, dass deine Halsentzündung besser wird, wenn du bis vier durchtanzt?»

«Welche Halsentzündung?» Er grinste und warf eine weitere Isla Moos ein. Am Ende, müssen wir uns eingestehen, ist unser Einfluss auf andere Menschen gering, vor allem in einer Familie, und nach siebzehn Jahren waren wir von einer Familie nicht mehr zu unterscheiden.

Björn war unser Bass und in allem das Gegenteil von Klaas. Klaas trug Dreitagebart, Björn war glatt rasiert. Klaas hatte wilde Locken, Björn ließ sein Blondhaar raspelkurz schneiden. Klaas kam aus St. Pauli, Björn aus einem niedersächsischen Dorf. Als Einziger hatte Björn eine klassische Gesangsausbildung absolviert, trug auch im Sommer Schal und Handschuhe aus Angorawolle, gurgelte präventiv mit Hexal, ging zur Stärkung regelmäßig in Sauna und Fitnessstudio, und niemand hatte ihn je in der Nähe von Alkohol oder Zigaretten gesehen.

Selbst jetzt, lange nach dem Ende von Corona, sah man ihn nie ohne FFP2-Maske in öffentlichen Verkehrsmitteln oder Läden. Rein physikalisch konnte er nicht krank werden. Wären da nur nicht seine beiden kleinen Töchter, die alle möglichen Keime aus dem Waldorf-Kindergarten heimbrachten. Und wäre da nicht der um sich hustende Klaas, von dem er instinktiv Abstand hielt.

Normalerweise hatte Björn in unseren Programmen – wie üblich als Bass in einer A-cappella-Gruppe – nur *dum dum dum* zu singen, im Höchstfall mal *dam* oder *bam*. Aber just im Weihnachtsprogramm hatte er drei wichtige Solonummern: einen schmierigen, saarländischen Operettenbariton, der den Zuschauern Marshmallows in den Mund schob, während er «Du willst dick werden!» schmetterte, einen altgedienten FDJ-Funktionär («Schon Jesus war ein Sozialist!») und eine große Parodiennummer, in der Karl Lauterbach, Olli Kahn, Robert Habeck und Friedrich Merz über die Weihnachtsgeschichte als Asylstory räsonierten. Drei Highlights, und alle gingen stimmlich an die Grenze.

Am 4. Dezember begannen wir in Schweinfurt die Tour durch Unterfranken. Björn wartete am Gleis 14 im Hamburger Hauptbahnhof mit zwei Angora-Schals und eiserner Miene. Wir wussten, was die Stunde geschlagen hatte. Während Miriam, Klaas und ich den Großraumwagen mit Gelächter unterhielten, sagte Björn kein Wort. Sein tiefes C war nicht mehr da. Eine Katastrophe. Kurz vor der Ankunft beugte er sich vor und sagte mit einer druck- und klanglosen durch die Maske ins kaum Hörbare gedämpften Stimme: «Die Parodien lasse ich heute weg.»

Die Parodien? Acht Minuten. 80 Lacher! Sie waren der komische Höhepunkt des Programms. Viele Zuschauer kamen überhaupt nur wegen der Parodien!

«Björn», säuselte ich, «ich finde es total gut, dass du dich schonst.» Ich lächelte unterstützend. «Wir haben jetzt fünf harte Tage vor uns, und ich weiß, der Lauterbach geht total auf die Stimme. Wie wäre es, wenn du den weglässt und dann mal siehst, wie es dir morgen geht?»

Björn schüttelte melancholisch den Kopf. Abgelehnt.

Am nächsten Tag ging es in den Kursaal Bad Kissingen, und Björn strich auch den saarländischen Operettenbariton. Stattdessen bauten wir zwei ruhige Jazzstandards ein, die nichts mit Weihnachten zu tun hatten. Ich litt, besonders als ein älterer Franke am CD-Tisch auf uns zukam.

«Einen CD-Spieler hab ich nun seit zehn Jahren nicht mehr», teilte er heiter mit. Das hörten wir etwa zwanzig Mal am Abend. «Aber eine Frage: Hat nicht einer von euch immer so köstlich den Olli Kahn nachgemacht? Und Jürgen Trittin? Da hab ich mich immer weggeschmissen! War das nicht der große Blonde? Wo ist der eigentlich?»

Björn war gleich nach dem Auftritt ins Hotel gefahren, um heißen Fliederbeersaft mit Fenchelhonig zu trinken.

«Irgendwie war das Programm schon so voll», versuchte ich, mich herauszuwinden.

Der Franke ließ nicht locker: «Da hätten Sie doch diese Jazzstandards weglassen können, meine Güte, was hatten die denn mit Weihnachten zu tun?» Nichts. Mein Herz blutete. Diese Franken wissen, was wehtut.

Das Hoftheater Aschaffenburg (*Aschebesch* nennen es die Einheimischen) war der Höhepunkt. Seit vielen Jahren spielten wir hier. Immer war die *Main-Post* da. Ich hoffte, Björn überreden zu können, wenigstens den Operettenbariton mit den Marshmallows wieder einzubauen.

«Wir könnten es einen Ton tiefer singen», schlug ich ihm beim Frühstück im *Ochsen* vor. «Oder zwei Töne tiefer ... Dann bleibt dir das hohe A erspart!» Björn schob sich wortlos ein Eckchen Vollkornbrot mit Butter in den Mund. Er aß sonst schon so wenig wie ein Spatz, nun waren es Mäuseportionen.

«Den FDJ-Funktionär», flüsterte er, «können wir heute vergessen.»

«Du willst *Weihnachtsmann, geh du voran* streichen?» Mir fiel der Löffel aus der Hand. «Also ein Programm ohne Björn? Keine Soli mehr?»

Er nickte und nippte an seinem Kamillentee.

«Ich könnte stattdessen das Grönemeyer-XXL-Medley singen», schlug Klaas vor und begann zu husten wie ein Kohlekumpel nach dreißig Jahren Schacht. Wir hatten die Hits von Grönemeyer darauf umgedichtet, dass der Altmeister sich nicht nur moralisch, sondern auch physisch breitgemacht hatte und nun in einer Liga mit Ricarda Lang und Peter Altmaier spielte. Ein Abräumer. Nur: Was hatte das mit Weihnachten zu tun? Und würde bei Klaas' Reibeisenstimme noch jemand die Grönemeyer-Parodie erkennen?

«Machen wir's einfach kürzer!», schlug Miriam vor, unsere 1,85-Blondine. «In Amerika dauern Shows generell nur eine Stunde fünfzehn. Mehr kriegen die Leute eh nicht mehr mit.»

Miriam war das Küken, ein paar Jahre jünger als wir und erst vor sieben Jahren dazugestoßen. Wenn sie die Mutter unserer *Singtonic*-Familie war, dann der Typ Mutter, der hemdsärmelig zupackte und keine Wehleidigkeit duldete. Während unsere Eltern Lehrer, Apotheker und Ärzte waren, war Miriam in Verhältnissen aufgewachsen, in denen man sich Rührseligkeit nicht leistete. Dass sie trotzdem wenig mütterlich wirkte, lag an ihren Lieblingsthemen, über die sie den ganzen Tag reden konnte: Passionata-Dessous, Sexspielzeuge und offene Beziehungen. Ihr Freund hatte im Selbstverlag das Buch «Polygamie für Anfänger» herausgebracht.

Mitte Dezember. Wir klapperten Nordhessen ab, eine der trübsten Gegenden Deutschlands. Klaas' Stimme blieb tief und rau und verlor nun auch hörbar an Kraft. Unser Tontechniker musste ihn jeden Tag lauter regeln. Björns Laune war auf Nordpoltemperatur vor dem Klimawandel. Er fürchtete jeden Tag, seine Stimme komplett zu verlieren.

«Weißt du, was?», raunte Klaas beim Frühstück im *Hirschen* in Baunatal, als Björn sich gerade Kamillentee holte. «Könnte ich auch nur *einen Abend* in seinem Körper sein, ich könnte mit seinen Stimmbändern *alles* machen, Operette, Parodien, DDR. Er *ist* überhaupt nicht krank! Er bildet sich das nur ein!»

Dann erwischte es Miriam. Vor unserem Auftritt in einem ehemaligen OK-Supermarkt in Vellmar bekam sie Fieberschübe.

«Nur ein bisschen!», beruhigte sie. «Paar Paracetamol, und ich tanze wieder!» Sie sah bleich aus. Ringe unter den Augen. Sie gehörte ins Bett. Aber sie dachte nicht daran. Sie war der Typ Frau, die alleine sechs Kinder durchgebracht hätte.

Die Tour erreichte das Hamburger Umland. Sasel, Ahrensburg, Rellingen, Pinneberg («Draußen friert ein Gartenzwerg – Weihnachten in Pinneberg»). Dort, wo die letzten Abonnenten des Hamburger Abendblattes lebten, wenn sie nicht schon verstorben waren. Eine Analyse des Verlages hatte ergeben, dass in Hamburg selbst niemand diese Zeitung las.

Und vor allem: Elmshorn. Das Stadttheater. Ich würde als ehemaliger Schüler des Elsa-Brändström-Gymnasiums wie ein Messias begrüßt werden. Am Vorabend erkundigte ich mich nach Miriams Fieber.

«39,2. Alles unter Kontrolle», hauchte sie in der Umkleide in Rellingen. «Paar Ibu, bisschen Paracetamol, Aspirin direkt...»

«Kann man das alles zusammen nehmen?», zweifelte ich. Ich hatte einmal auf der Weihnachtsfeier der deutsch-finnischen Gesellschaft vor dem Auftritt zwei Aspirin genommen und musste dann den ganzen Auftritt über wie ein Wahnsinniger über meine eigenen Pointen lachen. Als Einziger.

Am folgenden Morgen um elf klingelte mein Handy. Auf dem Display sah ich den Namen *Klaas*. Er rief nie so früh an. Er schlief normalerweise bis zwei.

«Na, Digga, alles gut, oder was?», versuchte ich.

Ich hörte etwas, das mir Angst machte. Es war ein Zischen. Ein Hauchen. Dann Raspeln. Ein Wort war nicht daraus zu entnehmen. Schließlich doch: «Stimme ist weg.»

Mir brach der Schweiß aus. Elmshorn. 600 Plätze. Meine Mutter mit ihrem Canasta-Kreis. Meine früheren Lehrer.

Das schöne Geld. Die Jubelkritik in den Elmshorner Nachrichten.

«War gestern noch feiern», krächzte Klaas. Ich konnte es nicht fassen. Wir brauchten eine strafbewehrte Verfassung für die Band. Mitglieder der Gruppe mussten verpflichtet werden, zwischen dem 17.11. und dem 23.12. *alles* zu unterlassen, was geeignet wäre, die stimmliche Gesundheit ... und so weiter.

«Keine Sorge», röchelte er, «ich war bei Brunckhorst.» Das war der HNO-Arzt an der Oper, der angeblich schon Pavarotti und Andrea Bocelli wieder hinbekommen hatte.

«Und?» fragte ich. «Kann man was machen?»

Raspeln, Zischeln, Knarzen. Ich glaubte herauszuhören: «Er kriegt das hin!»

Ein Wunder. Klaas hatte Bruncki, wie wir ihn nannten, überreden können, abends nach Elmshorn zu kommen. Eine Stunde vorm Auftritt tauchte er hinter der Bühne auf und spritzte Klaas eine großzügige Portion Kortison direkt in die Stimmbänder. «Reicht für drei Stunden», erklärte er. «Danach ausruhen!»

«Deine Soli kannst du vergessen», mahnte Björn mit seiner seit Wochen tonlosen Stimme.

«Machst du Witze?», knarzte Klaas. «Wie soll das Programm ohne meinen Biker funktionieren? Ohne *Der Weihnachtsmann ist müde*? Hallo?»

«Mach, wie du meinst», erwiderte Björn und rollte die Augen.

Mir fiel Nietzsche ein, das Einzige, was ich von ihm kannte: die ewige Wiederkehr. Dieser Dialog würde auch in dreißig Jahren noch stattfinden, genau so. Wir waren Verdammte.

Um halb acht zogen wir uns um. Aus Miriams Umkleide

kam ein erschreckender Seufzer. Wir alle hörten ihn. Wir rannten hin. «Leute, das Fieber ist unter Kontrolle, aber…»

«Aber was?»

«Mir ist so dizzy … so … so schwindelig. Ich glaub, wenn ich stehen muss, kipp ich um.»

«Alles gut, wir stellen dir 'n Barhocker hin, da chillst du dich hin.» Obwohl Klaas die fünfzig überschritten hatte, versuchte er, jugendlicher zu sprechen als die Abbrecher der Nelson-Mandela-Stadtteilschule in Harburg-Mitte.

«Was wird aus den Choreografien?», fragte ich verdattert. «Das Musical *Kumpel Jesus*? Ohne Tanz?»

«Ist halt 'ne konzertante Aufführung, gibt's in der Oper auch», dozierte Björn. «Und übrigens, Miriam, *Süßer kleiner Weihnachtsmann* entfällt dann ja wohl. Dafür mache ich die Parodien heute wieder.»

Dr. Peter Brommel, der Leiter des Stadttheaters, ließ es sich nicht nehmen, uns mit seiner Frosch-Stimme persönlich darüber zu informieren, dass wir auf die Bühne mussten. Klaas und ich stürmten nach oben, Björn trottete uns nach, dahinter schlich Miriam. Wir waren eine Einheit.

«Weihnachten mit *Singtonic*», begrüßte ich das gewogene Publikum, «das ist Weihnachten mit Maria und Josef, mit Ochs und Esel, mit Karl Lauterbach und Robert Habeck!»

Das Problem war nicht mal, dass Miriam die ganze Zeit auf einem Barhocker saß, während ich vorne versuchte, die Stimmung anzuheizen. Sondern dass sie zwischen den Liedern im Schildkrötentempo von der Bühne schlurfte, hinter der Bühne sich hörbar aushustete, um dann wieder zurückzuschlurfen.

Schon die zweite Nummer war Klaas' Solo, «Wir schenken uns nichts», eine George-Michael-Parodie. Klaas setzte an zu singen, doch es klang, als käme einfach nichts heraus. Verzweifelt drehte unser Tonmann das Volumen hoch. War das Kortison ein Placebo gewesen? Klaas klang nicht anders als heute Morgen am Telefon. Wieder trippelte Miriam von der Bühne, um zu husten. Danach hing sie wieder auf dem Hocker wie morgens um fünf nach durchzechter Nacht.

«Bei aller Liebe», sagte ich in der Pause. «Wieso hustest du nicht einfach leise auf der Bühne?»

«Weil ich nicht leise husten kann!»

«Aber musst du so schlurfen?»

«Ey, ich hab 40 Fieber! Ich schlepp mich hier auf die Bühne, damit du vor deinen bescheuerten Ex-Mitschülern mit uns angeben kannst, und du musst mich noch runtermachen!»

Ihre Stimme wirkte so kräftig wie in der ganzen ersten Hälfte nicht.

«Leute, alles gut», ging Björn dazwischen. «Es ist unser letzter Auftritt.»

Mein Handy meldete sich. Olaf. Unser neuer Agent. Seit wir zu ihm gewechselt waren, traten wir hauptsächlich in Turnhallen auf, in Nordfriesland, Nordhessen und Unterfranken. Aber er erweckte immer den Eindruck, sich von morgens früh bis abends spät für uns in die Bresche zu werfen. Jetzt sein Videocall.

«Wie läuft die Tour?», erkundigte er sich.

«Schleppt sich dem Ende zu», brummte Björn.

«Geht ab der Fuchs!», rief Klaas rau. «Wir rocken die Hütten! Nach Gutsherrenart! Und bei dir so?»

«Gute Nachrichten», frohlockte Olaf. «*Good news*! Wir haben *eben* noch ein Engagement reinbekommen!»

«Schauspielhaus?», fragte Klaas. «Alte Oper Frankfurt?»

«Kulturhütte Arbon! Das ist am Bodensee! Ursus und

Nadeschi haben abgesagt, Stimmbandentzündung, und ich habe euch da reinbuchen können!»

«Für wann denn?», erkundigte sich Miriam. «Übermorgen ist Heiligabend.»

«Morgen», jubelte Olaf. «Wenn ihr den Zug morgens um sechs nehmt, kriegt ihr die Fähre über den Bodensee 15 Uhr 30 und seid um 17 Uhr pünktlich beim Soundcheck. Es gibt 1600 Tacken!»

«Für jeden?», fragte Björn.

«Es ist nicht die Welt», erklärte Olaf und lief rot an, «aber es ist das Tor in die Schweiz! Da wollten wir doch immer schon hin!»

«Und der Rückweg?», fragte ich lahm. Die Bescherung in der Familie war für 16 Uhr vorgesehen. Wie sollte das gehen? Eva würde mich umbringen. Oder gar nicht erst reinlassen.

«Es gibt einen komfortablen Zug um vier Uhr morgens», erläuterte Olaf.

«Wir müssen auf die Bühne», stellte Miriam klar.

«Also, ihr seid dabei?», jubelte Olaf.

«Volle Elle, geht ab die Luzi!», bestätigte Klaas und machte das Victoryzeichen in die Kamera. Ich tippte auf den roten Kreis, um die Übertragung zu beenden.

«Das darf jetzt nicht wahr sein, oder?», fragte Miriam tonlos.

«1600», stöhnte Björn, unser Kassenwart. «Was soll da übrig bleiben nach Fahrtkosten, Honorar für Tonmann und Agenturprovision?»

«Leute, Schweiz!», mahnte Klaas. «Schweiheiz! Leider sehr geiheil!»

Wieso hatte ich nicht interveniert? So war es immer mit Olaf. Er schleppte die schlechtesten Deals der Welt an und verkaufte sie mit so leuchtenden Augen, wie Leo sie haben würde, wenn er zu Heiligabend sein Aquarium bekäme, nur eben ohne mich.

Unser Techniker kam rein. «Geht weiddder! Und Miriam, bidde nich immer so von der Bühne schlurfen, das sieht sooooo scheiße aus ...» Er zwinkerte ihr zu und verschwand wieder. Wie schaffte er es, dass ihm niemals jemand was übel nahm? «Kritik ohne Reue». Mit dem Onlinekurs würde er Millionen verdienen.

Zweite Hälfte. Miriam wurde noch bleicher, Klaas' Stimme verschwand in einem akustischen Nirwana. Ich spürte ein Kratzen im Hals. Das Schlucken tat weh, an der linken Seite. Ich konnte mich kaum konzentrieren. Ich würde morgen zehn Stunden im Zug sitzen. Und übermorgen wieder. Ich würde zwei Mal um vier Uhr aufstehen müssen. Heiligabend würde ich Miriams Fieber mit Klaas' Reibeisenstimme für mich kombinieren.

Björn merkte, wie schlecht ich mich fühlte. Er drehte auf, sang spontan den saarländischen Operettenbariton, und es wurde die Nummer des Abends.

«Mein Herzelein, das war ja wieder sooo ein Genuss!», umarmte mich meine Mutter nach der Vorstellung im Foyer. «Und Miriam sah wieder fantastisch aus! Wo ist sie nur?» Vermutlich lag sie mit 40 Fieber in der Umkleide und freute sich auf die Fahrt nach Arbon in aller Frühe.

«Also, wenn ich *etwas* jünger wäre», scherzte mein Patenonkel, der gerade seinen Achtzigsten gefeiert hatte, «wenn ich nur *etwas* jünger wäre, würde ich sie um ein Date bitten, sooo ein Leckerbissen! Diese Engelshaare! Und diese ... diese ...» Er peinigte uns mit einer Geste und suchte nach einem Wort, vor dem seine Frau ihn bewahrte.

Ich zog meine Mutter beiseite. Die linke Seite meines

Halses war eigroß angeschwollen. Klaas hatte mit Isla Moos ausgeholfen, doch die Entzündung war davon nicht zu beeindrucken.

«Sag mal», flüsterte ich ihr zu, «hast du nicht gemerkt, wie schlecht es allen geht? Björn ist krank, Klaas hat keine Stimme, und Miriam wäre fast in Ohnmacht gefallen!»

«Spatzelein, was du dir wieder ausdenkst», winkte meine Mutter ab. «Von so was hab ich nix gemerkt und meine Canasta-Schwestern auch nicht. Ihr wart wieder spitze! Und Björns Lauterbach – ‹wir brauchen endlich die flächendeckende Impfung gegen Affenpocken› – sooo köstlich!»

Wie sagte Robert Habeck: Man sieht nur, was man weiß.

Im Krankenhaus notiert von Sören Sieg.

Claudia Brendler

Driving away for Christmas

Heiligmorgen, kurz nach neun. Das Rad ist frisch geölt und aufgepumpt, die Wohnung geputzt. Nur für den Fall der Fälle, d. h. Hals- und Beinbruch oder Ähnliches. Was, wenn die nächsten Verwandten mir den Bademantel ins Krankenhaus bringen oder meinen Nachlass ordnen müssen und womöglich den Kühlschrank öffnen? Deshalb vorsichtshalber noch abgetaut, dabei kurz an Fräulein Smillas Gespür für Schnee gedacht. Irgendwas mit einem Polarwurm, der unter dem Eis zum Vorschein kam. Hier auch interessante Entdeckungen. Zum Glück weniger gefährlich. Was noch brauchbar war, ist jetzt in den Satteltaschen. Inklusive einer angebrochenen und hoffentlich fest verkorkten Weinflasche.

Das Rad ächzt unter der Last. Verspreche ihm, den Inhalt der Satteltaschen so schnell wie möglich zu verstoffwechseln, und wir schlingern los. Es ist nicht unsere erste Wintertour. Generell nicht unsere erste Tour, wir waren zusammen schon in diversen Ländern und Schwierigkeiten, haben eine Menge miteinander erlebt, geredet, gestritten. Nur heute schweigt das Rad stoisch. Oder feierlich. Vielleicht auch konzentriert: Slalom um einkaufende Menschen, unser halbes Taunusstädtchen ist busy am Bunkern. Ab dreizehn Uhr spätestens Ladenschluss und Warten aufs Christkind. Das aber wird erst zu der halben Nacht geboren, wie es so feierlich in Es ist ein Ros entsprungen heißt. Als knallhart atheistisch erzogenes Kind hat mich diese tiefernste grammatikalische Wendung nachhaltig beeindruckt: Mitten im kalten Winter, wohl zu der halben Nacht. Hier keine Spur von Winter, fast frühlingshafte zehn Grad und Sprühregen, Rosen könnten jederzeit entspringen. Der Weg führt durch diverse Vororte hinunter nach Frankfurt, direkt an den Main.

Wüstes Geflatter und Taubendreck unter den Mainbrücken, die üblichen Schiffe mit Restauration im Inneren, wo nie jemand sitzt, Jogger mit Weihnachtsmützen, Leuchthalsbänder mit Hund, links LED-Tannenbäume an Bankgebäuden, rechts Museen – lassen wir schnell hinter uns. Bei Fechenheim die Müllverbrennungsanlage. Gartenlokale mit Riesenparkplatz. Und die Schautafel: Hier ist Goethe damals gegangen, Osterspaziergang. Vom Eise befreit sind Strom und Bäche. Gleich hinter Goethe glotzende Fische auf Bildtafeln des NABU, etwas silbriggoldblau Geschupptes, vielleicht ein Zander, wie ich im Vorbeifahren zu entziffern glaube, daneben ein leicht beleidigt wirkender Hecht vor einer Wasserpflanze, die ein bisschen nach Aquarium aussieht. Überhaupt soll es hier am Main laut NABU eine Vielfalt von Amphibien, Insekten, Pflanzen, Vögeln geben. Zu sehen sind nur Nilgänse. Davon allerdings ziemlich viele.

Jenseits der großen Straße liegt Offenbach, gekachelte Unterführungen, Wohnbunker, Graffiti, Graffiti, Graffiti, mehr Skater als Jogger. Die coolen Locations am Hafen geschlossen. Viel Stahl und Glas. Autobahnbrücke. Kraftwerk. Kläranlage. Kleingärten. Vororte oder Nachorte. Die Rumpenheimer Fähre über die Feiertage außer Betrieb. Verlassener Spielplatz. Sportplatz. Schilf.

He, sage ich zu meinem Rad, wir sind draußen, frei!

Cycling away for Christmas, sagt mein Rad.

Verstehe die Anspielung nicht gleich, dann aber: Ohrwurm. *Driving home* hieß es mal. Mag eigentlich Chris Rea, aber nicht vierzig oder fünfzig Kilometer lang, vorbei an Kleinstädten und Dörfern, die immer putziger werden. Auffallend wenig fensterlnde Leuchtweihnachtsmänner an den Hauswänden, ganz zu schweigen von blinkenden Rentieren. Vielleicht das einzig Gute an der momentanen Weltlage: zurück zu Strohsternen und Kerzenlicht, und der Planet ist irgendwie doch noch zu retten. Hätte gern Hoffnung. Und einen anderen Ohrwurm. Nichts Kommerzielles mit Santa Claus oder mit Rentieren, lieber heiliger Ernst und wundersame Worte, Maria durch ein Dornwald ging, Kyrie eleison. Als ich bei meinen Schafen wacht, ein Engel mir die Botschaft bracht. Dann irgendwas Lateinisches mit Domino.

Jetzt Appetit auf Dominosteine. Also Pause, nur kurz, auf einer Bank. Apfel, Nuss und Mandelkern aus dem Vorrat. Von irgendeiner der vielen putzigen Kirchtürme der putzigen Orte schlägt es halb. Halb was? Auf jeden Fall ist der Nachmittag angebrochen, man merkt es an der Spaziergängerdichte. Jeder zweite trägt Weihnachtsmütze. Ganze Familienverbände tragen Weihnachtsmützen. Auch die Hunde tragen Weihnachtsmützen.

Dazwischen Rennradler, hindurchschießend wie Schwalben, mehr und mehr, je später es wird, eine ganz eigene, hornissenbebrillte Spezies, geshapt, gestylt, bemuskelt, teils auch bewampt, dann weniger schwalbenhaft, trotzdem enger Stretch mit Werbeaufschrift. Hier in Deutschland eher in Richtung martialisch-bierernst, in anderen Ländern mehr Nonchalance und Selbstironie. Aber egal, wie der Dresscode aussieht, kein einziger Rennradler würde jemals eine Weihnachtsmütze tragen, darüber sind wir uns einig.

Die Dämmerung kommt gegen vier Uhr. Kleingärten im Halbdunkel. Kläranlagen im Halbdunkel. Leuchtende Wohnzimmerfenster von fern. In der Lenkertasche pingelt das Handy. Freunde und Patchworkfamilienmitglieder posten Weihnachtswünsche. Und ich so: Schlamm, Schlämmer, am Schlämmsten, schreibe ich zurück.

Das liegt daran, dass deutsche Radwegplaner Straßen meiden, der kleinste morastige Feldweg wird ausgenutzt, der Fluss auf nahezu jeder Brücke überquert, um auf der anderen Seite über Waldwege zu schlittern oder auf steinigen Pfaden dahinzuholpern, jetzt im schwachen Lichtschein der Fahrradlampe, und jedes Mal fehlt an der entscheidenden Stelle die Markierung.

Irgendwann stehen wir orientierungslos zwischen kahlen, nassen Bäumen, sehen von Weitem im Dunkeln ein helles Funkeln. Unerreichbar hinter Feldern, verrottenden Zäunen und Kleingehölz. Kein Weihnachtsstern, nur eine Riesentankstelle an der Landstraße. Shelter. Es wird Zeit. Wir brauchen einen Stall.

Ein fränkisches Mainstädtchen. Glitschiges Kopfsteinpflaster, leere Weihnachtsmarkthütten, blitzblank restaurierte Fachwerkhäuser. Kein Mensch. Nice, dass sie wenigstens die Straßenbeleuchtung anlassen, in deren Licht die Satteltaschen, heute Morgen noch signalrot, sich von unten bis oben in dezentem Schlammbraun präsentieren.

Endlich ein Hotel. In Bahnhofsnähe. Die Fenster dunkel, die Tür verschlossen, aber, kaum zu erkennen und doch, halleluja: ein Zettel mit Telefonnummer. Tatsächlich nimmt jemand ab. Man muss einen Code eingeben, darauf fällt eine Schlüsselkarte in den Kasten, damit lässt sich eine Tür berühren, die wundersam aufgleitet. Alle, alle Türen öffnen sich elektronisch, was für ein Wunder, wenn das Maria und

Claudia Brendler

Josef und die Heiligen Drei Könige mal geahnt hätten, wie die Welt zweitausendzweiundzwanzig Jahre später aussieht und aufgleitet. Rad mit hineingenommen, trotz Totalverschlammung. Sieht ja niemand. Hoffentlich. Das Fenster des Zimmers geht hinaus auf einen Lüftungsschacht. Dahinter Gleise. Ein Regio, geparkt oder vergessen.

Das Rad passt genau zwischen Bett und Spiegel. Ist nach ungeheuerlichem und mit dem Umweltgewissen nicht zu vereinbarendem Klopapierverbrauch halbwegs entschlammt. Auf Whatsapp jetzt festlich gedeckte Tische. Raclette ist aus der Mode gekommen. Jetzt eher so: Street Food. Falafel & Co. Wie, frage ich mein Rad, ist es eigentlich gekommen, dass dieser &-Co-Bockmist unsere Alltagssprache kontaminiert und sogar in die Gedanken einsickert? Mein Rad weiß es nicht, weist mich jedoch darauf hin, dass wir eins unserer Kläranlagenfotos in der Family-App posten könnten, das romantische im Dämmerlicht. Und allemal besser als ein Foto von Brot, Käse, Chips, Wein auf einem Hotelzimmernachttisch. Keine so schlechte Idee, schließlich ist Weihnachten die Zeit, in der das eine oder andere hochkommt, neu aufgerührt wird und geklärt werden muss.

Einundzwanzig Uhr. Wie es scheint, sind wir die einzigen Gäste. Totenstille, sogar die Lüftung ist aus, nur leises Klicken in den Wänden, wohl von der Elektronik. Die hoffentlich nicht ausfällt, sonst kämen wir hier nicht mehr raus. Leider wieder Ohrwurm im Kopf. Warum nur fallen einem bei vollkommener, meditativer Stille nicht die guten Lieder ein? Warum jetzt, wohl zu der halben und heiligen Nacht, ausgerechnet eine Liedzeile, die ich nicht zuordnen kann: No one can take my freedom away. Mit absteigender Melodie.

Gebe schließlich den Satz ins Netz ein und stoße auf einen Remix von *Una Paloma Blanca*. Unfassbare Flötenfröhlichkeit im Intro. Die Band heißt George Baker Selection und groovt – eher: schaukelt – im Takt, alle haben die gleiche Frisur. Brav halblang. Der Keyboarder entblödet sich nicht, so zu tun, als spiele er tatsächlich Blockflöte. Die Geschichte wird aus der Sicht der Taube erzählt, die anscheinend ein Coaching in Selbstoptimierung hinter sich hat und verwegen Kurs auf die Sonne nimmt. Abschalten. Stille. Köstliche Stille. Erster Weihnachtsfeiertag. Habe gestern in meiner Begeisterung, dass überhaupt jemand ans Telefon ging, aus Versehen mit Frühstück gebucht. Zum Frühstücksraum geht es durch eine Hintertür hinaus und zum Haupteingang wieder hinein. Doch, halt: Zettel. Frühstück fällt aus, Mitarbeiterproblem. Nobody an der Rezeption oder überhaupt im Haus. Unter der Telefonnummer nur die Mailbox. Hinterlasse eine Nachricht auf der Box und noch einmal per Mail. Muss vorher auf der Website des Hotels bestätigen, dass ich kein Computer bin. Bitte darum, mir die Rechnung zu mailen, und türme, solange sich alle Türen noch von selbst öffnen. No one can take my freedom away.

Morgennebel, der sich lichtet. Kilometerlange Ödnis. Ist man auf Flusstour in Deutschland, besteht die ganze Welt aus Einfamilienhäusern, Kleingärten, Kläranlagen. Alle paar Kilometer verweisen Schilder auf weitere Kläranlagen, die man bei Interesse anfahren könnte. Was hinter hohen Zäunen und unter ständiger Videoüberwachung im Trüben schwimmt, ist nicht auszumachen. Vielleicht wird das Überwachungsvideo irgendwann zum Kunstobjekt. Verdunkelte Säle in Museen. Riesenbildschirme. Sitzkissen. Musik. Meditation über Vergehen und Werden.

Claudia Brendler

Hier nur Nilgansrufe, trompetend und zärtlich, von den Feldern ringsumher, wo sich eine Riesenpopulation versammelt hat, ein Massendating-Event oder ein Love-in, sie feiern das Fest der Liebe. Eigentlich, sage ich zu meinem Rad, ließe sich die Nilgans doch prima als Weihnachtsgans umfunktionieren, dann müsste man für diejenigen unter uns, die immer noch keine Vegetarier sind, nicht extra Zuchtgänse aus Osteuropa oder Frankreich importieren, wo sie unter ungänslichen Bedingungen gemästet werden. Hier hätte man sie in Freilandhaltung.

Im Lauf des anbrechenden Nachmittags immer mehr Spazierende in Gruppen. Geschätzte 80 % mit Weihnachtsmützen, inklusive der Haustiere. Vielleicht bald Nilgänse mit Weihnachtsmützen.

Ein Radwegschild verspricht Abwechslung und Abkürzung über die Berge. Vergesse alle guten Vorsätze und folge ihm. Gleich darauf bis zur Nabe und zum Nabel im nassen Laub und Schlamm an einem Steilhang. Umkehren wäre feige, stattdessen Ausweichen auf die Straße, die sich in Kurven hinaufschlängelt. Autos von hinten, die meisten mit Kindersitzen, die Oma neben dem Papa auf dem Beifahrersitz. Alle fahren weihnachtlich rücksichtsvoll. Könnte schön sein, wenn es nicht regnen würde, je höher, desto eisiger. Und dann, aus dem Nichts, hinter einer Kurve: Riesentankstelle, halleluja! Wärme, Klo, Kaffee, Baguette, belegt mit dem Inhalt einer kompletten 250-Gramm-Packung Gouda.

Wegen der gestrigen Erfahrung buche ich heute bei Einbruch der Dunkelheit ein Hotel vor, es gehört zu einer Kette, liegt im Bahnhofsviertel einer kleineren Stadt nahe Würzburg. Alles geschieht planmäßig: Verlassen des Flussradweges. Heranwanzen an das Städtchen durch ein erstaunlich umfangreiches Industriegebiet. Erkennen des Logos der Hotelkette von Weitem. Vor der Tür der obligatorische Weihnachtsbaum. Kein Mensch. Nirgendwo.

Die Außentür öffnet sich automatisch, die Tür ins Innere nicht. An der Wand: ein Automat zum Einchecken. Stimmt, es ist eine SMS gekommen, Zimmercode und Einlasscode, auf dessen Eingabe der Automat allerdings jedes Mal mit einer Fehlermeldung reagiert, ebenso wie auf den Zimmercode, vorwärts und rückwärts, mein Geburtsdatum, Primzahlen, gutes Zureden, schlechtes Zureden, Beschimpfungen, dann plötzlich: ein Mensch. Innen. Wohl ein Gast? Es gibt noch einen Gast außer mir?

Ich klopfe, rufe, winke. Auch er klopft. Nein, er schlägt, gegen die Metallfläche eines Getränkeautomaten, der anscheinend sein Geld ohne Gegengabe geschluckt hat. Er darf unmöglich wieder im unzugänglichen Hotelinneren verschwinden, was jetzt, Seenot-Signal, Hissen und Schwenken meiner türkisfarbenen Regenjacke, Beschwörungstanz, wie ich es einmal in einer Sendung über tibetische Rituale gesehen habe, am besten alles zusammen, und da donnert auch schon eine Flasche in die Ausgabe des Automaten, es hört gar nicht mehr auf zu donnern, was habe ich da bloß beschworen, er blickt irritiert hoch, erst auf den Automaten, dann um sich. Bemerkt mich und meine verzweifelten Bemühungen. Schreitet auf die Tür zu, drückt auf einen Knopf im Inneren. Die Tür gleitet auf, ich trete den schweren Ständer los und schiebe das total verschlammte Rad in die teppichbelegte Lobby.

«Hat bei mir erst auch nicht geklappt mit dem Einlasscode», sagt der Retter. «Aber der Zimmercode funktioniert. Hundertpro.» Ich bedanke mich überschwänglich. Er schaut vom Rad zu mir und wieder zum Rad, dann zum

Flaschenautomaten. «Wollen Sie eins? Sind gleich drei rausgekommen.» Er hält mir eine Bierflasche samt Öffner hin. Why the Hell not, es ist schließlich Christmas, und es ist eine kleine Flasche, 0,25 l. Cheers.

Er sieht nett aus, Bubigesicht, beigefarbener Mantel, gestreifter Schal. Ein bisschen Geplänkel über Woher, Wohin, Warum. Redebedarf von seiner Seite, während er die verbleibenden beiden Flaschen in beachtlichem Tempo leert. Er ist wegen eines Klassentreffens hier, das jährlich stattfindet, seit gut 15 Jahren jetzt, immer am Abend des ersten Weihnachtsfeiertages. Seine Eltern sind weggezogen, deshalb Hotel. Anscheinend hat er keinen guten Freund oder Freundin von früher, wo er übernachten kann. Er beklagt sich darüber, dass alle ständig über ihre Karriere reden. Glüht wohl deshalb mit Bier vor.

Frage ihn lieber nicht, was er beruflich macht. Rate ihm nur, er solle sich doch besser die Handynummer für Gäste notieren, die, ich entdecke es jetzt erst, auf einem winzigen Post-it an einer Pinnwand hinter dem Tresen hängt. Falls nachher wieder was ist mit dem Einlasscode, sage ich, komme mir dabei tantenhaft vor, geht aber nicht anders: Weihnachtsklassentreffen, noch dazu in einer Kneipe, die, wie er erzählt, in Laufweite ist und Haxenschmiede heißt, bedeutet mit ziemlicher Sicherheit Schnaps zum Bier, d. h. später Kommunikationsprobleme mit Automaten jeglicher Art, Einschränkung der Sicht, eventuell Ankunft auf allen vieren.

Übrigens, Sie sind frei. Sie können einfach aussteigen aus dem alljährlichen Klassentreffenwiederholungszwang. Sage ich nicht. Wünsche ihm nur viel Spaß und gute Nerven.

Mein Zimmer liegt im vierten Stock. Das Rad passt nicht

in den Aufzug. Nicht mal hochkant. Also nur mit den Taschen hinauf. Die Zimmertür öffnet sich tatsächlich. Wenigstens für diesmal. Schiebe vorsichtshalber eine Tasche zwischen Tür und Flur, dessen tristes Teppichmuster sich im Halbdunkel abzeichnet, bevor ich das Rad durch das Treppenhaus nach oben schleppe. Mit weichen Bierbeinen. Dauert.

Aber dann: Wir sind geborgen. Deswegen machen wir das, wegen dieser Glücksmomente, die im normalen überfrachteten Alltag keinen Platz mehr haben, sage ich zu meinem Rad, das wie gestern genau zwischen Bett und Spiegel passt, anscheinend der vorgesehene Platz für Räder in Hotelzimmern. Alles ist wunderbar. Die Wärme im Bad. Das Bett, in dessen Kuhle man sinkt wie in eine Hängematte. Der Ausblick auf Lüftungsschacht, Feuertreppe und Bahnhof bei Nacht. Züge, ankommend, abfahrend, jeder eine leuchtende, kleine Welt.

Um sechs Uhr früh pingelt das Handy. Ein anderer Festflüchtiger, ein frisch entpartnerter Onkel, wünscht in der Family-App allen ein frohes Fest. Er sendet live aus Kathmandu, schwenkt mit der Kamera über hölzerne Hausfassaden, Menschen und Fahrräder, schwer beladen mit Kisten. Keine Spur von Weihnachtsdeko, die Bevölkerung ist – er gerät ein wenig ins Dozieren – hinduistisch-buddhistisch, und man isst, gerade ist dort Mittag, gefüllte Teigtaschen, Gemüse, frittiertes Brot.

Eine Antwort ist schnell getippt, noch im Halbschlaf: Dir auch frohe Weihnachten. Hier Nacht und Nebel, die Bevölkerung ist fränkisch-evangelisch, und man isst Nilgans.

Zweiter Weihnachtsfeiertag. Keine Ahnung, wer heute mit wem feiert. Auch auf den Wegen am Fluss allgemeine Weihnachtsmüdigkeit. Weniger Spaziergänger, mehr Angler. Alle unter Regenschirmen. Es schifft dezent. Wer noch eine Weihnachtsmütze trägt, wirkt ein bisschen overdressed und scheint das auch zu spüren: Man geht mit gesenktem Blick, trottet eher. Gerade noch Zuflucht unter einer Autobahnbrücke, bevor es zu schütten beginnt. Auf den Stahlstreben unter dem Beton sitzen Tauben. Jedes Mal, wenn ein Lkw dort oben vorüberdonnert und die Brücke erschüttert, unterbrechen sie ihr monotones Gegurre, flattern hektisch auf und landen wieder auf der Stahlstrebe.

So viel zum Thema Taube und Freiheit, sage ich zu meinem Rad. In der Family-App jetzt reges Hin und Her zwischen Kathmandu, wo es inzwischen heller Nachmittag ist, und Hessen, wo man sich fragt, was man einer schon leicht überfressenen Verwandtschaft am zweiten Weihnachtstag zum Mittagessen anbieten soll. Ein paar Witzchen über eine Winterbesteigung des Everest oder was man in Kathmandu sonst so macht, kiffen?

Gegen Nepal fällt mein fränkisches Abenteuer ziemlich ab. Nur der neue Freund meiner Schwester reagiert auf mein Posting von heute früh und fragt, wie man Nilgans zubereitet. Da es weiterhin gießt, gurrt, donnert und flattert, informiere ich erst mich, dann den Rest der Familie über die Spezies: Sie ist eigentlich ein Entenvogel, also nur eine Halbgans, hat sich durch Ausbrüche aus niederländischen Zuchtbeständen in Europa heimisch gemacht, aber ihre Heimat ist Ägypten. Als invasive Art ist sie friedlich und kooperativ, mag gerne Parks und Schwimmbäder. In einer Online-Jagdzeitung dann endlich ein Rezept: Nilgans mit Couscous, Kichererbsen & Co.

Nachdem ich mein gesamtes Halbwissen eingetippt habe, bin ich immer noch halb nass. Durchgefroren dazu.

Ein bisschen demotiviert außerdem. Mit dem Regio wäre man in weniger als zwei Stunden in Frankfurt. Aber von Bratislava aus, sagt mein Rad, kann man die Karpaten sehen. Ich steige auf, und wir fahren friedlich hinaus in den Regen.

Wir werden vom Regen nicht in die Traufe, aber in dichten Nebel geraten. Tagelang werden wir durch Nebel gleiten, Sichtweite gefühlt null Meter. Aus dem Weiß Sound von Schiffshupen. Ein bisschen wie in Jack Londons Seewolf, bevor das Schiff in der San Francisco Bay sinkt.

Wir werden hinter Passau die Grenze passieren und, als der Nebel sich kurz lichtet, von einem aggressiven österreichischen Schwan angegriffen werden, der glaubt, der Uferweg wäre sein Weg. Argumenten ist er kaum zugänglich. Dass der alte weiße Mann ein Auslaufmodell ist, begreift er nicht einmal annähernd. Trotzdem Versuch, ihm zu erklären, was MeToo bedeutet, worauf er endlich die Flucht ergreift.

Einmal schält sich ein Mensch aus dem Nebel. «Bei dem Wetter fahrns nur die ganz Harten», sagt er. Der Rest des folgenden Monologs bleibt unverständlich, es geht anscheinend um die Schwärme von Radlern, die im Sommer den Donauradweg befahren, danach verstehe ich nur noch Saufen und Partyraum. Er ist geschätzt Ü-70, fährt ein Vintage-Rennrad, trägt Sandalen und Socken. Bei zwei Grad. Immerhin über null. Wir verabschieden uns freundlich und fahren unserer Wege.

Silvester in Linz. Die Stadt soll schön sein. Was wegen des Nebels schwer zu überprüfen ist. Mühe, die Unterkunft zu finden, ein Motel für Monteure im Industriegebiet. Passt gut, bin komplett ölverschmiert, die Kette am Rad ist rausgesprungen, hat sich verhakt, längere OP. Das Rad und

Claudia Brendler

ich jetzt ganz innig. Will mit ihm aufs neue Jahr anstoßen. Falls es mir gelingt, lange genug wach zu bleiben. Draußen böllert es dezent. Die Family sendet schon im Voraus Kleeblätter, Glücksschweinchen und Wünsche, wir möchten einen guten Rutsch haben. Danke, schreibe ich zurück, bin schon fast in der Donau. Der Onkel aus Kathmandu, der uns sechs Stunden voraus ist, schreibt, wir sollen uns alle nicht verrückt machen, er habe das neue Jahr bereits gesehen. Es sei okay.

Und darunter: Ich freue mich schon auf das nächste Familientreffen.

Me too, schreibe ich. Und ja, ich meine es tatsächlich so.

Dietmar Bittrich

Deine Mutter braucht mehr Punsch

Als humoristischer Schriftsteller wird man gelegentlich um Aufheiterung gebeten. Mit dem Gummibärchen-Orakel wurde ich zu Messeeröffnungen geladen. Mit dem letzten Krimi zum Tag des Friedhofs. Aus satirischen Reisebüchern habe ich auf Kreuzfahrten vorgelesen. Und mit boshaften Weihnachtsgeschichten gastiere ich jedes Jahr in Kurhotels und bei den Adventsnachmittagen fröhlicher Landfrauen.

Den sonderbarsten Auftritt hatte ich im vergangenen Jahr bei meinem Freund Adi. «Es wäre schön, wenn du am Heiligen Abend bei uns was vortragen könntest», sagte er am Telefon. «Meine Mutter braucht dringend Aufmunterung, und zwar mal von jemand anderem. Unsere eigenen Versuche haben sich abgenutzt.»

Adi wusste, dass ich verwaist und allein war. Meine Eltern hatten sich kurz nacheinander ins Reich der ewigen Lichterfeste begeben. Und obwohl ich das als Erleichterung empfand, war mir nicht nach Feiern zumute. Meine Frau erklärte sich bereit, allein zu den Kindern fahren. Ich freute mich darauf, meditativ für mich zu bleiben. Adis Ansinnen kam nun dazwischen. Ich mochte seine Mutter. Und ich war neugierig.

«Aufmunterung – in Berlin oder in der Mark?», fragte ich. Seine Eltern leisteten sich zwei Wohnsitze. Die dämmerige Altbauwohnung in der Dorotheenstadt kannte ich. Die Datsche in Hohenwalde nicht, obgleich ich im Kunsthaus

des Dorfes mal eine Lesung absolviert hatte, vor elf Zuhö-
rerinnen. Das war die Hälfte der Einwohnerschaft gewesen.

Damals war gleich hinter Templin das Funknetz abhandengekommen. Daran hatte sich nichts geändert. Auch
diesmal verabschiedete sich das letzte Balkensymbol. Na-
vigationsfrei holperte der Wagen über die Milmersdorfer
Chaussee und dann über eine Landstraße, deren Pflaster-
steine vor hundert Jahren verlegt worden waren, aufgele-
sen aus den umgebenden Wäldern. Die Route führte an einem dunklen See vorbei mit winterlich starrem Schilfsaum.
Frosttage hatte es noch nicht gegeben, doch alles wirkte tot
und unbewohnbar: die schwärzlichen Buchen, die krummen Kiefern, die reparaturbedürftigen Wildzäune, die ver-
lassene Försterei.

«Wer ein bisschen Grips hat, zieht da weg», hatte Adi
gesagt. Er selbst lebte in Berlin. Dort hatte ich ihn kennengelernt, bei einer Ausstellung mit Fotos von solitären
Ziegelsteinen. Die Einfachheit und Stille in seinen Bildern
hatten es mir angetan.

Nun, hinter versumpften Wiesen und einem Erlenbruch
rückten geduckte Häuser ins Bild, grau verputzt, feucht-
fleckig, mit bemoosten Satellitenschüsseln am Dachfirst
und matschigem Gras hinter krummen Drahtzäunen. Das
musste der Ort sein. Und, ja, hier war Aufheiterung an-
gebracht. Zunächst einmal für mich selbst. Ich redete mir
ein, dieses Ambiente sei exotisch oder wenigstens mal was
ganz anderes. Was würde ich beitragen?

Ich hatte mir überlegt, was ich beitragen könnte. Natürlich war ich von Adi gebrieft worden. Ich würde seine
Mutter – eigentlich Stiefmutter – nur mit dem zweiten Vornamen anreden dürfen. Anspielungen auf Raute und Hosenanzug waren verboten. Ich brachte drei lustige Bücher

mit, dazu zwei Thermoskannen Punsch und die Stones-Platte, die ich aufgetrieben hatte, fünfzig Jahre alt, die erste Pressung.

Vor allem optimistisches Improvisieren sei gefragt, hatte Adi angekündigt. Ein bisschen Christentum stecke noch in Doro. Je betagter sie werde, desto deutlicher komme es zum Vorschein. Das passte. Sie hatte ihre Kindheit in einem Pfarrhaus in Templin verlebt, ich selbst war Enkel eines Pfarrers. Wir waren also beide, nach gängiger Auffassung, vertikal traumatisiert.

Vielleicht auch gesegnet. Ich hatte ein paar zuversichtliche Weisheiten herausgesucht, Aufhellendes vom hebräischen Meister. Grübelnden Menschen ist mit Argumenten allerdings kaum aus der Schwermut zu helfen. Körperliche Erschöpfung ist heilsamer. Durch Gartenarbeit, die jetzt nicht anfiel, oder durch Schneeschieben, das in diesem Dezember ebenfalls ausgeschlossen war. Überdies jedoch gab es jenes belebende Mittel, das Doro seit geraumer Zeit eigensinnig verschmähte. Zwei Varianten davon hatte ich als Geschenk mitgebracht.

Nicht Adi öffnete, sondern Danny, sein älterer Bruder. Alle drei Männer der Familie verfügten über einen liebenswert bescheidenen Charme. Lange waren sie von Doro mühelos überstrahlt worden. Seit ihrer Pensionierung und dem Ansehensverlust nicht mehr.

Adi, erzählte Danny, sei noch rasch nach Friedrichswalde gefahren, zur Landbäckerei, um den Stollen abzuholen.

Und um noch einmal frische Luft zu schöpfen, dachte ich, als ich mich im stickigen Wohnzimmer umsah. In der Bäckerei würde Adi muntere Gespräche führen können, bevor es hier ernst wurde. Einen Stollen hätte eigentlich auch der Vater der beiden backen können, Jockel, immerhin Sohn eines Konditormeisters. Selbstgemachtes nach alter Art war das Thema der Feier. So hatten wir es besprochen. Ein Menü aus Doros Kindheit sollte ihre angeborene Fröhlichkeit wieder zum Vorschein bringen.

Ich hatte das Bedürfnis, ein Fenster zu öffnen; doch für einen gerade erst eingetretenen Gast ziemt sich das nicht. Das Wohnzimmer wirkte dumpf und vergilbt. Neben der Durchreiche zur Küche prangte ein ausziehbarer Tisch, zum Fest gedeckt mit Wolpryla-Damast und Lausitzer Gläsern. Davor die mit rotem Kunstleder gepolsterte Eckbank, wie ich sie von meiner Tante in Niesky kannte, und die mit Borsdorfer Lederol bezogenen Stühle.

«Sie nennen es gute Stube», raunte Danny.

Sie war auf schaurige Weise anheimelnd. Die geometrisch gemusterte Tapete wurde halb verdeckt von einer ausladenden Schrankwand. Es war das Modell Carat, mit einer gut bestückten Bar und einer Vitrine voller keramischer Vasen. In der Mitte strahlte ohne Ton der Colormat-Fernseher. Angenehm unscharf flimmerte auf dem Bildschirm eine betagte Show aus dem Friedrichstadt-Palast. Vom Plattenspieler erklang knisternd und knackend ein Adventsalbum mit Kinderchören.

«Respekt», sagte ich. «Das habt ihr liebevoll gemacht.» Ich drückte Danny dankbar die Hand, wenngleich die Kulisse nicht für mich erstellt worden war. Meine Kindheit hatte im Westen stattgefunden, aber der Unterschied war nicht so groß.

Überraschend vernahm ich jetzt Doros Stimme, ein dunkles Räuspern, bevor ich sie selbst sah. In einem finsteren Winkel gegenüber dem sparsam geschmückten Baum schien sie in einem Ohrensessel versunken zu sein. Sie war kaum als Umriss wahrnehmbar.

«Wir zünden gleich die Kerzen an», versprach Danny, dem mein angestrengtes Spähen nicht entging. Er sah sich nach Streichhölzern um.

Der Schatten im Polster wirkte so formlos, dass mir Jockels Feststellung in den Sinn kam, die er einst als Kompliment für seine Frau gemeint hatte: «Du bist wie eine Kröte im Winterschlaf. Immer wenn es wichtig wird, wachst du auf!» Jetzt war es Winter, es war Schlafenszeit. Würde Doro für Weihnachten erwachen?

Da kam er schon aus der Küche herbei, Jockel, bewusst schwungvoll, eine blütenbedruckte Dederon-Schürze um die Hüften. Wie alle Chemiker kochte er gern. Sein kurz geschnittenes Haar sah aus, als hätte es Frost bekommen. Die Begrüßung fiel freundlich aus und ein wenig verlegen. Adi hatte mich hergelotst und fehlte nun als Vermittler.

«Ich habe mich verspätet», entschuldigte ich mich. Jockel winkte ab. Darauf solle es nicht ankommen. Ich glaubte dennoch, erklären zu müssen: «Man hat hier kein Netz, mein Navi war ratlos.»

Zu meinem Erstaunen löste der Satz ein leises Erschrecken aus. «Adi hat mich zum Glück super gebrieft», fügte ich eilig hinzu. «Sonst wäre es schwierig geworden, es wird so früh dunkel.» Jockel seufzte und zog sich in die Küche zurück. Sein Sohn sah mich an mit einem Ausdruck an, der hieß: Sag doch so was nicht!

«Das ist meine Schuld», hörten wir nun dumpf aus der Ecke. Danny machte eine Geste, die bedeutete: Siehst du, das meine ich. «Der Mensch bleibt analog», murmelte Doro. Danny senkte die Stimme. «Sie dachte, das Internet sei eine vorübergehende Mode.»

Ich fühlte mich aufgerufen, etwas Positives beizutragen: «Es ist doch toll, dass es in Deutschland so viele Funklöcher gibt! Alle reden von Digital Detox, aber keiner fängt damit an. Einige buchen extra ein Retreat dafür. Dabei gibt es das Retreat überall. Ich bin dankbar dafür!»

Doro schnaufte. Ich verstand das als Zustimmung. Phase eins der Aufmunterung gelungen.

Wir hörten einen Wagen über das Pflaster der Dorfstraße rumpeln. Er hielt vor dem Haus. Erleichterung. Das konnte nur Adi sein. In meine erwartungsvolle Stimmung hatte sich gerade eine erhöhte Alarmbereitschaft gemischt. Gewisse Themen wollten wir nicht ansprechen, ja, richtig, das war mir gesagt worden. Alles über Weihnachten galt als genehm, vorrangig über die Weihnachten der Kindheit. Außerdem alles über das Vintage-Menü, die Festgottesdienste und über die Fernsehweihnachten von ehedem.

Doch jegliche Themen, die aktuell in den Nachrichten vorkamen, galt es zu meiden. Der Rückstand in der Digitalisierung hätte gar nicht zur Sprache kommen dürfen. Okay, da war mir ein Fehler unterlaufen. Die nie instand gesetzten Straßen, über die ich hergeholpert war und die nur ein Beispiel waren für die ganze marode Infrastruktur – alles klar, ich würde sie nicht erwähnen.

Adi trat ein mit sonniger Miene, den Stollen hoheitsvoll vor sich hertragend wie ein kaiserlicher Kaffeehauskellner. «Ein Gruß aus den besten Zeiten!», verkündete er. «Mit kandierten grünen Tomaten statt Zitronat, mit Möhrenstückchen als Orangeat!»

Im Dämmerwinkel regte sich etwas. Doro stemmte ihren schweren Körper aus dem Lehnsessel hoch. Ich erinnerte mich, etwas über einen Beckenbruch gelesen zu haben. Lag der nicht schon Jahre zurück? Zur Ermutigung hätte ich beitragen können: «Boris Becker hat künstliche Hüften!» Der hatte das gerade verlauten lassen. «Und außerdem künstliche Knie!» Ich hielt mich zurück. Mein Zuspruch musste subtiler sein.

Adi schlug feierlich das Einwickelpapier zurück. «Bitte sehr!» Danny schnupperte am Stollen. «Grandios!» Jockel kam hinzu und klatschte in die Hände: «Wir können anfangen, ich serviere die Suppe!»

Doro nahm schnaufend Platz auf der Eckbank. Sie trug eine Strickjacke über einer unförmigen Kimono-Bluse. Anscheinend hatte sie Konfektionsgröße 46 erreicht. Jockel stärkte ihr mit einem Kissen den Rücken. Ich traute mich nicht, sie länger zu mustern. Ohne Wimperntusche, ohne Lidstrich, nachlässig frisiert, wirkte sie älter, jedoch auch nahbarer. Die Gesichtszüge schienen unverändert; nur die Mundwinkel waren weiter nach unten gesunken. Verständlich. Ich erinnerte mich an ihre frühere Offenheit, an die schalkhafte Miene, in die ich mich – in die wir uns doch beinahe alle – verliebt hatten. Ob die wiederzuerwecken war? Womöglich noch heute Abend?

«Kartoffelsuppe mit Frankfurter Würstchen!», verkündete Jockel und platzierte die dampfende Terrine auf einen Untersetzer aus Bügelperlen. «Frankfurter Wüstchen natürlich aus Frankfurt/Oder!», scherzte Adi. Er war der Sonnigste der Familie. «Dazu authentischer Sekt aus Freyburg an der Unstrut!», frohlockte Danny und schenkte aus. Doro hielt die Hand über ihr Glas. Niemanden erstaunte das. Sie bekam Wasser aus einer Karaffe. Auch von dieser unvernünftigen Abstinenz hatte Adi erzählt.

Wir stießen an. Die Schallplatte leierte gerade ihrem Ende entgegen mit *Alle Jahre wieder*, im wackligen Klingklang einer historischen Spieluhr.

«Alle Jahre wieder», murmelte Doro. «Ja, ja, ja. Alle Jahre wieder.»

«Soll ich die Karat-Platte auflegen?», fragte Danny.

Entweder die oder meine Stones-Platte, dachte ich; das Original von 1973.

«Spiel die Kinderchöre noch mal ab», bat Doro. Sie rührte in ihrer Suppe. «Ich weiß es ja, alle Jahre, immer wieder. Es waren zu viele Jahre. Es war zu lang. Ich hätte früher aufhören sollen.»

Nanu? Was sollte das? Adi stieß mich unterm Tisch an. Ich begriff. Die Familie hörte diese Selbstanklage nicht zum ersten Mal. Jetzt war meine positive Umdeutung vonnöten.

«Sechzehn Jahre – es war die perfekte Zeitspanne!», sagte ich freundlich über den Tisch. Doro rührte unbeeindruckt in der Kartoffelsuppe. Da musste wohl mehr kommen. Ich gab mir Mühe: «Wir – also wir Menschen – wir hegen die Illusion, dass wir persönlich über unsere Tage und Jahre bestimmen. In Wirklichkeit geschieht alles von selbst.»

Doro sah mich nicht an. Sie schlürfte die Suppe vom Löffel.

Ich hätte jetzt Hirnforscher anführen können. Aber die waren mittlerweile abgenutzt, und Doros Herkunft war spirituell. Also: «Oder, wenn wir es religiös ausdrücken wollen, es geschieht durch Gott. Kein Sperling fällt zu Boden ohne seinen Willen, so heißt es doch im Neuen Testament, nicht einmal ein Härchen wird jemandem gekrümmt, ohne dass Gott es will. Mithin: Keine Regierungszeit wird fortgesetzt oder endet ohne seine Zustimmung. So heißt es in der Bergpredigt.»

Ich nickte bedeutsam und gönnte mir nun selbst etwas von der Suppe, die mit Gurkenwasser und Paprikapulver gewürzt war. Jockel hob die Brauen. Und jetzt sah Doro mich an, zum ersten Mal. Der Blick war müde.

«Matthäus zehn», stellte sie richtig. Oh. Ach ja. Die Pastorentochter. Ich hatte mich in der Bibelstelle geirrt.

«Stimmt», rief ich freudig. «Die Bergpredigt ist ja dieser Text mit Selig sind die so und so!» Mir fiel sogar ein: «Selig sind die geistig Armen, das ist der berühmteste Spruch.» Adi blickte mich skeptisch von der Seite an. War das wieder verkehrt? Mein Blick floh zum Fenster; herein glotzte die schwarze uckermärkische Nacht.

«Dann hole ich mal die Gans», teilte Jockel mit und entfernte sich. So richtig entspannt war die Atmosphäre noch nicht. Gab ich die falschen Stichworte?

«Selig sind die geistig Armen, ja, ja, ha», brabbelte Doro. «Und ich habe eine Gans nach der anderen geholt, das weiß ich doch, ich weiß es ja.»

Oje. Es war, wie Adi mir angekündigt hatte. Diese Frau vermochte ihren Ruhestand nicht zu genießen. Nachdem die Pflichten des Repräsentierens erloschen waren, hatte sich das Verdrängte aus dem Unterbewusstsein gemeldet. Und nun bereute sie. Sie haderte. «Ja, ja, ja!» Sie drehte den Kopf hin und her wie eine psychiatrische Patientin, die etwas abschütteln will. «Ich habe die Posten nach Freundschaft vergeben, gewiss, ja, immer nach Loyalität, niemals nach Kompetenz! Ich weiß es doch!»

Niemand von uns hatte es ihr vorgeworfen. Die Stichworte «Gans» und «geistig Arme» hatten als Trigger genügt. Diesem Mechanismus fühlte ich mich nur unzureichend gewachsen.

«Aber das war genau richtig!», versuchte ich. «Hat Beuys nicht gesagt: Jeder Mensch ist ein Künstler? Natürlich! Und das gilt für alle Berufe!» Das war etwas gewagt, aber für einen Moment schien sie zuzuhören. «Jeder Mensch ist kompetent, bedeutet das. Jeder lernt es zu sein, wenn man es ihm nur zutraut. Es war und ist eine Botschaft an das ganze Volk, an uns alle, die sich vielleicht zu wenig zutrauen, die glauben, keine ausreichenden Fähigkeiten zu haben: Seht, auch ihr, die ihr diesen Beruf nicht erlernt habt, ihr könntet diese gut bezahlten Posten versehen!»

Doro leckte den Teller ab. Das war überraschend, aber sympathisch. Man musste hier nicht elegant tun. *Am Weihnachtsbaum die Lichter brennen*, quengelte der Dresdner Kinderchor von der Schallplatte.

«Vielleicht ist es auch angemessen, die Kerzen anzuzünden», schlug ich vor. Es musste etwas Erholsames geschehen.

Adi und Danny zelebrierten das Ritual mit komödiantischer Feierlichkeit wie Magier aus dem Morgenlande. Ihnen zuzusehen, war ein Vergnügen.

Nicht für Doro. «Ja, ja, zündet Kerzen an, wir brauchen alle Kerzen», murmelte sie und nippte an ihrem Wasser. «Der Ausstieg aus der Kernkraft war ein Fehler. Jede einzelne Kerze zeigt es. Ja, ja, macht es nur heller!»

Wow, dachte ich, das ist doch heftiger als erwartet. Ich bemühte mich: «Der Ausstieg war und bleibt optimal. Wir haben uns viel zu sehr auf fremde Energien verlassen. Dabei haben wir doch alle Energie in uns, die wir zu unserem Glück brauchen. Gott gibt euch allen die nötige Kraft!, heißt es im Römerbrief.»

«Im ersten Korintherbrief», korrigierte sie. Na bitte. Es war noch Leben in ihr.

«Und im Koran», fuhr ich ermutigt fort. «Dort heißt es: Mit jeder Krise will Allah euch eine Chance auftun. Ganz ähnlich übrigens im Buddhismus: Jedes vermeintliche Unglück ist nur die Aufforderung zum Erwachen, steht im

Herz-Sutra. Erwachen im Sinne von Erleuchtung. Und deshalb Ja! zur Abschaffung der Kernkraft. Ja! zur Deindustrialisierung! Ja! zum Abschied vom Wohlstand. All das nötigt uns zu innerem Wachstum!»

Doro starrte mich an.

«Und das ist so wichtig!», floskelte ich hinterher. Ich lächelte Doro direkt zu, aber es gelang mir nur ein maskenhaftes Lächeln.

«Na, dann schneide ich mal die Gans an», teilte Jockel mit. Danny ging ihm zur Hand.

«Dietmar, hilfst du mir, die Soßen aus der Küche zu holen?», fragte Adi.

Ich war erleichtert, die Tafel verlassen zu dürfen. Einer Eingebung folgend, nahm ich meinen Rucksack mit.

«Und dann noch IM Erika oder was?!», rief Doro uns nach.

«Komm.» Adi zog mich heftig, als er merkte, dass ich etwas Positives antworten wollte. Und ah, Kulissenwechsel, die Küche, was für ein liebevolles Museum! Durchzogen von Dämpfen und Bratendüften, präsentierte sie sich als Wunderkabinett der Wehmut, mit Fliesen in Mosaikoptik und einem Schrank mit pastellfarbenen Schiebetüren in Lindgrün, Eierschale, Hellblau, Rosé. Dieses Modell verfügte noch über die praktischen Glasschütten für Grieß und Zucker und Mehl. Der Anblick rührte mein Herz. «Mensch, ist das toll!»

«Überhaupt nicht», erwiderte Adi. «Wie das Gespräch jetzt läuft, verstärkt es ihre Selbstvorwürfe. Du gibst dir Mühe, das merke ich ja. Aber so geht das nicht!»

«Okay, dann dies!» Ich zog die Stones-Platte aus dem Rucksack. «Bitte sehr: 45 Umdrehungen!» Adi hob entsetzt die Hände, als hätte ich einen Teufel hervorgeholt. «Dietmar, *Angie*, weg mit dem Zeug! Was denkst du denn, warum wir sie nur noch mit dem zweiten Vornamen anreden?!»

«Ach ja.» Beschämt verstaute ich die Platte. Nun holte ich die beiden Thermoskannen hervor.

«Was soll das denn?», fragte Adi.

«Das soll sie glücklich machen», stellte ich klar. «Für diesen hier», ich zeigte auf die grüne Thermoskanne, «habe ich schwarzen Tee, Sanddornsaft, Ingwer, Zitrone und reichlich Apfelkorn gemischt. Und dieser hier», ich zeigte auf die rote, «besteht aus Tee, Zitrone, Gewürznelken, Honig und Rotwein.»

«Und das ergibt was?»

«Das ergibt das himmlischste Weihnachtsgetränk aus paradiesischen Zeiten. Exakt diese beiden Sorten, ich hab's recherchiert, trank man an Weihnachten im Pfarrhaus zu Templin. Sie sind mein eigentliches Geschenk für Doro.»

Adi drehte die Augen zur Decke der Küche, von der mit funzeligem Licht eine ufoförmige Lampe grüßte, ein Original vom VEB Leuchtenbau Leipzig.

«Dietmar, bitte, gib dir mal ernsthaft Mühe! Meine Mutter braucht mehr Zuspruch!»

«Nein, Adi, deine Mutter braucht mehr Punsch! Los, nimm Becher mit!»

Ich schraubte die Thermoskannen auf. Himmlischer Duft erfüllte die Küche und gleich darauf, als ich mit den Kannen den Esstisch umkreiste, die ganze gute Stube.

«Oh!», seufzte Mutti, zum ersten Mal vollkommen entspannt. Es war der Duft ihrer Kindheitsweihnacht. Ich schenkte aus. Ich spürte, sie wollte sich wehren, irgendeinem irrigen Gelübde gemäß. Aber nur kurz. Sie widerstand nicht länger dem alles lösenden Rausch.

Und nun wurde es ein so schöner Abend! Ich hatte aus-

reichend Zutaten mitgebracht, um reichlich Punsch nach-
zukochen. Und das war auch nötig. Bald begann Mutti,
Worte zu benutzen, die man mir verboten hatte. Wir durften sie Angie nennen. Sie erklärte uns die perfekte Regie-
rungsbildung, indem sie eine Pyramide baute. Sie nahm
eine Kerze, eine Tannenbaumkugel, einen Nussknacker,
eine Rotweinflasche und das Elchglas, das Obama ihr einst
geschenkt hatte. «Ja, auf die Balance kommt es an!», rief sie,
als alles unter Gelächter zusammenbrach.

Gegen Mitternacht waren alle so fröhlich, so sorglos, so
ausgelassen, dass ich meine Mission erfüllt sah. Ich erlaub-
te mir, unterm Sternenhimmel auf der Terrasse einen Joint
durchzuziehen. Adi trat zu mir, lächelnd und dankbar.

«Na», fragte ich. «Ist sie wieder die Alte?»

«Ganz und gar!», sagte er selig. «Jetzt will sie Bundesprä-
sidentin werden!»

Die Autorinnen und Autoren

Myrto-Christina Athanassiou, geboren 1973, stammt aus Niederbayern und lebt in Düsseldorf. Sie arbeitet freiberuflich als Kommunikationsberaterin, Redakteurin für Unternehmenskommunikation und Trainerin. Außerdem bloggt sie auf buerobrillant.com

Daniel Bielenstein, 1967 in Bonn geboren, schreibt unter dem Pseudonym Henrik Siebold Kriminalromane. In deren Mittelpunkt steht der in Deutschland ermittelnde japanische Kriminalinspektor Takeda. Als Jakob M. Leonhardt verfasst er Jugendbücher, die in zahlreiche Sprachen übersetzt wurden. www.danielbielenstein.de

Tilman Birr, Jahrgang 1980, schreibt Bücher und Lieder, spielt Soloprogramme und Konzerte. Zuletzt erschien sein Roman *Wie sind Sie hier reingekommen?*, eine Hommage an Loriot. Auf www.tilmanbirr.de kann man herausfinden, wo er auf der Bühne steht. Er lebt in Berlin und Frankfurt am Main.

Claudia Brendler lebt und arbeitet als freie Autorin, Musikerin und Comedienne im Taunus. Bisher erschienen sieben Romane. Außerdem schreibt sie für die Bühne und ist mit musikalischen Lesungen auf Tour, unter anderem mit der finnischen Tangoband *Uusikuu* und dem gemeinsamen Projekt *Wanderlust*.

Ubin Eoh, 1987 geboren in Berlin, lebt in Frankfurt am Main und arbeitet als freie Autorin und Textdozentin an der Hochschule für Gestaltung in Offenbach. Ihre Texte erscheinen unter anderem im *ZEITmagazin* und in *der Frankfurter Allgemeinen Zeitung.*

Julia Hackober, Jahrgang 1990, lebt als freie Journalistin, Autorin und Moderatorin in Berlin. Sie schreibt über Gesellschaft, Stil und Kultur. Alle zwei Wochen versendet sie ihr Newsletter-Format *Sunday Delight – Briefe von Julia* mit Essays und Kritiken zu Gesellschaftsphänomenen. Mehr unter juliahackober.com

Matthias Heine, geboren 1961, arbeitet seit 2010 als Redakteur bei *Die Welt.*

Melanie Hofmann wurde 1994 im Salzburger Land geboren. Dort, in der Nähe von Zell am See, lebt sie als selbstständige Keramikerin, Hundetrainerin und Autorin einer Fantasy-Reihe. www.naturgefluester.info

Larissa Hoppe, geboren 1989, lebt in Berlin. Sie studierte Internationale Fachjournalistik und war anschließend Absolventin der Axel Springer Akademie. Seit Oktober 2022 ist sie stellvertretende *B.Z.*-Chefredakteurin / stellvertretende Redaktionsleiterin *Bild Berlin-Brandenburg.*

Tobias Keller, 1989 geboren, lebt in Oberhausen und arbeitet als Deutschlehrer an einem Gymnasium in Mülheim an der Ruhr. Über seine pädagogischen Erfahrungen schrieb er zwei humoristische Romane: *Morgens leerer, abends voller* und *Kommando Schluckspecht.*

Käthe Lachmann, bekannt als Komikerin, hat Romane, Geschenkbücher und erzählerische Sachbücher veröffentlicht, zuletzt *Mein Visum war ein Witz!* zusammen mit Serhat Dogan. Sie lebt mit ihrem Partner in Hamburg und sammelt fleißig Schrottwichtelgeschenke. www.kaethelachmann.de

Manfred Maurenbrecher lebt als Autor und Liedermacher in Berlin. Für seine CDs wurde er mehrfach mit dem Preis der deutschen Schallplattenkritik ausgezeichnet. Im Sommer ist er auf Tournee, zuletzt mit dem Programm *Menschen machen Fehler.* 2021 erschien seine Autobiografie *Der Rest ist Mut.* Mehr auf maurenbrecher.com

Norbert Schnöde, geboren 1960 in Frankfurt/Oder, war mehr als 20 Jahre Radiojournalist, schrieb Reportagen, Kurzhörspiele und Hörbücher. Er schuf die Radio-Comedy *Die Bürgels* und spielte in den zweitausend Folgen die Figuren alle selbst – im Radio und auf der Bühne. Er lebt in Berlin.

Rolf Schumann, Jahrgang 1968, wuchs in einem Dorf hundert Kilometer südlich von Berlin auf. Er studierte in Cottbus und arbeitete an der Bauhaus-Universität in Weimar. Heute lebt er als Autor und Software-Entwickler mit seiner Familie im Kraichgau.

Sören Sieg, geb. 1966 in Elmshorn, studierte Musik und Soziologie und tourte 18 Jahre lang mit dem A-cappella-Comedy-Quartett *LaLeLu* durch Deutschland, Österreich und die Schweiz. Er hat zwölf Bücher veröffentlicht, zuletzt *Oh wie schön ist Afrika!* über seine Erfahrungen beim Couchsurfing auf dem bunten Kontinent. www.soerensieg.de

Marie Stadler, geboren 1984, hat Italienische und Deutsche Literatur in Hamburg und Venedig studiert und lange Jahre beim Fernsehen gearbeitet. Heute lebt sie mit ihrem Mann und ihren Kindern vor den Toren Hamburgs und schreibt über ihr Leben als Vierfach-Mutter für die Onlineseiten der Zeitschriften *Eltern*, *Brigitte* und *Stern*.

Lea Streisand, geboren 1979 in Berlin, studierte Neuere deutsche Literatur und Skandinavistik. Sie hat eine wöchentliche Hörkolumne auf Radio Eins. Ihr aktueller Roman *Hätt' ich ein Kind* ist eine Geschichte über Glück, die Adoption eines Kindes und Schneewittchen.

Stefanie von Wietersheim, geboren 1970, hat in Passau und Tours Kulturwirtschaft studiert und ist gelernte Tageszeitungsjournalistin. Nach Jahren in Paris und Südfrankreich schreibt sie heute ihre Bücher und Artikel im Atelier eines einsamen Landhauses in Niedersachsen. Sie arbeitet für die *FAS* und produziert Podcasts.

Edgar Wilkening, Jahrgang 1959, hat schon für Bühne, Pop und TV geschrieben, als Comedy noch Kabarett hieß. Nach einem Leben auf Sankt Pauli lebt er jetzt in Minden an der Weser und verschwendet sein Talent an Werbung und Marketing. Mehr auf comedy-story.de

Weitere Titel

99 deutsche Orte, die man knicken kann

Achtung, Gutmenschen!

Alle Orte, die man knicken kann

Das Weihnachtshasser-Buch

Der große Kotz

Griechify your life

Lasst uns roh und garstig sein (Hrsg.)

Ohne euch wär's super hier (Hrsg.)

Urlaub mit der buckligen Verwandtschaft (Hrsg.)

Weihnachten mit der buckligen Verwandtschaft

Weihnachten mit der buckligen Verwandtschaft (Hrsg.)

Aber erst wird gegessen (Hrsg.)

Opa kriegt nichts mehr zu trinken! (Hrsg.)

Diesmal bleiben wir bis Silvester! (Hrsg.)

Die bucklige Verwandtschaft – Driving Home for Christmas (Hrsg.)

Blut ist dicker als Glühwein (Hrsg.)

Was macht der Mann da unterm Baum? (Hrsg.)

Hol Oma von der Bowle weg! (Hrsg.)

Morgen, Helga, wird's was geben (Hrsg.)

Lallende Tanten überall (Hrsg.)